第一東京弁護士会総合法律研究所
創立20周年記念出版

第一東京弁護士会
総合法律研究所
研究叢書⑥

法務リスク管理
最前線

ガバナンス、リスク管理、
コンプライアンスを中心に

第一東京弁護士会総合法律研究所 編著

清文社

発刊のご挨拶

　第一東京弁護士会では、平成8年2月に総合法律研究所（総法研）を設立し、6つの研究部会からスタートしました。以来、20年の年月を積み重ね、研究部会は16に増え、現在では、多彩な法分野でのべ1300人を超える弁護士が自主的かつ意欲的に研究部会に参加し、調査研究活動をするとともに、講演、セミナーの開催、出版等、その成果の発表を行っています。この間、社会はめまぐるしく変動し、弁護士や弁護士会を取り巻く環境と求められる機能も大幅に変わりました。

　総法研では、平成18年11月に、総法研10周年企画として、会社法研究部会と証券取引法研究部会が中心となり、セミナー「Ｍ＆Ａの新展開－新時代の手法とその諸問題」を開催致しました。それから10年が経過し、総法研としてより多面的な活動が可能となったことを踏まえ、20周年企画のセミナーを企画致しました。今回は、会社法研究部会と金融商品取引法部会が中心となった「コーポレートガバナンスの変革の実情と対策」を第1部とし、第2部では新しい分野を取り上げ、独占禁止法研究部会とＩＴ法研究部会が中心となり、「リスク管理・コンプライアンスの最前線」と題して、独占禁止法とｅディスカバリを中心としたＩＴの視点からディスカッションを致しました。

　そして、本書籍は、この20周年セミナーを中心にその詳細な解説も加えつつ、これに倒産法研究部会とCSR研究部会からの専門的かつ斬新な寄稿を加え、幅広い観点からの書籍となりました。広範な法分野を対象とする総法研にふさわしい内容となり、皆様の実務のお役に立てれば幸いです。

　おわりに、業務の中、貴重な時間を割いてセミナーの開催及び本書の執筆にあたられた研究部会の先生方、また、忙しい中セミナーに登壇下さった阿部泰久様、福田哲之様、田中亘様に、敬意と感謝の意を表します。そして、本書の刊行にあたりお世話になりました株式会社清文社東海林良様と折原容子様をはじめとする皆様にも厚く御礼申し上げます。

平成28年12月

第一東京弁護士会　会長

弁護士　小田　修司

発刊にあたって

　第一東京弁護士会総合法律研究所（以下、「総法研」といいます）は、平成8年2月に、会員の知識や技能を高め弁護士業務の改善や進歩を図る目的で、各種法律問題の調査研究等をする委員会として設立しました。その後、今日に至るまで、第一東京弁護士会のシンクタンクとして、計16の研究部会が各法制度や判例、実務上の諸問題について積極的に研究し、また、セミナー・シンポジウムの実施や書籍の出版等、研究成果を発信し、会員全体のスキルアップや社会に貢献するため日々活動をしております。

　総法研は、平成28年2月に創立満20年を迎えるにあたり、平成27年10月に「今問い直されるガバナンス・リスク管理・コンプライアンス－企業実務の対応と問題点の検証」と題し、経団連ホールにおいて20周年記念セミナーを開催しました。
　本書は、20周年記念セミナーとその解説を踏まえ、新たに書き下ろした論考を掲載したもので、総法研研究叢書の第6巻にあたります。ガバナンス、リスク管理、コンプライアンス、CSRという、企業実務にとって最も本質的な問題について、具体的場面を念頭に最先端の議論を射程に捉え、これらを考察した内容を取り纏めたものです。読者の皆様の日々の業務に必ずやお役に立つことができる内容であると確信しております。

　多様化し、日々刻々と変化する現代社会にあって、今後とも総法研は会員や社会に貢献できるよう、これからの10年、20年、そして30年と時を重ね、未来に向けて一層の努力を積み重ねてまいります。
　最後になりますが、20周年記念セミナーのコーディネーターやパネリストとしてご登壇下さった皆様、セミナーの企画段階から本書の出版に至るまで牽引され、ここに成果を結実された武井洋一前委員長をはじめとする各研究部会の皆様、そして、本書の刊行に際しご尽力下さいました株式会社清文社の東海林良様、折原容子様に、この場をお借りして厚く御礼を申し上げます。

平成28年12月

第一東京弁護士会 総合法律研究所委員長

弁護士　岡　伸浩

目　次

CONTENTS

発刊のご挨拶

発刊にあたって

■第1部

1　パネルディスカッション

1. 監査等委員会設置会社とガバナンス ……………………………… 2

1 導入の経緯と制度の概要　3

2 監査等委員会設置会社のメリット・デメリット　7

3 具体的な制度設計―監査役設置会社との比較　8

4 監査等委員の責任　12

2. 内部統制システムを利用した監督・監査 …………………………… 18

1 従業員による不正の防止　18

2 経営者による不正の防止　22

3 内部監査部門の組織上の位置付け　23

3. 社外役員とガバナンス ……………………………………………… 29

1 独立性　29

2 社外取締役と社外監査役の重複（役割分担）　32

4. 株式持合いとガバナンス …………………………………………… 33

5. 海外子会社へのガバナンス ………………………………………… 36

6. 攻めのガバナンス …………………………………………………… 37

1 役員報酬　37

2 後継者の選定　39

3 投資判断　41

7. 最後に　………………………………………………………………………　42

2　コーポレート・ガバナンスに関する補論

1. 総論　………………………………………………………………………　45

1 本稿の意図　45

2 ガバナンスを巡る議論の状況　46

(1) 政府による成長戦略（日本再興戦略）

(2) 機関投資家を巡る動向

(3) 企業を巡る動向

(4) 会社法の改正

3 今後の展望と課題　48

4 モニタリング・モデル／マネジメント・モデル　48

(1) モニタリング・モデル／マネジメント・モデルという概念

(2) 取締役会の役割・付議事項と各モデル

(3) モニタリング・モデルへの移行の流れ

2. 監査等委員会設置会社とガバナンス　……………………………………　50

1 監査等委員会設置会社の光と影　50

(1) 監査等委員会設置会社への移行事例数

(2) 企業はなぜ監査等委員会設置会社に移行したのか

(3) 否定的な評価の存在

(4) それでも監査等委員会設置会社に移行するために

2 導入の経緯と制度の概要　52

(1) 監査等委員会設置会社制度の導入の経緯

(2) 監査等委員会設置会社制度の概要

(3) 取締役会付議事項の簡素化とモニタリング・モデルの採用

3 監査等委員会設置会社のメリット・デメリット　53

(1) 社外役員の員数と割合

(2) 監査等委員の人選と横滑り監査等委員の問題

(3) 取締役会付議事項の絞り込み

(4) 内部監査部門の位置付け

4 具体的な制度設計～監査役設置会社との比較　55

(1) 社外取締役の数

(2) 取締役会付議事項の検討

(3) 常勤の監査等委員の設置

(4) 任意の委員会の設置

(5) 内部監査部門の位置付け

5 監査等委員の責任　57

3. その他 57

1 内部統制システムを利用した監督・監査　57

2 社外取締役　57

(1) 社外取締役の役割の変化

(2) 情報の収集

3 役員の指名と相談役・顧問制度　59

(1) 役員の指名（人事）

(2) 相談役・顧問制度について

3　不採算事業の支援や撤退場面におけるリスク管理
―子会社での事業について

1. はじめに 61

2. 問題となる子会社支援の場面 63

1 想定される場面　63

2 上記Ⅲの場面（子会社における事業から撤退を決断する場面） 64

3 上記Ⅳの場面（撤退の遂行場面） 64

(1) 裁判例の内容

(2) 親会社における影響と支出の必要性の具体的検討

(3) 裁判例当時からの事情の変化

4 3.での検討場面 68

3. 「経営判断の原則」について 68

1 「経営判断の原則」の内容 68

2 「経営判断の原則」の根拠から考える取締役の留意点 70

3 「経営判断の原則」の適用や取締役が備えるべきこと 71

(1) 「経営判断の原則」の適用場面で取締役が備えるべきこと

(2) Ⅱの場面で「経営判断の原則」が適用される場合に取締役が備えるべきこと

4 「経営判断の原則」が適用される前提 72

(1) 親会社の利益とはどのようなものか

(2) 取締役の主観はどのように影響するか

(3) 取締役の判断が尊重される支援の対象はどのような会社か

5 親子会社間における「信頼の原則」の適用 75

(1) 信頼の原則

(2) 「信頼の原則」の親・子会社間への適用の実際

(3) 小括

6 「経営判断の原則」と支援場面を意識することの重要性 77

4. 責任追及を受けた実際の訴訟を踏まえ取締役が備えるべき 対応を考える 78

1 事案の概要 78

2 親会社取締役による子会社の調査義務 81

3 親会社取締役の子会社等に対する調査義務の具体的内容 82

(1) 「グルグル回し取引」に関する調査義務について

(2) 連帯保証契約締結にあたっての調査義務について

(3) 貸付にあたっての調査義務について

4 取締役の善管注意義務違反等が認められなかった貸付金の放棄について　87

(1) 判示内容

(2) 債権放棄と子会社の再建等との関係

(3) 債権放棄と親会社の信用維持との関係

(4) 小括

5. 親会社の取締役が撤退を決めた後の場面で予測すべき主な事項
...... 89

1 撤退を決めた後の場面で親会社の取締役が認識すべきこと　89

2 法的倒産手続への移行を意識して留意すべきこと　90

(1) 担保を徴求した融資による支援と否認権行使

(2) 親会社による貸付債権等の法的倒産手続下における劣後化

(3) 子会社の事業等の譲渡にあたって

(4) その他

6. まとめ 95

■第2部

1　パネルディスカッション

1. はじめに 98

1 海外子会社の体制整備は急務　98

2 謂われのない嫌疑を晴らすためには　100

3 「法律の世界では紙だけ見ていればよい」というわけにはいかない　102

2. アメリカ独禁法の当局対応 103

1 初動対応―まずは現状凍結　103

2 代理人の選任（弁護士・依頼者間秘匿特権）　106

3 現状凍結・リティゲーションホールドの手順　108

4 人を押さえる―訴訟ホールド通知とフォロー　108

5 データを確保するための技術的対応　109

6 サピーナが来たときの対応は？　111

7 データを確保して主体的に方針を判断する　114

8 司法取引のための三つの検討ポイント　115

9 膨大なデータをどのように確保するのか　117

10 会社と役員・従業員の利益相反　118

11 アムネスティ・プラスとアムネスティ・マイナス　121

3. 日本独禁法の当局対応 ……………………………… 122

1 独禁法の日米の違い―資料の地引網的収集　122

2 リニエンシー対応の留意点　124

3 提出物件把握の必要と審査ガイドライン　125

4 公取調査でのデータの取扱い　126

5 公取調査における「対話」　127

4. アメリカ民事訴訟法とeディスカバリ ……………… 128

1 クラスアクションと日本法の集団訴訟の違い　128

2 アメリカ民事訴訟の概要　129

3 広い開示義務　131

4 リティゲーションホールド（保全義務）　133

5 手続の進行の全体像と「対話」　134

6 独禁法調査と民事訴訟の相違点　135

7 ディスカバリの費用　137

8 厳格な制裁　137

9 広域係属訴訟手続と証拠隠滅のリスク　141

10 当局対応とクラスアクションの並行対応　142

5. 日米制度比較 ··· 145

1 証拠開示制度の三つの類型　145

2 コモンローの原則「トランプのカードを表に」　146

3 サピーナの開示対象についての「対話」　147

4 公取・補助参加人（会社）に対する文書開示命令　148

6. 文書管理体制 ··· 149

1 EDRM と情報ガバナンス　149

2 Document Retention Policy とデータ消去　152

3 文書管理の現実は…　153

4 平時を第一に考えた文書管理を　155

5 日本にも弁護士・依頼者間秘匿特権が必要　156

6 さいごに　158

2　公取委「独占禁止法審査手続に関する指針」（平成27年12月25日）と、審査手続対応の在り方について

1.「はじめに」及び「第1 総論」について

─手続の適正性と防御権の確保に関する基本的な視点 ····························· 161

1 本指針の手続の適正性と防御権の確保の捉え方　161

2 本指針下での具体的審査手続における防御権の確保に関する考え方　163

2.「立入検査」について

─本指針下で、罰則を裏付けとする調査手続をどのように考えるべきか······ 165

1 根拠・法的性格について　165

（1）罰則を伴う調査手続であること

（2）荒川民商事件の分析と「正当な理由」

（3）本指針下で、立入検査に関する具体的な問題点を捉える視点

2 立入検査時の手続・説明事項について　170

3 立入検査の対象範囲　170

(1) 問題の概要

(2) 秘匿特権の保障によるコンプライアンスの確立・向上と実態解明の促進

4 物件の提出及び留置に係る手続について　176

5 立入検査における弁護士の立会いについて　177

3. 供述聴取について　177

1 根拠・法的性格について　177

(1) 任意の供述聴取による場合

(2) 出頭命令・審尋による場合

2 供述聴取時の手続・説明事項について　180

3 供述聴取における留意事項について　182

4 聴取時間・休憩時間について　184

5 調書の作成・署名押印の際の手続について　185

4. 異議申立て、苦情申立てについて　189

・**参考資料**　191

3　企業における CSR 施策としての個人情報保護対策
―主にリスク管理の側面から

1. CSR　201

1 CSR の意義　201

2 情報化・グローバル化社会における CSR の重要性　203

2. 個人情報保護の CSR 対応　205

1 人権及び消費者課題　205

(1) 人権問題の側面

(2) 消費者課題の側面

2 個人情報の取扱いに係る企業責任　209

(1) 行政上の責任

(2) 刑事上の責任

（3）民事上の責任

（4）レピュテーションリスク

3 **企業における個人情報保護の CSR 施策**　212

（1）法令順守

（2）個人情報保護法

（3）その他個人情報保護の CSR 施策の一例

（4）社会貢献策の一例

（5）まとめ

・**参考資料**　229

第 1 部

1　パネルディスカッション

1.　監査等委員会設置会社とガバナンス

小磯　それでは、第1部のパネルディスカッションを始めます。私はコーディネーターを務めさせて頂く第一東京弁護士会総合法律研究所会社法研究部会部会長の小磯でございます。どうぞよろしくお願いいたします。

　　まず初めに、パネリストの方々をご紹介します。向かって右に着席されているのが、一般社団法人日本経済団体連合会常務理事（本セミナー時点）の阿部泰久さんです。阿部さんは昭和55年に日本経済団体連合会の事務局に入局され、税制、企業会計制度、経済法制、産業政策等を幅広くご担当され、平成26年に常務理事に就任されております。本日のテーマとの関係では、最近、経済産業省の「コーポレート・ガバナンス・システムの在り方に関する研究会」の委員を務められていました。本日は、幅広く法制に関係されてきたご経歴、あるいは研究会の委員としてのご経験等も踏まえて、企業のお立場から普段お考えになっていることを伺えればと思います。

阿部　経団連の阿部でございます。もともと会社法や会計は昔からやっていましたが、最近は金融資本市場の担当もしております。そういう意味で、必然的にコーポレートガバナンスも担当しておりますので、よろしくお願いいたします。

小磯　続いて、阿部さんの隣に着席されているのが、東京大学社会科学研究所教授である田中亘さんです。

　　田中さんは平成8年に東京大学法学部助手になられて以降、商法及び法と経済学を専門分野として研究され、平成22年からは法務省の法制審議会会社法制部会の幹事を務められました。こちらの法制審議会における要綱が昨年の会社法改正に結実したということですし、また会社法の研究においても深

いご経歴をお持ちですので、本日はそういった観点からお話を伺えればと思います。

田中　東京大学の田中です。本日はどうかよろしくお願いいたします。

小磯　最後に、私の隣に着席されているのが弁護士の土岐敦司さんです。

　　土岐さんは昭和58年に弁護士登録をされ、平成11年には法務省の法制審議会、当時の商法部会の幹事を務められました。現在は成和明哲法律事務所のパートナー弁護士として、会社法や事業再生等、幅広くご活躍です。また、上場企業の社外役員も多数務めていらっしゃいますので、本日はこうしたご経験を踏まえてお話を頂けるものと思います。

土岐　よろしくお願い致します。総法研の20周年ということで、私は設立から携わっておりまして、感慨もひとしおでございます。本日は本当に大勢の皆様にお集まり頂きまして、まことにありがとうございます。

1 導入の経緯と制度の概要

- ✔ 監査機能　　監督機能　　重複感　　選択制
- ✔ 社外取締役の活用　　監査等委員会　　意見陳述権
- ✔ 重要な業務執行の決定の委任　　経営の基本方針

小磯　それでは本題に入りたいと思います。

　　皆様ご承知のとおり、日本再興戦略の下で会社法改正やコーポレートガバナンス・コードの策定等が進められてきました。こうした企業のガバナンスに関する状況が大きな変革期を迎えている中で、監査・監督の在り方、それからガバナンス・コード対応等、今後の企業のガバナンスのあるべき方向性について議論してまいります。

　　まず一つ目は、「監査等委員会設置会社とガバナンス」というテーマです。

　　既に監査等委員会設置会社に移行された会社も多数あり、検討されている企業も多数と伺っています。あるいは、移行の予定がないという会社におかれても、自社の体制と監査等委員会設置会社とはどういうところが違うのか、という比較をすることで、自社のガバナンスの課題を把握できるのでは

1　パネルディスカッション　　3

ないかと思います。

　まず、監査等委員会設置会社の制度が導入された経緯について、田中さんからお願いできますか。

田中　監査等委員会設置会社導入の経緯ですが、根本的には、国際的に、上場会社においてモニタリング・モデル、つまり、経営陣から独立した社外取締役を重要な構成員とする取締役会が経営者の人事を含めて会社経営を監督するという企業統治のモデルが国際的に主流になっていく中で、日本においてもそうしたモデルを採用しやすくするということが当初からの立法動機にあったと思います。

　確かに、日本では平成14年改正以来、委員会設置会社、現行法でいう指名委員会等設置会社というものがあるわけですが、それはご承知のように監査だけでなくて指名・報酬についても社外取締役を過半数とする委員会に権限を与えるという部分がかなりハードルの高いものであったために、制度導入後10年以上経過しても採用する会社数はあまり多くありません。その点に鑑みて、より多くの会社にとって利用しやすいように、いわばハードルを少し下げて、社外取締役を主要な構成員とする監査等委員会が業務執行の監査をすると共に、監査等委員が取締役として取締役会の議決にも加わるという形で、社外取締役による監督の機能を発揮しやすくする制度として監査等委員会設置会社が導入されたと思います。

　また、これは制度を作った後の展開ですが、コーポレートガバナンス・コードで、市場第一部及び第二部上場会社は独立社外取締役を２名以上選任することが求められます。監査役会設置会社がこの原則を実施する場合には、監査役の半数以上を社外監査役にしながら社外取締役を複数置かなければならず重複負担がありますが、監査等委員会設置会社に移行すれば社外監査役の選任の必要性がなくなるので、複数の社外取締役を選任しやすくなります。

　これは、立法の動機というよりは、その後の事情の変化ということかもしれませんが、現在、非常に多くの会社が採用している背景として、そういっ

【図表1】 3制度の比較

		監査役設置会社	監査等委員会設置会社	指名委員会等設置会社
業務執行者		代表取締役・業務執行取締役（会363①）	代表取締役・業務執行取締役（会363①）	執行役（会418Ⅱ）
取締役会における経営の基本方針の策定		明文の規定なし	必要（会399の13①Ⅰイ、②）	必要（会416①Ⅰイ、③）
重要な業務執行の決定の業務執行者への委任の可否		原則不可（会362④、会373①）	取締役の過半数が社外取締役である場合または定款の定めがある場合、一定の事項を除き、委任可能（会399の13、会373①）	一定の事項を除き、執行役に委任可能（会416）
監査を担当する機関	名称	監査役・監査役会	監査等委員会	監査委員会
	人数・構成	3名以上の監査役、半数以上は社外監査役（会335③）	3名以上の監査等委員の取締役、過半数は社外取締役（会331⑥）	3名以上の監査委員の取締役、過半数は社外取締役（会400①～③）
	選任・選定	株主総会の普通決議で監査役として選任（会329①）	株主総会の普通決議で、監査等委員以外の取締役とは区別して選任（会329②）	株主総会の普通決議で取締役として選任、取締役会決議で監査委員として選定（会329①、会400②）
	解任・解職	株主総会の特別決議（会339①、会309②Ⅶ）	株主総会の特別決議（会339①、会309②Ⅶ）	株主総会普通決議で取締役を解任、取締役会決議で監査委員から解職（会339①、会401①）
	選任議案に対する同意	監査役会の同意が必要（会343③②）	監査等委員会の同意が必要（会344の2①）	監査委員会の同意は不要（会404①）
	任期	4年（会336①）	2年（会332①）	1年（会332⑥）
	報酬の決定	定款の定めまたは株主総会決議（会387①）	定款の定めまたは株主総会決議（監査等委員以外の取締役とは区別して定める）（会361①②）	報酬委員会が決定（会404③・会409）
	取締役会での議決権	なし	あり	あり

1　パネルディスカッション

他の取締役の選解任・報酬等に関する意見陳述権	なし	あり（会342の2④）	なし
常勤の要否	必要（会390③）	不要	不要
想定されている監査形態	独任制（報告・調査権限）に基づく各自監査（会381～386）	内部統制システム（内部監査部門）を利用した組織監査	内部統制システム（内部監査部門）を利用した組織監査

た事情もあるかと思います。

小磯 ありがとうございます。今お話を伺った導入の経緯等を踏まえて、具体的な制度設計の話に移りますが、こちらは表をまとめています。田中先生、簡単に特徴をコメント頂けますか。

田中 もう皆様ご承知かと思いますので、ごく簡単に説明させて頂きます。監査等委員会設置会社では、監査等委員である取締役を他の取締役と区別して株主総会で選任します。監査等委員は３名以上で、過半数は社外取締役でなければなりません。監査等委員が全員で構成する監査等委員会は監査役会設置会社の監査役会とほぼ同等の監査の職務権限を持つと共に、指名、報酬に関しても意見陳述をするという点で一定の職務の監督権限を持ちます。

　それから、監査等委員会設置会社は、企業の任意選択によって、モニタリング・モデルに近い企業統治構造を採用できることになっています。すなわち、監査役設置会社においては重要な業務執行の決定は取締役会で行わなければならないわけですが、監査等委員会設置会社では定款で規定すれば指名委員会等設置会社と同様に、一定の極めて重要な事項を除いて、重要な業務執行の決定権限を取締役に委任することができます。こうすることで、取締役会が日々の業務執行の決定から解放されて、その分、経営陣の監督に集中できるような体制をとることができます。

　次に、監査等委員の構成については、任期が２年であるということと、常勤の監査等委員を置く必要はないことが重要です。特に後者の点は法制審会社法制部会でかなり議論されたところであり、監査役会設置会社なみに機能

する監査を行うためには、常勤者を置くことが必要だという意見も強かったわけです。しかし、最終的には、監査等委員会設置会社は指名委員会等設置会社と同様に内部統制システムを利用した監査を行うことから、必ずしも常勤者の選任は必須ではないとされました。勿論、各社の判断によって常勤者を置くことは差し支えないわけですが、法律として強制することはしないことにしたということです。以上です。

2 監査等委員会設置会社のメリット・デメリット

- ✓ 横滑り監査等委員
- ✓ 業務執行の大幅委任
- ✓ 経営の基本方針
- ✓ ガバナンス・コード【原則4－8．独立社外取締役の有効な活用】
  「独立社外取締役を少なくとも2名以上選任すべきである。」

小磯 ありがとうございます。

それでは阿部さんにお伺いしますが、企業の側から見て、この監査等委員会設置会社はどのような点にメリットがあるのか、複数の点があると思いますが、コメントを頂けますか。

阿部 一番大きいのは、海外の投資家から見た組織のわかりやすさかと思います。従来の監査役あるいは監査役会というのは非常に強い権限を持った日本独自の機関ですが、なかなか海外の方々にうまく理解をして頂けなかった。最大の問題は議決権がないということです。そういう意味では、取締役会の中に入って議決権を持ちながら、なおかつ従来型の監査役あるいは監査役会の強みを持てるような仕組みだということで、うまく考えられているかなと思います。

もう一つは、田中先生もおっしゃいましたが、やはり今の指名委員会等設置会社に移行するにはハードルが高過ぎたと思います。そういう中で監査を中心に新しい仕組みをつくって頂いたことによって、まだこれからだと思いますが、おそらくは日本の会社の機関設計の一つの大きな柱になっていくのかなと期待はしています。

1　パネルディスカッション　7

3 具体的な制度設計—監査役設置会社との比較

✓ マネジメント・モデル
✓ モニタリング・モデル
✓ 自己監査の問題
✓ 独任制のメリット

小磯 ありがとうございます。

　　それでは次のテーマに移りまして、具体的な制度設計としてどのようなことに注意すればよいのかについて、土岐さん、コメントを頂けますか。

土岐 具体的には、いわゆるマネジメント・モデルなのか、それともモニタリング・モデルなのかということであって、重要な業務執行の決定を取締役に委任する範囲をどうするか、あるいは全く委任しないのかというあたりだろうと思います。

　　ただ、監査等委員の立場からすると、重要な業務執行の決定に関与する。つまりそこで議決権を行使することによって、その内容についての責任も発生してくることになるわけですから、むしろ監査等に注力するという意味からも、マネジメント・モデルではなくモニタリング・モデルがふさわしいのだろう。そもそもこの監査等委員会設置会社自体は、そこを志向しているのだろうと思います。

　　また、先ほど田中さんのお話にもありましたが、常勤の監査等委員を置くべきかどうかということについては、実は指名委員会等設置会社、従前の委員会設置会社ですが、そこにおいても、いわゆる常勤の監査委員を置いている例が多いですね。完全に非常勤者によるモニタリングだけということではない。特に今回の監査等委員会設置会社では、選定監査等委員という取締役の違法行為の差止請求権等を行使する方も選ぶことになるわけですから、それからするとやはり常勤の監査等委員を置いて、日常的なところもその方がチェックをするという制度設計がよいのではないかと私は考えております。

8　　第1部

【図表2】　モニタリング・モデルとマネジメント・モデル
※　モニタリング・モデル：取締役会が業務執行の決定を行わず、主に業務執行者の監督を行う形態
※　マネジメント・モデル：取締役会が業務執行の決定を行う形態

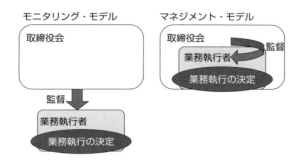

小磯　ありがとうございます。常勤の点については今もご説明がありましたが、法制上は、指名委員会等設置会社も監査等委員会設置会社も設置は任意となっていますが、実際には置いている会社が多く、置いたほうがうまくいくということかと思います。

　また、今お話に出たモニタリング・モデル、あるいはマネジメント・モデルという点に関して補足しますと、まず、モニタリング・モデルについては取締役会が業務執行の監督を行い、マネジメント・モデルにおいては取締役会の中に業務執行機能もあり監督をする機能もあるということで、従来の日本の会社の場合にはマネジメント・モデルでした。それをモニタリング・モデルのほうに移行するということで、指名委員会等設置会社あるいは新しくできた監査等委員会設置会社が移行しやすいモデルという位置付けになっているということです。

　ここでまた、土岐さんにお伺いしたいのですが、監査役設置会社でモニタリング・モデルを採用する、指向する、そういったことは可能でしょうか。

土岐　勿論、取締役会が取締役に対して完全に業務執行の決定の委任はできません。そういう意味ではかなり難しいといえますけれども、実際上は、現在の株式会社では取締役会に付議するものが多すぎると思います。取締役会なのか経営会議なのかわからないような議論がなされている会議が多いですか

ら、その付議基準を見直して取締役会で議論すべきものを絞るということを
すれば、かなりのところモニタリング・モデルに近い運用というのは可能だ
ろうと思います。

【図表3】　監査役設置会社における取締役会決議事項（会社法362条4項）

　4　取締役会は、次に掲げる事項その他の重要な業務執行の決定を取締役に委任す
　ることができない。
一　重要な財産の処分及び譲受け
二　多額の借財
三　支配人その他の重要な使用人の専任及び解任
四　支店その他の重要な組織の設置、変更及び廃止
五　第六百七十六条第一号に掲げる事項その他の社債を引き受ける者の募集に関す
　る重要な事項として法務省令で定める事項
六　取締役の職務の執行が法令及び定款に適合することを確保するための体制その
　他株式会社の業務並びに当該株式会社及びその子会社から成る企業集団の業務の
　適正を確保するために必要なものとして法務省令で定める体制の整備
七　第四百二十六条第一項の規定による定款の定めに基づく第四百二十三条第一項
　の責任の免除

小磯　ありがとうございます。今、マネジメント・モデルを採用した場合とモニ
　　　タリング・モデルを採用した場合の話が出ましたが、それぞれのメリット、
　　　デメリットはどのようなものでしょうか。

土岐　先ほど申し上げた責任の範囲という問題も勿論そうですが、やはりマネジ
　　　メント・モデルの場合は自らが決定に関与したものについて監査をするとい
　　　う、自己監査の問題が生じるということです。

　　　これに対して、モニタリング・モデルの場合は、直接的な監査というよ
　　　り、むしろ内部統制機関が色々行っていることを利用して監査するというこ
　　　とになりますから、統制が弱くなるのではないかと考えられると思います。

【図表４】 監査等委員会設置会社において取締役にその決定を委任できない重要な事項
（会社法399条の13第５項）

1　株式や新株予約権に関する事項（１～３号）
・譲渡制限株式または譲渡制限新株予約権の取得を承認するか否かについての決定
　（会136、会137①、会262、会263①）
・譲渡制限株式買取人の指定（会140④）
・市場取引等により自己株式を取得する場合における取得株式数等の決定（会165③）

2　株主総会に関する事項（４、５号）
・株主総会の招集に関する事項の決定（会298①）
・株主総会に提出する議案（監査等委員会がその内容の決定権限を有する、会計監
　査人の選解任及び不再任に関するものを除く）の内容の決定
（※指名委員会等設置会社の場合、指名委員会が権限を有する取締役及び会計参与
　の選解任議案も除かれる。指名委員会等設置会社の場合、三委員会の委員の選定
　及び解職の決定を委任できない旨の規定があるが、監査等委員会設置会社には、
　対応する規定はない）

3　取締役との利益相反に関する事項（６、９号）
・競業及び取締役との利益相反取引の承認（会356①、会365①）
・定款の定めに基づく役員等との損害賠償責任の一部免除の決定（会426①、会423①）
（※指名委員会等設置会社の場合、執行役に関する競業及び利益相反の承認、執行
　役の選任及び解任、代表執行役の選定及び解職を委任できない旨の規定がある点
　が異なる）

4　取締役会内部に関する事項（７、８号）
・取締役会の招集する取締役の決定（会366①但書）
・監査等委員である取締役との間の訴訟において監査等委員会設置会社を代表する
　者の決定（会399の７）

5　会社の計算に関する事項（10、11号）
・計算書類等の承認（会436③、会441③、会444⑤）
・中間配当の決定（会454⑤）

6　組織再編等に関する事項（12～17号）
・事業譲渡等、合併、会社分割、株式交換及び株式移転の決定

※　取締役会の専決事項（会399の13①Ⅰ～Ⅲ）
・経営の基本方針、取締役の職務の執行の監督、代表取締役の選定及び解職

また、監査役会設置会社においては、監査役は独任制機関であるのに対して、監査等委員の場合はそうではないので、その意味で十分な監査監督機能が発揮できるのかという疑問を呈する向きもあります。しかし、監査役設置会社であっても職務分掌でかなりのところ社外監査役は常勤監査役の監査等に寄りかかっているところがありますので、それほど大きな違いが出ることはないと私は思っております。

小磯　ありがとうございます。

　　それでは阿部さんにお伺いしたいのですが、この点に関して、企業における実例や特徴等はありますでしょうか。

阿部　最近の特徴ということではっきりしているのは、監査役会設置会社であっても取締役会の人数をものすごく絞り始めているということです。従来、大きな会社であれば取締役会は30人40人というのが当たり前でしたが、主要企業を見ても社外取締役を入れても10人前後という、非常に小さい形の取締役会が増えています。その代わり執行役や執行役員を選任して対応している状況です。

　　もっとも、その狙いは、モニタリング・モデルに近づこうとしているのかというとちょっと違うと思っておりまして、むしろ経営の意思決定を迅速、確実に行うための仕組みだということです。最大の難点は、会社法上、取締役会の付議事項ががんじがらめに決められていて、そう簡単にはモニタリング・モデルには移れないという点が問題かと思っております。そのため、次の会社法改正において、取締役会の付議事項がもう少し整理されるとすれば、今の監査役会設置会社の在り方であっても取締役会がモニタリング・モデルに近いものに十分変わり得ると思います。

4　監査等委員の責任

- ✓　監査役の責任
- ✓　採用するモデルによって変わるのか
- ✓　取締役会決議事項の見直し

小磯 ありがとうございます。

次のテーマである「監査等委員の責任」に移りたいと思います。

実際に私が伺った話では、監査役設置会社が監査等設置会社に移行する場合に、監査等委員の方をどなたにするかという問題は非常に重要であって、新しく選任されるという会社もあれば、従来の監査役の方に監査等委員になってほしいと依頼をされる会社もあると伺っています。そうすると、例えば監査役から監査等委員になって責任が重くなるのかどうか、そういったところが気になるところです。

【図表5】 社外取締役と社外監査役の会社に対する義務と責任

	社外取締役	社外監査役
義務	① 善管注意義務（会330、民644） ② 個別の法令、判例上の義務 　競業避止義務、利益相反取引の規制（会356）、監視・監督義務（最判昭44. 11. 26、東京高判平14. 4. 25）	① 善管注意義務（会330、民644）
責任	① 任務懈怠に基づく損害賠償責任（会423） 　法令・定款等違反行為、経営判断原則違反、監視・監督義務違反行為等、善管注意義務（会330）違反となる行為。 　義務の程度・水準は社内取締役と異ならないが、社内義務に精通しておらず、業務遂行に関与しない点が義務違反認定に当たって考慮される可能性はある（大阪高判平10. 1. 20）。 ② 個別の法令上の責任 　株主の権利行使に関する利益供与に基づく損害賠償責任（会120）、剰余金の配当等に関し分配可能額の超過または欠損が生じた場合の損害賠償責任（会462）。	① 任務懈怠に基づく損害賠償責任（会423） 　法令・定款等違反行為、尽くすべき監査義務を尽くさない等、善管注意義務（会330）違反となる行為。 　義務の程度・水準は社内取締役と異ならないが、社内義務に精通していない点が義務違反認定に当たって考慮される可能性はある。

【図表6】 監査役の責任が問題となった裁判例

	裁　判　例
1	**最判平成21年11月27日最高裁判所裁判集民事232号393頁** 事案：原告（農協）の代表理事Ａは、補助金の交付により原告の資金的負担のない形で堆肥センター建設事業を行うとの理事会の承認を受けたが、補助金の交付申請をせず、理事会には申請しているとの虚偽の報告をして補助金の受領見込みについて曖昧な説明をしたまま、原告の資金を使って建設用地を取得する等したが、結局、補助金の交付を受けられず、原告の事業は中止された。そのため、監事であった被告に、善管義務違反があったか否かが問題となった。 判旨：本判決は、理事の業務執行を監査する監事の職責は、たとえ唯一の常勤理事である代表理事が、自ら責任を負担することを前提として理事会の一任を取り付け様々な事項を処理するとの慣行が原告に存在したとしてもそれによって軽減されるものではないとした上で、Ａの一連の言動は、Ａに明らかな善管注意義務違反があることをうかがわせるに十分なものであり、建設資金の調達方法を調査確認しなかった被告には、監事としての任務懈怠があると判断した。
2	**大阪高判平成18年6月9日判例タイムズ1214号115頁** 事案：ダスキンが販売した肉まんに食品衛生法で禁止されている未認可添加物が混入していたことが報道され、ミスタードーナツの売上が減少して加盟店に売上減少に対する補償等をするなどダスキンが多額の出費をしたことについて、監査役の善管注意義務違反が問われた株主代表訴訟事件。 判旨：取締役らが積極的には公表しないという問題の先送りの措置を取ったことについて監査を怠ったとして、監査役の善管注意義務違反を認定した。
3	**大阪地判平成21年1月15日労働判例979号16頁** 　株式会社の監査役は、会社に対する善管注意義務として、会社に労働基準法37条を遵守させ、割増賃金を支払わせる義務を負っているにもかかわらず、従業員から時間外手当の請求がなされたことを知りながら何らの対応を取らなかったとして、任務懈怠による損害賠償責任が認められた事例。
4	**大阪地判平成25年12月26日金融・商事判例1435号42頁** 　本件監査役は、会社の財務状況や代表取締役Ａの資金流出行為等の反復について十分に認識していたから、取締役会に対し、直ちに、Ａによる資金流出を防止するためのリスク管理体制を構築するよう勧告すべき義務があり、また、再三にわたり、Ａの行為が不適切であることを指摘したにもかかわらず、それが受け入れられなかったことが繰り返されたという状況から、Ａの代表取締役からの解職及び取締役解任決議を目的事項とする臨時株主総会を招集することを勧告すべき義務もあったと認められるが、それらの義務に違反しているとされた事例（Ａの前記行為について反対の意見書を提出する等していたことから、重過失はないとされ、責任限定契約の適用は認められた）。

田中先生にお伺いしたいのですが、この監査役と監査等委員を比較したときの責任の重さ、内容等、何か特徴はございますか。

田中 なかなか答えにくい問題ですが、職務を考えると、監査等委員は監査の職務だけでなくて取締役会で決議に参加するという必要がありますし、それから指名・報酬についての意見陳述というのもあるわけですから、職務として多くなっているという面はあると思います。ただ、責任というものをもっぱら法的な責任を問われる可能性に限って理解するのであれば、それほど変わりはないという理解も可能だと思います。というよりも、実際には、そもそも監査役の法的責任もかなり重いということに留意する必要があるのではないかと思います。

特に、最近は監査役の法的責任を認める裁判例が目立っていると思います。最高裁の事件として農協の監事——会社の監査役に相当する人です——の責任が認められたケースがあります。その他、大阪高裁の事件は有名なダスキン事件で、法令違反の食品を販売していたという事実を公表しなかったことが取締役の善管注意義務違反とされたうえ、取締役会に出席しながら、それについて異議を述べなかった監査役の責任も認められたという事件です。

さらに最近の大阪地裁平成25年判決（セイクレスト事件）があります。これは控訴審でも維持されています。この事件では、代表取締役による義務違反（資金の不正使用）があったのですが、その再発を防止するために内部統制システムの整備や代表取締役の解職等の措置をとっていなかったため、代表取締役の義務違反が繰り返されました。この事件では、監査役は、取締役会に対して再発防止のため必要な措置をとるべく勧告すべきだったのにそうしなかったことを理由に、監査役の任務懈怠が認められました。

このように、何らかの業務執行の決定をした取締役について、経営判断原則によっても保護されずに善管注意義務違反があるとされた場合、取締役会に出席していた監査役も取締役会で異議を述べたり必要な措置を提言しなかったことを理由として、責任を問われる可能性がかなりあるということに

なるわけです。他方で、取締役の決定が経営判断原則により裁量の範囲内だとされれば監査役は勿論責任は問われませんが、そのような場合には、監査等委員である取締役であっても、責任を問われないということになります。このようなことからすれば、監査等委員であっても、監査役と比べて法的責任が問われる可能性が特に高くなるということは必ずしもないようにも思われます。

　むしろ、繰り返しになりますが、もともと監査役になっているという時点で法的責任のリスクはかなりあるということです。ですから、監査役から監査等委員になることで責任が重くなることがあるかどうかについて助言を求められた場合には、監査役だって結構リスクはありますよ、というような回答をすべきではないかと思います。

小磯　ありがとうございます。判例も幾つか出ていますので、監査役も責任が軽いというわけではないということです。

　さて、これまでは監査役と監査等委員の比較の形でご質問しましたが、別の観点から伺いたいと思います。マネジメント・モデルを採用する、それからモニタリング・モデルを採用するという切り分けをしたときに、責任の内容とか重さ等に何か違いは出るものでしょうか。

田中　事実として法的責任を問われる場面が多いか少ないかということでいえば、モニタリング・モデルを採用して取締役会の上程事項を減らしますと、それについて株主から責任追及訴訟を起こされる可能性が減るという面があります。

　確かに、権限を委譲するときに委譲した者がきちんと職務を行っていると信頼するためには、適切な内部統制システムが設けられていることが前提であるということはよく言われるわけですが、現実的には、内部統制システムの不備があったことを理由として、取締役会の上程事項でもない事項について取締役の責任を問うことはかなり難しいと思います。

　そうだとすれば、実際問題としてモニタリング・モデルを採用して取締役会の上程事項を減らすと取締役が責任を問われる機会は減る、そういう関係

にあることは否定し難いのではないかと思います。ただ、モニタリング・モデルにおいて業務執行をしない取締役に期待されることとは、日々の業務執行の決定から解放されていることから、その分、経営陣の業績評価とか人事とか、そういう監督的な職務に精力を集中してくれ、ということです。

　そして、実際にはそういう監督的な職務に関して義務違反の責任が問われるということはあまり考えられないものですから、実際に法的責任を問われる機会は減るかもしれません。そうだからといって、モニタリング・モデルの下では社外取締役、社外役員の責任が減るというように考えるのではなくて、法的責任を問われるかどうかはともかくとして、経営の監督者として期待されている役割は非常に大きいのだと、そういうふうに考えていくことがよいのではないかなと思います。

小磯　ありがとうございます。

　では、土岐さんにお伺いしたいのですが、今のお話を踏まえて、社外役員に就任するときの注意点等、心構えでも構いませんが、コメント頂ければと思います。

土岐　その会社の内部統制システムがちゃんと整備されて、かつ、機能しているかということについて、どういう資料をもらってどのように対応するかという問題だと思います。まず一番簡単にできることは、会計監査人からそのあたりの内容について聞くということだと思います。会計監査人はかなりのところを調べているので、そこは重要だろうと思います。

　それから、何よりも経営者の方に実際にお会いして、お話を伺うことが重要です。正直申し上げて、経営者がコンプライアンスで金がもうかるのか、というようなことをおっしゃっておられる会社の場合は、やはりちょっと避けたほうがよいのではないかと思います。

1　パネルディスカッション　　**17**

2. 内部統制システムを利用した監督・監査

1 従業員による不正の防止

- ✓ コンプライアンス体制
- ✓ 運用のチェック
- ✓ 内部監査部門
- ✓ 内部監査報告書
- ✓ リスクの洗い出し

小磯 ありがとうございます。

　では、次のテーマである「内部統制システムを利用した監督・監査」に移ります。

　実際に内部統制システムを利用して監査・監督を行うというのはどういうことなのか。具体的にどうすればよいのか、問題点、注意点等はどのようなものかといったところが、実務上、常に悩みになっているのではないかと思います。最初に、「従業員による不正の防止」についてコメントを頂いて、その後に「経営者による不正の防止」に移りたいと思います。

　まず、土岐さんにお伺いしますが、従業員による不正を防止することについて、内部統制システムを利用して監査するというのは具体的にどういうことなのか、コメントを頂けますか。

土岐 勿論内部統制システム、あるいは内部監査部門を利用してということですが、例えば、カルテルや談合等について考えてみますと、まず、それについてどういうガイドライン等を会社で作っているのかを確認します。それから、従業員に対してちゃんと研修体制があるのか、あるいはカルテル等であれば、特に同業他社との接触についてどういうルールを作っているのか、その内容を自ら検討するということも必要でしょうし、それが実際にどう動いているかということについて内部監査部門にしっかりとチェックしてもらうことが必要です。その報告を受けて、不備があればそれは訂正していく、というやり方になろうかと思います。

18　第1部

小磯　ありがとうございます。最後のところに関してもう少し突っ込んでお伺いしたいのですけれども、会社の管理部門の方が「うちは、こういうふうにやっています」とか、あるいは「こういう報告が上がっています」といったものと、実態とが乖離している場合があるのではないかと思います。実際不祥事が発覚して調査に入ってみますと、管理部門の方が思われている状態と実際に行われていることに乖離があって、だから不祥事が起きているような事例を私も見聞きします。そこのずれというのを社外役員がどうやってチェックをしたらいいのかについて、もう少し突っ込んでコメントを頂ければと思います。

土岐　勿論社外役員として現場に行って直接意見を聞くというのは、なかなか難しいところだろうと思います。一つの有効な手段として、これは実際には内部監査部門にやってもらうことになると思いますが、アンケート等を実施することが考えられます。そして、これを執行部門を通さないで各従業員から内部監査部門自身が直接集めたものを、社外役員のほうで見せてもらって分析をする。アンケートだと従業員の方はかなり率直な意見を書いてこられたりします。これは非常に有効な手段だろうと思います。

　　　これからその会社の社外役員になろうとする場合だと、会計監査人からの監査結果報告書その他を使うということもあると思いますが、就任されてからの問題ということであれば、そのあたりが有効だと考えております。

小磯　ありがとうございます。先ほどの一つ目のコメントでは談合等の事例を前提にお話を頂きましたが、会社の抱えるリスクというのは会社によって違う、あるいは同じ業界においても多少違ったりすることがありますが、そういったリスクの洗い出しは、社外役員としてはどういったことを行えばよいのでしょうか。

土岐　リスクの洗い出しについては、例えば、リスク管理委員会とかコンプライアンス委員会の中で社内リスクを洗い出していくという作業になると思います。勿論社外役員だけで全社的なリスクの洗い出しをできるわけではありませんので、そういうところを利用して洗い出して頂く。ただ、どうしても現

場サイドが出してくるリスク等については、それが十分に網羅されているのかどうかという疑問も生じますので、このあたりはやはりチェックをする必要があると思います。

また、業種ごとにどういう点が特に問題が多いかについては、例えば、大変恐縮ですが、ゼネコンであれば先ほど申し上げたカルテルとか談合のリスク。それから、色々な建築関係の偽装の問題があるだろうとか、やはり業種に合わせたリスクを考えていって、漏れがないか考えていくことだろうと思います。

特に、いわゆる不祥事等の発生のトライアングルといわれている「動機」、「機会」、「正当化」という三つ、これを会社としてどのように考えているのか。他に、報道された事件では「プレッシャー」というのがありましたが、やはりプレッシャーというのも一つの大きな動機になるわけですから、そういうものがあるのかないのかを考えていくということだろうと思います。

小磯　ありがとうございます。

次に、阿部さんにお伺いしたいのですが、従業員による不正を防止するということに関して、いまご指摘のあった点を踏まえて、阿部さんからもコメントを頂けますか。

阿部　まず最初に認識して頂きたいことは、リスクというか、不正の範囲がどんどん広がっているということです。

いま外国公務員に対する贈賄というのは厳しく律せられますが、一昔前は途上国で仕事をするには当たり前だろうと思われる向きもあったところ、それが今は当然違法行為につながります。あるいは、職場内部でもセクハラ、パワハラみたいな、昔はそれほど大ごととして対応されていなかったと思われるものが社会的に非常に大きな影響を与えます。そういうリスクが色々な分野で広がっているということを常にトップが認識し、点検しながら、「それをしてはならぬ」ということを会社全体に伝えることが必要です。

「研修は全てを癒す」ということまでおっしゃる人がいますが、トップが不法行為、違法行為、あるいは会計操作等をしてはならないということを断

言して、そのために何をすればよいかということを、ともかく研修等で従業員に徹底的に伝えていくと、それしかないと思います。それでも起こるときは起こりますが、少なくとも経営の責任になるようなことは回避できると思います。

小磯 ありがとうございます。

田中さんにお伺いしたいのですが、従業員が不正を行って、それが問題化した場合に、役員としては自分の責任はどうなるのかということが常に関心事になると思います。この従業員の不正と役員の責任との関係等について何かコメントございますか。

田中 それについては、日本システム技術事件という最高裁判決で、内部統制システムの不備について代表取締役に過失があるかどうかということが争われた事件の中で、最高裁は、会社において通常想定される不正行為のリスクに対処するような内部統制システムを備えていれば、通常想定されない、手の込んだ形で不正が行われたとしても、そういう不正の発生を予見すべき特別の事情がない限り、代表取締役には過失はないとしています（最判平21.7.9判時2055号147頁）。

先ほどから、土岐さんや阿部さんがお話しになっているところは、通常想定されるリスクは何かということをまずは洗い出してみて、そのリスクに備える体制があったかをチェックするということだろうと思います。実際の裁判だと、通常想定される不正行為のリスクが何であるかは裁判所にとっては自明ではないはずです。

役員の責任を追及する原告としては、当然通常想定されるリスクに備えていなかったと主張してくるはずです。そのときに、役員として「通常想定されるリスクが何かということはちゃんと洗い出していたんです」ということを主張できる場合のほうが、そういう洗い出しをしないで、事件が起きてしまってから「いや、これは通常想定されるリスクではなかったんです」と必ずしも具体的な根拠なく主張するよりは、裁判所に対してはるかに説得力を持つのではないかと思います。

勿論、これは訴訟に勝つという見地だけでなくて、企業としての費用対効果という観点からしても、不正が生じるリスクをゼロにすることはできない中で、コストに見合うだけの不正防止体制を備えていくという点でも重要かと思います。土岐さんや阿部さんのお話は、まさに最高裁のいうところの通常想定される不正行為のリスクに備えるためにはどうすればよいかというお話だったかと思いまして、大変参考になりました。

2 経営者による不正の防止

✓　常勤の重要性
✓　ガバナンス・コード【原則4−13. 情報入手と支援体制】

小磯　ありがとうございます。

　　　それでは、次の項目「経営者による不正の防止」に移ります。

　　　経営者による不正をどうしてもゼロにすることはできないという中で、経営者による不正を防止するためにはどのような仕組みが考えられるのか。阿部さん、コメント頂けますか。

阿部　まず大事なことは、経営者による不正は内部統制では阻止できないということです。もともと内部統制というのはそういうもので、トップの意思決定どおりに組織が動くということですから、トップがまさに不法行為を、あるいは会計の不正措置を図ろうとしているときに、そのとおりに組織が動くのがまさに内部統制がきいている会社です。いくら内部統制を強化しても、本当にトップが何か悪いことをするという意思を固めたときには防ぎようもない。結局、何ができるかというと、やはりそれはおかしいと気付いた人、思う方が相談できる手段があることです。内部通報ではやはり無理があると思います。最近の色々な不祥事の事例を見ていますと、おそらくは従業員から関係先、特に行政の規制官庁に対して、あるいは直接に刑事告発がなされていますが、それがよいとは思いません。

　　　それよりも、従業員がおかしいと思ったときに、まず駆け込んで相談できる先をきちんとつくっておくことだと思います。社外監査役でも監査等委員

でもよいでしょうし、まさに顧問弁護士でもよいかと思いますが、内部統制のシステムの中ではそれは絶対埋もれてしまいますので、それから一歩離れたところにそのような相談窓口を置くべきだと思います。いきなり役所や警察に飛び込むのではなくて、まずは監査役に相談しようとか、あるいは顧問弁護士の事務所に通報しようと、そういう仕組みがきちんとしているとかなり違ってくるのかなと思います。

小磯 ありがとうございます。外部ではないが、完全に内部に取り込まれているものでもないというところが重要だと思います。

では、土岐さんにお伺いしたいのですが、実際に社外役員として、経営者による不正の感知、端緒に関してどうやって情報を得るのかという点について、何かお考えになっていることはございますか。

土岐 幸いにして社外役員をやっている会社でそういう事実がなかったのですが、いま阿部さんのお話にもありましたように、一番重要なことは情報をいかに得るかというところですね。普段から従業員の方がその会社について不思議に思っている、あるいはこれはおかしいんじゃないかと思っていることを社外役員に話してくれるかということが問題で、積極的に色々な従業員の方、法務とかそういう方達とのコミュニケーションも勿論そうですが、それ以外の方ともコミュニケーションを図っておくことが重要だと思います。

やはり、社外役員で月に1回顔を見ているだけで、あとは全然知らない人というイメージにならないような対応、付き合い方をしていると、意外に社外役員でも色々な情報が入ってくると思っております。

3 内部監査部門の組織上の位置付け

> ✓ 監査役スタッフと内部監査部門の重複
> ✓ ガバナンス・コード【原則4－1、3、4、6、7、8及び10】

小磯 ありがとうございます。

次のテーマですが、「内部監査部門の組織上の位置付け」です。まずお話の前提として、会社法施行規則の改正点が重要だと思います。今次の改正で

【図表7】 会社法施行規則100条3項新旧対照表

旧	新
3　監査役設置会社（監査役の監査の範囲を会計に関するものに限定する旨の定款の定めがある株式会社を含む。）である場合には、第一項に規定する体制には、次に掲げる体制を含むものとする。 一　監査役がその職務を補助すべき使用人を置くことを求めた場合における当該使用人に関する事項 二　前号の使用人の取締役からの独立性に関する事項 （新設） 三　取締役及び使用人が監査役に報告をするための体制その他の監査役への報告に関する体制 （新設） （新設） （新設） 四　その他監査役の監査が実効的に行われることを確保するための体制	3　監査役設置会社（監査役の監査の範囲を会計に関するものに限定する旨の定款の定めがある株式会社を含む。）である場合には、第一項に規定する体制には、次に掲げる体制を含むものとする。 一　当該監査役設置会社の監査役がその職務を補助すべき使用人を置くことを求めた場合における当該使用人に関する事項 二　前号の使用人の当該監査役設置会社の取締役からの独立性に関する事項 三　当該監査役設置会社の監査役の第一号の使用人に対する支持の実効性の確保に関する事項 四　次に掲げる体制その他の当該監査役設置会社の監査役への報告に関する体制 イ　当該監査役設置会社の取締役及び会計参与並びに使用人が当該監査役設置会社の監査役に報告をするための体制 ロ　当該監査役設置会社の子会社の取締役、会計参与、監査役、執行役、業務を執行する社員、法第五百九十八条第一項の職務を行うべき者その他これらの者に相当する者及び使用人又はこれらの者から報告を受けた者が当該監査役設置会社の監査役に報告をするための体制 五　前号の報告をした者が当該報告をしたことを理由として不利な取扱いを受けないことを確保するための体制 六　当該監査役設置会社の監査役の職務の執行について生ずる費用の前払または償還の手続その他の当該職務の執行について生ずる費用又は債務の処理に係る方針に関する事項 七　その他当該監査役設置会社の監査役の監査が実効的に行われることを確保するための体制

監査役との連携、監査役がいかに情報を得ることができるかといった点がかなり詳しくクローズアップされているところですが、この改正の背景について、田中先生からコメントを頂けますか。

田中 これは法制審議会会社法制部会における検討の結果、会社の業務の適正を図るために監査を支える体制や監査役による使用人からの情報収集に関する体制について規定の充実、具体化を図ることとなったものです。その内容を事業報告の記載事項とすべきことが、会社法制の見直しに関する要綱の注の中で言及され、それに従って、施行規則の改正が行われたと理解しています。

　従来、たとえ上場会社であっても監査役の補助使用人を常時設置している会社というのは必ずしも多くありません。アンケートを取ってみても、ほかの職務と兼任している者を含めたとしても、そういう補助使用人を常時設置している会社は半分ぐらいしかありません（日本監査役協会「役員等の構成の変化などに関する第16回アンケート集計結果（平成27年11月5日）」月刊監査役648号別冊付録・監査役設置会社版25頁）。その他、会社法上は、監査役が監査に職務の執行に要する費用を請求したときに、会社のほうで必要性がないことを証明しなければ、それに応じなければならないのですが（会社法388条）、実際には必ずしもそういう運用になっていない会社もあるやに聞いています。

　今回の改正が求めている、監査に関する体制について事業報告に記載することは、勿論株主に対する情報開示という目的もありますが、たとえ法律的にはむしろ当たり前のことであっても、それについて事業報告に書かせることで、経営者にこういう体制を備えるべきだということを認識してもらうという面もかなりあるのではないかと思っています。

小磯 ありがとうございます。色々な観点から議論ができるかと思いますが、例えば監査役の手足となって活動してくれるスタッフ、補助者に関して言うと、既に内部監査部門があって、会社はそちらに人を割いて監査をしていると。それに加えて監査役にもスタッフを張り付けるということになると、重

【図表8】 内部監査部門の位置付け（監査等委員会設置会社）

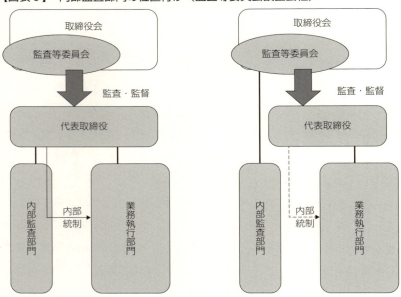

内部監査部門の位置付け（監査役設置会社）

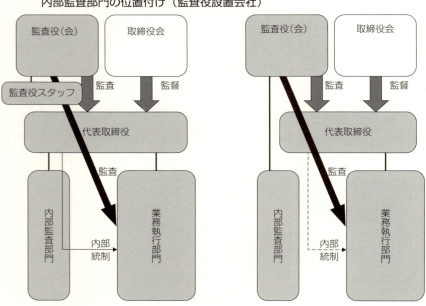

複感、あるいは重荷に感じることになるかなと思いますが、阿部さんのほうでは、企業の受け止め方はいかがでしょうか。

阿部　主要企業の動きを見ていますと、やはり監査役や監査委員会に専任スタッフを付ける会社は増えています。では、それが十分かというと、まだまだ不十分かなと思いますし、そもそも専任スタッフがあまりいない会社も実はまだ多いわけです。そのような会社は、やはり内部監査部門を監査役が使えるようにするという仕組みを考えなければいけないはずです。そのため、業務執行者を通さずに監査役が直接いわゆる内部監査部門に指揮や命令ができるような会社は増えています。直接の指揮命令権がなくても、監査役からの指揮には従えということを内規で置いている会社は出ています。

　このように何か少し工夫をしないといけない。監査役のスタッフとしてそれなりの人を集めるのは望ましいのですが、結局内部監査部門と重複感が拭い去れないし、むしろ強力な内部監査部門をつくって、そこに監査役が自由にアクセスできるようにしたほうが効率的なのかもしれないと思います。

小磯　ありがとうございます。

　ここで内部監査部門の位置付けについて2種類の図が四つございます（前頁参照）。上が監査等設置会社をモデルにし、下は監査役設置会社をモデルにしていますが、それぞれ左側が従来の内部監査部門の位置付け、つまり代表取締役の直轄の部門として記載されています。いま阿部さんから、おそらくこの左側のモデルを前提にして、監査等委員あるいは監査役から直接指示を出せるということについて言及がありました。更に進んで、右側の図ですが、監査等委員会、あるいは監査役会に内部監査部門を直結させる、代表取締役から切り離してしまうというのも一つのモデルとしては考え得るところかなと思います。

　そこで、田中さんにお伺いしたいのですが、法律上、このようなことはできるのかという点はいかがでしょうか。

田中　ちょっと私自身はまだ結論が出ていないのですが、多分、法律上の問題は二つあり得ると思います。

1　パネルディスカッション　　27

一つは、監査役が内部統制部門を指揮命令することが監査役の職務権限を超えないかという問題です。もう一つは、内部監査部門を完全に監査役に預けてしまうと、代表取締役その他の取締役が監視義務を放棄したことにならないのかという問題が生じるのではないかと思っています。

　私は、第一の問題は既にクリアされているように思っています。つまり、監査役はこと監査については広汎な権限を持っていますので、その監査のために使用人を使うこともともよりできるわけです。したがって、監査役が内部監査部門を完全に指揮下におき、その命令のもとに監査をさせたとしても、監査役に関するルールとの抵触は何ら生じないのではないかと思っています。

　むしろ問題は、第二の点にありまして、すなわち、仮に代表取締役あるいは取締役会が内部監査部門を完全に手放してしまうと、取締役にも監視義務というものがありますから、これが履行できないのではないか、というところです。監査役に内部監査部門に対する指揮命令権を与えることについて、法的難点があるとすれば、そこぐらいではないかと思っています。もっとも、これも現実的にはそれほど問題にならないと思います。というのは、法的に可能かどうかに関係なく、実際には経営者は内部監査部門を完全には手放すということはまずしないと思うからです。そうだとしますと、監査役が内部監査部門に対して権限を持つ体制を作るとしても、それは、内部監査部門に対しては経営陣も一定の権限があり、それと並んで、監査役も内部監査部門に対して指揮命令ができるという体制になろうかと思います。その上で、経営者が不正行為に関与した疑いのある事案については、内部監査部門は専ら監査役に報告義務を負うといったルールを作ることになると思います。そのような体制を作ることは、監査役の職務権限を超えるものでもなく、また、取締役の監視義務の放棄となるものでもないため、会社法上はまったく問題がないのではないかと思っております。

3. 社外役員とガバナンス

1 独立性

- ✓ 選任基準
- ✓ メインバンク出身者　　顧問弁護士
- ✓ 監査役スタッフと内部監査部門の重複
- ✓ ガバナンス・コード

【原則４－９．独立社外取締役の独立性判断基準及び資質】

小磯　ありがとうございます。

　　続いて、「社外役員とガバナンス」という項目に移らせて頂きます。まず独立性の話ですが、こちらは皆様十分にご承知と思いますので、まず阿部さんから簡単にコメントをお願いします。例えば従来からメインバンク出身の社外役員候補者の選任議案に反対票が集まるといった傾向が強いところですが、こういった現状についてどのようにお考えでしょうか。

阿部　前回の会社法改正において、まさに社外性要件の見直しで一番問題になったのが、取引先等の関係者をどう扱うかということだったわけです。経営者の親族等については特段異論がなかったわけですが、例えば企業グループの中にある金融機関が他の事業会社に対してどういう影響力を行使し得るのか。よい意味での外部からの強いガバナンスになるのかもしれないし、それが逆になるのかもしれないという議論です。ただ、一概にいえることは、仮に重要な取引先、特に金融機関の社外性要件を外してしまうと、改正が議論されていた当時ですが、日本中の上場企業の社外取締役の３分の１くらいが要件を失ってしまうということでした。今でもその状況は変わっていないと思うわけです。

　　結局、よい意味での社外からの統制、監督ということであれば、やはり重要な取引先、特に金融機関は外すことはできないのではないかと思います。これは一つの考え方ですが、確かに、取引先で弱い立場の人達から社外を出

1　パネルディスカッション　　**29**

せということはないわけですが、だからといって、その逆まで否定できない
のではないか、と思っています。

　実は、会社法改正のときに、親会社の関係者を社外役員にできるようわれ
われは随分主張しました。これは、子会社の経営に関して一番利害関係が
あって、しかも重要な意思決定に関わるのは親会社だからです。しかも、株
主の代表としての立場であると。これに対し、今回の改正では結論が違って
しまったわけですが、われわれの発想としては、経営に対して強いプレッ
シャーをかけられる、まさに優位にある人達の代表というのは社外取締役と
しての役割を十分に果たすのではないかと今でも思っています。

小磯　ありがとうございます。田中さんにお伺いしたいのですが、現在、この社
外役員の独立性を厳格に捉える傾向にあると思いますが、この点について何
かお考えのところはございますか。

田中　これは会社法だけでなく、コーポレートガバナンス・コードについてもい
えることだと思いますが、厳格な独立性を有する社外役員を置いてください
というのは、それ以外の社外役員を置くなという趣旨ではないのではないか
と思います。少なくとも、そのようにコードや会社法の趣旨を理解するよう
な株主がもしいたとしたら、いや、そこはそうではないですよ、と会社の側
が説得する用意を持ってしかるべきだと思います。

　一般的に会社から独立しているということと、会社に関する情報を持って
いることあるいは会社に対する影響力があるということとは、トレードオフ
の関係があると思います。取締役会の独立性のみを強化しても、全く会社の
ことを知らない人ばかりになってしまえば、適切なモニタリング、監督はす
ることは難しいと思います。

　そうだとすると、取締役会全体として、いわばベストミックスといいます
か、独立性のある人と、その会社の実情を知っている人がバランスよく配置
されているということが大事だと思います。そのベストミックスは必ずしも
海外の慣行と同じであるとも限らないし、また各社によって異なり得るもの
だと思います。企業としてはこれが自分達にとってのベストミックスだとい

30　　第1部

【図表9】 社外取締役、社外監査役、監査等委員の権限

権限の内容	社外取締役 （監査役設置会社）	社外監査役	監査等委員
業務執行権	なし（会2 XV）	なし	なし（会331③）
取締役会における議決権	あり（会369①）	なし※議事録に意見を記載することは可能（会施規101③Ⅵ二）	あり（会369①）
報告徴収・業務財産調査権	なし	あり（会381②③）	選定監査等委員にあり（会399の3①②）なお、選定監査等委員は、当該報告徴収・業務財産調査に関する事項についての監査等委員会の決議があるときは、これに従わなければならない（会399の3④）
取締役の不正行為、法令・定款違反等についての取締役会への報告	※監視・監督義務あり（最判昭48．5．22	あり（会382）	あり（会399の4）
株主総会に提出される議案等の調査・報告義務	※取締役会決議により議案を決定する（会298④）	あり（会384）	報告義務のみあり（会399の5）
取締役の法令・定款違反行為の差止請求権	なし	あり（会385①）	あり（会399の6①）
会社と取締役との間の訴えにおける会社の代表権	なし	あり（会386①）	選定監査等委員にあり（監査等委員が訴訟の当事者である場合を除く。会399の7①）
会計監査人に対する報告徴収権	なし	あり（会397②）	選定監査等委員にあり（会397④・②）

1 パネルディスカッション 31

うのであれば、それを堂々と株主総会に諮るのがよいのではないかと思っております。

2 社外取締役と社外監査役の重複（役割分担）

> ✓　社外取締役と社外監査役の権限
> ✓　役割分担

小磯　ありがとうございます。

それでは次のテーマですが、「社外取締役と社外監査役の重複」について簡単にコメントを頂きたいと思います。上場企業としては、監査役設置会社を維持したままだと社外監査役と社外取締役を重複して選任しなければならない。そうしますと、役割分担が問題になるのではないかと思います。

阿部さんにお伺いしたいのですけれども、社外監査役と社外取締役が重複しているときにどのように役割分担をしたらよいのか。実例なり、お考えなりございますか。

阿部　監査役会設置会社では、社外取締役はやはり経営にしかるべき有益な判断材料を提供してくれる人、あえていうと、経営者だったことがある人達、あるいは経営に属している人達が適任と思います。社外監査役は、弁護士と会計士の出番です、ということかなと思います。

小磯　端的にありがとうございます。土岐さんにお伺いしたいのですが、同じ質問になりますけれども、社外監査役、社外取締役が重複しているときの役割分担等について、コメントを頂けますか。

土岐　社外という立場ということでは同じ役割になりますけれども、取締役会において議決権を有しているということは、議案についての提案ができる、代表取締役の解職についての提案ができるという意味で、社外取締役という立場の人に対して、例えば社外監査役等が自分達がつかんだ色々な情報を提供してそういう提案をしてもらうということもあり得るだろうと思います。ガバナンス・コードの補充原則の4－8にもありますように、社外役員で会議をするというようなことも一つの方法ではあると思います。

32　第1部

先ほどちょっと阿部さんがおっしゃっておられたような住み分けというのも、一つの方向かなと思っております。

4. 株式持合いとガバナンス

✓ 人質理論
✓ 海外における持合い

小磯 ありがとうございます。

さて、次のテーマに移りたいと思います。株式持合いに関して、これは理論上も非常に難しい問題をはらんでいると思いますが、特に、会社法120条、利益供与の禁止、こちらとの関係で厄介な問題があると考えています。

通常、会社のほうでは、株式を持ち合っている理由として、業務提携あるいは取引関係の強化という点を保有目的として掲げられていますが、それだったら普通に契約を結べばよくて、なぜ株式の保有までしなければいけないのか、必要性がよくわからないといったような疑問も出てくるのですが、この点について田中先生コメントございますか。

✓ 会社法120条
1　株式会社は、何人に対しても、株主の権利、当該株式会社に係る適格旧株主（第八百四十七条の二第九項に規定する適格旧株主をいう。）の権利又は当該株式会社の最終完全親会社等（第八百四十七条の三第一項に規定する最終完全親会社等をいう。）の株主の権利の行使に関し、財産上の利益の供与（当該株式会社又はその子会社の計算においてするものに限る。以下この条において同じ。）をしてはならない。

1　パネルディスカッション　33

2 株式会社が特定の株主に対して無償で財産上の利益の供与をしたときは、当該株式会社は、株主の権利の行使に関し、財産上の利益の供与をしたものと推定する。株式会社が特定の株主に対して有償で財産上の利益の供与をした場合において、当該株式会社又はその子会社の受けた利益が当該財産上の利益に比して著しく少ないときも、同様とする。

3〜5 略

✓ ガバナンス・コード【原則1−4．いわゆる政策保有株式】

田中　私自身は、株式持合いというものの必要性についてよく理解できないと思っているところではありますが、法律上、それが利益供与に当たるかどうかということについては、条文適用のハードルはかなり高いし、また高くあってしかるべきだと思います。株式持合いには一定の経済合理性があるという議論は、経営学者や経済学者によって、かなり以前から有力に展開されています。

　例えば、事業者間で業務提携をしたり長期で取引をするような場合、契約でお互いがとるべき将来の行動をいちいち約定することは必ずしも容易でないかもしれません。そのような場合に、双方が株式を持ち合っていれば、仮に相手方に不利な行動をした場合には（経済学でいう「裏切り」をすれば）、相手方の業績が悪化し、ひいては、自分の持っている相手方の株式の価値が下がって自分も傷つくわけです。そのため、株式持合いをすることによって相手を裏切らないようなインセンティブが働くといわれます。これは「人質理論」などと呼ばれます。持合い株式が人質になっているということです。

　利益供与との関係でいうと、確かに、「利益」には取引上の利益等も含みうるわけですが、それが株主の権利の行使に「関して」の利益供与かを判断するに際しては、取引の経済合理性とか社会的相当性とかが当然、勘案されるはずです。持合い株主は、実際上、経営陣に友好的な議決権行使をする可能性があるだろうというだけで、持合株主と取引をすることが利益供与になるとは、従来、考えられてこなかっただろうと思います。それはそれなりの

理由があるのではないかと思います。

　私自身、持合いの必要性あるいは有用性については、今ひとつ納得できていない部分もありまして、たとえば、明らかに買収防衛のために用いられていると思われる事例もあり、問題がないわけではないように思います。ただ、ガバナンス・コードにおいても、持合いはすべてしてはいけないといってはおらず、どういう目的で持っているのかということを明確にせよというにとどまります。企業が本当に自社の行っている株式持合いが経済合理性を持っていると考えるのであれば持合いの事実及びその目的を堂々と開示し、株式市場に対して持合いの正当性を主張するという気概を持つことが大事ではないかなと思います。

小磯　ありがとうございます。土岐さんにお伺いしたいのですが、当然、弁護士として顧問先、クライアント企業から「どうしたらよいですか」というご相談を受けるかと思います。どういうふうにアドバイスをされるのでしょうか。

土岐　株式の持合いをすべきでしょうかという質問は、勿論普通はあまりないですよね。ただ、こういう状況は理由等を明らかにしなければいけないということから、「解消したほうがよいでしょうか」というご質問や、あるいは「こういう理由でもよいだろうか」というご質問は聞きます。勿論、いま田中先生のおっしゃっていた経済合理性があるのだということを、これは取引関係の発展とか維持とか、それが結局企業価値の向上に資するのだと説明することになりますね。

　利益供与については、確かに、株を持って頂いている取引先から、いわゆる取引に関する、あるいは例えばメーカーと販売会社の関係でいいますと、販売会社の株を持っているメーカーから更なる販売先について有用な情報を提供して頂くなんていうことはざらにあるわけですから、そういう点は考えていけばよいのだろうと思います。株式を持っていること自体が利益供与だと声高にいうことは全く必要ないだろうと思います。

1　パネルディスカッション　　35

5. 海外子会社へのガバナンス

小磯 ありがとうございます。

　では、次のテーマとして、「海外子会社へのガバナンス」について取り上げます。こちらについては、例えば、外国公務員に対する贈賄防止について、経済産業省の指針が出ています。簡潔ではありますが、「企業集団に属する子会社において、リスクの程度を踏まえた防止体制が適切に構築され、また、運用されることを確保する必要がある」とされています。この点について、阿部さんと土岐さんに順番にお伺いします。企業として海外子会社をどのように管理するのか。何か実例であるとか、お考えがあればコメント頂きたいのですが、阿部さん、いかがでしょうか。

阿部 これはある程度実例を出さざるを得ないと思うのですが、海外子会社、グループ全体としての管理をうまくやっている会社というのは、例えば、ソニーとかホンダとか、かなり早い時期から北米に進出している会社です。アメリカで現地生産、販売等を行っている現地法人を持っています。アメリカという非常に厳しい規制、法体系の下で会社を運営してきた経験が活かされているのではないかと思います。

　逆に、最近中国に工場を建てたような会社は、そういう経験はまだあまり深まっていないと思います。やはり先進国できちんとした現地法人の運営をしてきたような会社に必然的にノウハウはたまっていますし、現にそれ以外の地域で子会社をうまく管理することになっていると思います。

小磯 ありがとうございます。土岐さん、同じ点についてコメントを頂けますか。

土岐 勿論国ごとにリスクが違っているということで、どのようにその情報を入手するか。例えば先行的に進出している商社等から情報をもらうとか、あるいは国の機関、JICA とかアジア経済研究所等からの情報を受けるということは重要だろうと思います。

　また、外国の従業員に対して内部通報の窓口を設けるということも有効で

36　第1部

> ✓ 企業集団の内部統制
> ✓ 外国公務員贈賄防止指針
>
> http://www.meti.go.jp/press/2015/07/20150730008/20150730008-1.pdf
>
> ③贈賄リスクを踏まえた子会社における対応の必要性（指針9頁）
>
> 　仮に海外子会社を含む子会社が内外の関係法令に基づき外国公務員贈賄罪で処罰される場合には、親会社も、その資産である子会社株式の価値だけでなく、親会社自身の信用も毀損され、さらには、親会社自身に対して刑事罰が科される※といった形で大きな損失を受ける可能性がある。
>
> 　したがって、親会社は、企業集団に属する子会社において、リスクの程度を踏まえた防止体制が適切に構築され、また、運用されることを確保する必要がある。
>
> ※注　実際の贈賄行為は海外現地法人で行われることが多いものの、贈賄行為に親会社の従業員・役員等が関与した場合には、当該従業員等が共犯としての責任を問われる可能性があるが、それに加えて、前述（2）のとおり、法人としての親会社もまた、法人両罰規定により処罰対象となる可能性がある。

す。正直いって日本人の従業員だと内部通報の報奨金制度をつくって内部通報してくださいといっても躊躇するのですが、外国人従業員は報奨金制度を設けた内部通報だと、どんどん来ます…といったら語弊があるかもしれませんが、有効な手段としては、そういうこともあり得ると思います。

6. 攻めのガバナンス

1 役員報酬

> ✓ お手盛り防止だけでよいのか
> ✓ 業績連動　　透明性
> ✓ 役員報酬税制の在り方
> ✓ ガバナンス・コード【4-2. 取締役会の役割・責務（2）】
>
> 　「経営陣の報酬については、中長期的な会社の業績や潜在的リスクを反映させ、健全な企業家精神の発揮に資するようなインセンティブ付けを行うべきである。」

小磯　ありがとうございます。

次に「攻めのガバナンス」について検討したいと思います。具体的には、役員報酬や人事について取り上げたいと思います。

　「攻めのガバナンス」という言葉は、コーポレートガバナンス・コードの原案で出てきた言葉で、会社の持続的な成長、それから中長期的な企業向上を図るために、従来の、「法令を守りましょう」といった消極的なイメージのものではなくて、積極的な意味でのガバナンスといった意味合いで使われているかなと思います。

　それに基づいて、役員報酬に関しては、業績連動型報酬を増やしたほうがよいのではないかといったような議論があるところですが、この点、阿部さんにお伺いします。業績連動型報酬を採用するべきか、それからそのときの税法上の問題点についてコメントを頂けますか。

阿部　業績連動型報酬というのはこれから報酬の大きな要になると思っています。現状は、税の制約が強過ぎて使いにくいといわれています。そして、今年6月の「『日本再興戦略』改訂2015」の中で、「経営陣の中長期の企業価値創造を引き出すためのインセンティブを付与することができるよう金銭でなく株式による報酬、業績に連動した報酬等の柔軟な活用を可能とするための仕組みの整備等を図る」と書かれています。

　これは、現実に来年の税制改正の課題としていま採り上げてもらっていて、特に業績連動型としてかなり前進できるかなと思っています。現在使いにくいというのは、端的にいうと、業務執行役員全員について同じ扱いをしなければいけない、また、有価証券報告書上の数字を使わなければいけないということです。しかし、例えば役員によっても担当は違いますよね。自分が担当している事業分野、セグメントと他人がやっているところとを混ぜて、なぜそれがその人の業績だといえるのかという疑問があります。

　そういう意味ではセグメントごとの業績とか、あるいは単独でなくて連結で見るなどのような形で、そこを少し細かく分けるとよいと思います。数字上の合理性は勿論必要かもしれませんが、同じような扱いを全ての役員にしなければいけないということだけは絶対改めてもらいたいと思っています。

2 後継者の選定

> ✓ 日本と米国の違い
> ✓ ガバナンス・コード【補充原則4－1③】
> 「取締役会は、…最高経営責任者等の後継者の計画（プランニング）について適切に監督を行うべきである。」

小磯 ありがとうございます。

　次に、「後継者の選定」を検討します。これは日本の従来の形ですと、社長が頭の中で決めて、決定事項として出てくるというのが専らかなと思います。他方で、機関投資家の方からお話を伺うと、中長期の投資をするためには事業計画が継続的に行われていることが重要であり、経営者が交代して事業計画が変わったりすると困るという声を聞きます。つまり、事業計画の一貫性がある程度担保されている必要があり、その一環として後継者が誰になるのかということに非常に関心があるとおっしゃる方もいます。

　そういった中で、阿部さんにお伺いしたいのですが、後継者の選定についてある程度透明性を高くすることに関してコメントはございますか。

阿部 ブラックボックス以前の問題で、日本の企業の経営者で誰が後継者を決めるかというと、社長でも会長でもない、相談役が集まって決めているという場合も多いと思います。歴代のトップを経験した人達で、まだ相談役等で活動している人達が集まって、次は誰にすると、取締役でも何でもない人達が集まって決めた、このような現実があることは否定できないと思います。それなのに会社法の仕組みとかコーポレートガバナンスの仕組みで何かできるかというと、非常に難しい。

　できるとしたら、こういう人がうちの次のトップにふさわしいという目標なりビジョンなりを掲げておいて、実際に候補として挙がってきた人達がそれと見合うかどうかを見比べられる仕組みをつくることくらいかなと思っています。

小磯 ありがとうございます。次に田中さんにお伺いしたいのですが、後継者の

選定に関して何かお考えや、あるいは実例等をご存じであれば、コメントを頂けますか。

田中 欧米諸国ですと指名委員会があり、独立取締役が委員の過半数、場合によっては全員を占めています。そのような委員会において、後継者の選定計画、及び具体的な後継者をレビューするということになります。もっとも、指名委員会で一から後継者が話し合われるということではなくて、やはり欧米であっても、最高経営責任者の後継者を決めるのは通常は最高経営者自身です。例えばスティーブ・ジョブズの伝記を読んでみても、ジョブズの後継者は当然のことながらジョブズが決めているわけです。

　ただ、社長の頭の中だけで後継者が決まって、誰もそれに異議を唱えないというのではなくて、社長の構想について、社外取締役、それも経営者あるいは経営者経験者により構成されている指名委員会に諮るものとすることによって、情実人事その他、偏った人事がされないようにするというチェック機能が期待できると思います。

　こうしたチェックは、ガバナンスにとって非常に重要であると思います。最近の不祥事を見ましても、何代にもわたる経営者の下で不祥事が続いている案件がありますが、これは、経営者が自分の不正を隠してくれそうな人にバトンを渡していたようにどうしても思えてしまいます。そういった偏った人事が行われないようにチェックするというだけでも、指名委員会は相当重要な機能を持っているのではないかなと思います。

小磯 ありがとうございます。土岐さんにも同じ質問を投げかけたいと思います。

土岐 私が社外役員に最初になるときに、かなりベテラン経営者の方で同じ会社の社外役員になった方から、「社外役員として一番考えなければいけないのは、トップに『もうお辞めになったほうがいいですよ』と言うことだよ。それはほかの人はなかなか言えないんだよ。自分は社外役員だから、そう言ってどうしても辞めないなら自分が辞めればいいんだ。そこをちゃんとわきまえてやったほうがいいよ」と言われました。自分に今までそれをやるべき機

会がなかったのは幸いだなと思っていますが、そういうふうに考えています。

3 投資判断

> ✓ 事業の進出と撤退

小磯 ありがとうございます。

　　　最後の項目ですが、「投資判断」です。具体例として事業の進出や撤退を掲げていますが、進出に関して、社外役員が何か積極的な役割を果たすというのは難しいのかもしれませんが、撤退しなければならないとき、これはおそらく従来その事業を継続して行ってきた社内役員の方には判断がなかなか難しい局面かもしれないと考えているわけです。これも土岐さんにお伺いしますが、社外役員として事業の撤退の判断についてどのように関与できるのか、何かお考えはございますか。

土岐 勿論事業の撤退の判断というのも経営判断ですから、経営判断の法則がちゃんと適用できるような十分かつ正確な資料があって十分審議されているのか、というところが重要ですね。

　　　ただ、膨大かつ詳細な資料を出されても、そんな時間的余裕はありませんから、勿論全部読むわけにはいかない。そこは具体的には、その内容についてある程度概略でも、とにかく誰かから説明を事前に受けておくということが必要だと思います。それから、何らかの専門家の意見、その分野について今後の見通しについてどうかという専門家の意見を取ってきてもらうとか、そういう形で自らの判断について担保するということを考えます。

小磯 ありがとうございます。田中さんからは、特に法的責任の有無の点から何かコメントございますか。

田中 基本的には土岐先生が言われるように経営判断の問題ですので、経営判断の過程、内容に著しく不合理な点があるかどうかが、責任の成否を決める上で問題になると考えています。なお、経営判断の原則は、冒険的な投資を奨励するための原則であるかのような理解があって、そういう理解からする

と、新規投資の場合は経営判断原則が適用されるけれども、撤退の場面では適用されないのではないかというような意見もあるかのように伺ったことがあります。しかし、経営判断の原則とは、基本的には、経営には専門的な判断が必要なので、それについて経営の専門家でない裁判所が後知恵で責任を課すと、経営を萎縮させたり役員のなり手がいなくなるということから、裁判所はなるべく判断を差し控えるというところにあると思っています。

そういう観点からいえば、撤退の判断というのも新規投資の判断と同じで、やはり複雑な経営上の考慮を要する難しい判断だと思います。例えば、現在赤字を出している事業であっても、もう何年か粘れば黒字になるかもしれないといったこともあるでしょう。こういったことを考えますと、新規投資と比較して、決して撤退の判断のほうが容易であるとか、あるいは客観的な基準によって審査できるというものでもないと思います。したがって、撤退の判断についても、新規投資の判断と同じように、取締役の責任の成否の判断については、経営判断原則が適用され、取締役の裁量の余地が広く認められてしかるべきだと思っています。

7. 最後に

小磯 ありがとうございます。

まだまだ色々とお話をお伺いしたいところもありますが、時間になりましたので、最後に、今後のコーポレートガバナンスについてパネリストの皆様から一言ずつお願いしたいと思います。まず阿部さん、よろしくお願いします。

阿部 会社法改正のときも、あるいはコーポレートガバナンス・コード作成のときも私は申し上げていたのですが、これが正しいという形はあり得ないわけです。常に試行錯誤を繰り返していくしかないわけで、どこの国でもそうだと思いますが、コーポレートガバナンスというのは常に未完成であって、次の展開を待つということでしかないと思います。色々材料はそろってきたと

は思うのですが、やはり各社がそれぞれどのような道を選ぶかということに尽きるかなと思っています。私どもができることは、なるべく多くの選択肢を用意して、選択肢としての可能性を広げるということかなと思っています。

小磯　ありがとうございます。次に田中さん、お願いします。

田中　最近の会社法制やコーポレートガバナンス・コードといったルール設計をする中で、国全体が少しモニタリング・モデルに偏り過ぎているのではないかといった疑問をお持ちの方も少なからずいらっしゃるのではないかと思います。ガバナンスのあり方は各社が自社にあったやり方を考えるべきで、国が特定のガバナンスモデルを押しつけるのは過剰な干渉であるという見解は、学会でも決して少なくありません。それについては、私は次のような考えを持っています。それは、モニタリング・モデルというのはひとりでにはなかなか発展しないものではないかということです。例えば、他の会社の会長が、みんな自社の経営に精力を注入している中で、どこか一つの会社の会長だけが色々なところの社外取締役になって、他の会社のモニタリング・モデルに関与してもらうというのはなかなかできることではありません。モニタリング・モデルというのは、多くの会社が一斉に同じようなことをしないと普及しないものではないかと思っています。

　そういうところから、もともとモニタリング・モデルは個々の企業に任せておくと普及しにくいので、国ないし法制度が、ある程度まで後押しをしてやる必要があるのではないかと。最近のガバナンスに関する制度改革には、そのような意味があるのではないかと思っています。ただ、当然ながら「モニタリング・モデルを採用すれば、みんなうまく」いくということではなくて、法制度ができることはせいぜい後押しだけですから、あとはそれをきちんと機能させる企業統治にするのはまさに各社の努力ということになります。最終的には各社の創意工夫こそが最も求められているのではないかと思います。

小磯　ありがとうございます。土岐さん、お願いします。

1　パネルディスカッション　　43

土岐　今お２人から、法律的な、あるいは経済的なお話が出ましたが、私も一言でいうと、コーポレートガバナンスもコンプライアンスもそうなのですが、結局はトップダウンでないと実現できないと、そのために経営トップが常に高い意識を持つことが必要だということです。よく申し上げているのですが、最近、不祥事が発覚すると、例えば、「これを明らかにすると会社がもう傾いてしまうんだ」ということで、経営陣が「会社のために私はやったんです」という言い訳をおっしゃるんですが、本当にそれは会社のためだったんですかと。だから、会社のためというのは本当は誰のためなのかということを常に自問して頂くということが一番重要なのではないかと考えております。

小磯　ありがとうございます。阿部さん、田中さん、土岐さん、非常に充実した議論をどうもありがとうございました。今回のパネルディスカッションが皆様のお役に立てますと幸いでございます。

　　　それでは、第１部のパネルディスカッションはこれにて終了します。

2 コーポレート・ガバナンスに関する補論

第一東京弁護士会総合法律研究所　会社法研究部会部会長　小磯　孝二

1. 総論

1 本稿の意図

　セミナーでは、コーポレート・ガバナンス（企業統治）に関して、一般社団法人日本経済団体連合会常務理事（セミナー当時）である阿部泰久氏、東京大学社会科学研究所教授である田中亘氏、企業法務に精通する弁護士である土岐敦司氏がパネルディスカッションを行った。そこでは、パネリスト自身の深い知見を元に、実務・理論の両方に目配りした議論を展開した。旬のトピックについてわかりやすく議論すると共に、目先に囚われないよう、後年まで参照に値する内容になるよう努めたつもりである。

　そこで、パネルディスカッションについては、当時のまま収録している（読み物として成立するよう、形式的な面で若干手を加えている）。

　本稿は、パネルディスカッションで取り上げた項目を参照しながら構成されているが、本稿単独で読み物として成立するよう工夫している。また、パネルディスカッションでは時間の関係で取り上げることができなかった論点・議論・トピックや、パネルディスカッション後に生じた論点・議論・トピックもあるが、本稿ではそれらをも取り上げながら、コーポレート・ガバナンスについての議論を整理する。したがって、パネルディスカッションと重複する内容があるものの、パネルディスカッションの単なる要約ではない（そもそも、本稿における意見

は、パネリストのご見解とは異なる点も多くあるだろう）。パネルディスカッションと併せてお読み頂ければ、立体的な理解が可能になると思われる。

2 ガバナンスを巡る議論の状況

(1) 政府による成長戦略（日本再興戦略）

近時のガバナンスを巡る議論は、スチュワードシップ・コード及びコーポレートガバナンス・コードや、それを実現した日本再興戦略を軸に整理するとわかりやすい。

以前から、特に海外の投資家を中心に、ガバナンスを強化すべきだという声があった。企業の側でも、それに応える動きはあったが、総じて弱いものであった。誇張した言い方かも知れないが、「会社の方にガバナンスの話題を持ち出しても、一笑に付される」時代であった。

第2次安倍政権が成立すると、経済成長を促す政策を打ち出してきた。安倍政権は、日本再興戦略を取りまとめ、そこに定められた政策を実行するという手法を採用している。ガバナンスに関する政策についても日本再興戦略に記述されており、近時のガバナンスに関する動きは、意識的に行われていることがわかる。

ガバナンスに関する政府の意図は、日本企業のガバナンスを欧米並みにして、海外からの投資を呼び込もうというものである。そのため、スチュワードシップ・コード及びコーポレートガバナンス・コードのような、海外で比較的普及しているルールを導入しようとしたのである。

(2) 機関投資家を巡る動向

海外の機関投資家は、概して議決権行使に厳しく、国内の機関投資家は、概して議決権行使が緩やかであった（ただし、国内の機関投資家だからといって、会社提案に無条件に賛成していたわけではない）。

このような中、成長戦略の一環として、スチュワードシップ・コードが策定された。スチュワードシップ・コードは、機関投資家に対して、受託者責任を果たすべきことを求める。すなわち、機関投資家は資金の出し手に対して、なぜこの企業に投資したのか、投資を継続するのはなぜか、説明する責任を有している。これまでは、当該責任はそれほど強く意識されない傾向にあったが、スチュワー

ドシップ・コードの策定により、より強く意識されるようになる。また、それまでガバナンスに対する関心が比較的薄かった資金の出し手が、スチュワードシップ・コードの策定を契機としてガバナンスに関心を持ち始めた結果、受託先の機関投資家に対して、投資先企業のガバナンスに関する具体的な報告を求めるようになったといわれている。

この結果、特に国内の機関投資家にとっては、投資先企業のガバナンスについて再検討することを求められる。実際に、スチュワードシップ・コードの策定を境にして、機関投資家が企業に対して面談を求めることが増えてきたといわれている。

企業からすれば、機関投資家が企業のガバナンスにより一層の関心を有することによって、実際に、具体的な内容について質問を受けるようになった。企業としてこれを無視することはできず、企業自身もガバナンスをより意識する契機になったと思われる。

⑶ 企業を巡る動向

前述のとおり、スチュワードシップ・コードの策定を一つのきっかけとして、企業もガバナンスをより意識するようになった。さらに、コーポレートガバナンス・コード（以下、CGコードという）の策定により、待ったなしの状況となった。

CGコードは、企業に対して何らかのルールを強制するものではないが、CGコードが定めるルールについて遵守するか、さもなければ遵守しない理由を説明することを求める。CGコードの内容は多岐にわたる上、企業に対して一定のルールを押しつけるのではなく企業の自主性に委ねるため、企業からすると、何をどこまで行えば十分なのか、把握することが困難である（コード適用初年度はCGコードの内容を理解することで精一杯であった、と述懐する企業担当者も多いと思われる）。

逆にいえば、CGコード対応を通じて、企業は自社のガバナンスに関する実状や改善点と真摯に向き合う必要がある。適用初年度を経て、2年目、3年目となるにつれて、企業が自社のガバナンスをよりよいものにしていくことが期待される。

⑷ 会社法の改正

　会社法を改正するための議論が、私的な研究会という形で、平成28年1月から始まっている。予測に過ぎないが、平成29年の法制審議会総会において法務大臣から会社法改正に関する諮問があり、1～2年程度の議論を経たのち、会社法改正法案が国会に提出されるのではないかと思われる。

　改正すべき論点や内容はこれから煮詰まっていくものであり、現時点で即断することはできない。ただ、私的な研究会では、社外取締役に関する事項、取締役会付議基準に関する事項、役員報酬に関する事項、株主代表訴訟に関する事項等が議論されており、私的な研究会での議論を知ることは、ガバナンスの今後を知るうえで有益である。

3 今後の展望と課題

　CGコードに関しては、企業の実務担当者はコードの内容についてよく勉強し、取締役に説明する機会を設けているという話をよく聞く。ただ、本来的には、取締役自身がCGコードの内容を理解し、自社のガバナンス体制を決定していくことが求められているはずである。実務担当者が起案したドラフトを承認して終わり、という単純な作業ではない。適用開始後間もないことから、CGコードの全てのルールについて取締役が理解することを求めるのは無理があるが、しかし、今後は取締役自身が理解を深める努力を継続することが期待される。

　また、二つのコードについては、フォローアップ会議が開催されており、フォローアップ会議での議論も参照する必要がある。

　また、監査等委員会設置会社の導入が進んでいる。ただ、2.で詳述するように、自社のガバナンス体制、取締役会の役割、社外取締役の責務等について実質的な議論をすることなく、単に監査役設置会社から移行して終わり、ということにならないよう、注意を要する。

4 モニタリング・モデル／マネジメント・モデル

⑴ モニタリング・モデル／マネジメント・モデルという概念

　ここで、モニタリング・モデル／マネジメント・モデルという概念について触れておく（2.以降で繰り返し登場する概念である）。

【図表】 モニタリング・モデルとマネジメント・モデル

※ モニタリング・モデル：取締役会が業務執行の決定を行わず、主に業務執行者の監督を行う形態
※ マネジメント・モデル：取締役会が業務執行の決定を行う形態

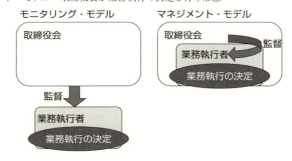

なお、先に断っておくと、二つのモデルは概念的なものであり、会社法上の統治機構と1対1で対応するとは限らないし、実際の企業を見たときにどちらのモデルであるか明確に判別できないこともあるだろう。

マネジメント・モデルとは、取締役会が業務執行の決定を行う形態である。従来の取締役会（より具体的にいえば、監査役設置会社の取締役会）は、業務執行の決定を行うことを主要な任務であると自ら規定していた点で、マネジメント・モデルであると理解できる。

モニタリング・モデルは、マネジメント・モデルと対置される概念である。モニタリング・モデルとは、取締役会が（一定の主要な事項を除き）業務執行の決定を行わず、主に業務執行者の監督を行う形態を指す。指名委員会等設置会社は、業務執行を執行役に委ね、取締役会は執行役による業務執行の監督に専念することが想定されている点で、モニタリング・モデルであると理解できる。

(2) 取締役会の役割・付議事項と各モデル

これを取締役会の役割や付議事項の観点から見れば、次のようになる。まず、マネジメント・モデルでは、個別具体的な業務執行に関しても、取締役会で議論され決議されることになる。

これに対して、モニタリング・モデルでは、取締役会は、経営計画の策定のような会社全体の方針（いわば大枠に関すること）や、M&Aのような業務執行の中

でも特に重要な事項を議論し決議することに専念し、個別具体的な業務執行は各取締役ないし執行役（員）に委ねられることになる。

(3) モニタリング・モデルへの移行の流れ

　CGコードを受けた議論においてうかがわれるのは、モニタリング・モデルへの移行は時代の流れである、という全体的なムードである。

　勿論、CGコード自身がそういっているわけではないが、CGコードの要請を見るとあながち見当違いでもない。すなわち、取締役会の構成として、2名以上の社外取締役を置くことが望ましいと述べている。また、取締役会の重要な責務として、経営の基本方針を議論することが挙げられている。そうすると、社外取締役に対して細かい業務執行の決定を求めるのは難しくなるし、限られた時間の中で経営計画等の長期的な視野での議論を行うとすれば、自ずと、細かな業務執行について議論し決定する時間はなくなることになる。

　勿論、マネジメント・モデルでも十分に機能する企業もあるだろう。そうした企業は、無理をしてモニタリング・モデルに移行する必要はない。ただ、時代の流れがモニタリング・モデルに傾いていることは、十分に意識すべきではないかと思われる。

2. 監査等委員会設置会社とガバナンス

1 監査等委員会設置会社の光と影

(1) 監査等委員会設置会社への移行事例数

　監査等委員会設置会社へ移行した企業は、平成28年6月時点で、400社を超えたと報じられている。移行企業数は、今後も増加するだろう。

　平成14年商法改正で導入された指名委員会等設置会社（名称は、委員会等設置会社〜委員会設置会社〜指名委員会等設置会社と変遷している）への移行が進まず、現在100社を割り込んでいるのと対照的である。

　利用数を基準に判断すれば、指名委員会等設置会社制度は十分に成功したとはいえない。それに対して、監査等委員会設置会社制度は、利用数からいえば十分

な成果をあげている。

⑵　企業はなぜ監査等委員会設置会社に移行したのか

しかし、果たして、手放しで喜んでよいのだろうか。

ここまで移行が進んだのは、社外監査役を不要とし、社外役員を社外取締役に一本化できること、より具体的に述べれば、社外監査役を社外取締役にスライドさせれば、社外役員の数を増やさずに社外取締役を導入できることが大きな魅力であったからだと考えられる。

勿論、取締役会付議事項を簡素化することで経営を効率化できる等のセールスポイントもあるが、実際に取締役会付議事項を意識的に簡素化した企業がどれほどあるだろうか。経営の効率化をうたった企業は、どの程度の効率化を達成したのだろうか。実際のところは、会社法改正で追加された「社外取締役を置くことが相当でない理由」の開示に苦慮したため飛びついた、という企業はないだろうか。また、監査等委員会設置会社の社外取締役に求められる役割を理解しているかあやしく、従来の低廉な監査役報酬と同額のままで社外取締役の職務を行わせようとする事例はないだろうか。

⑶　否定的な評価の存在

中間試案に対するパブリックコメント段階ですでに、監査等委員会設置会社制度に否定的な評価があった（例えば弁護士会は、制度導入が不可避である場合に備えて、制度設計上の意見も述べているが、そもそも「このような制度を導入して本当に大丈夫か？」という疑問の声が強かった）。その理由は、常勤監査等委員を置く義務がない点で監査役設置会社に劣り、指名委員会・報酬委員会を置く義務がない点で指名委員会等設置会社に劣るといったように、従来の統治機構（監査役設置会社及び指名委員会等設置会社）の劣化版ではないかとの疑問がつきまとっていたからである。最近の新聞記事でも、同様の指摘がなされている。

⑷　それでも監査等委員会設置会社に移行するために

以上、厳しい意見を隠すことなく述べたが、監査等委員会設置会社への移行を全面的に否定するものではない。

本稿をお読み頂く際に、「監査等委員会設置会社は監査役設置会社の代替物で

はない」、「監査等委員会設置会社がそれ自体で優れたガバナンスを実践する方策を考える」という視点を有して頂きたいため、あえて厳しい意見を述べたものである。

したがって、すでに移行した企業もこれから移行しようとする企業も、改めて、監査等委員会設置会社をよりよく運営するための具体的な方策を検討して頂ければ幸いである。

2 導入の経緯と制度の概要

(1) 監査等委員会設置会社制度の導入の経緯

監査等委員会設置会社の原案（当時は「監査・監督委員会制度（仮称)」とされていた）は、法制審議会会社法制部会において、法務省が提案してきたものである。最初に原案を見た同部会の委員・幹事は、その内容を見て戸惑ったに違いない。

監査等委員会設置会社を提案した法務省の意図は、社外取締役の導入促進である。すなわち、監査等委員会設置会社の統治機構は、監査役設置会社が無理なく（社外役員を増員することなく）移行できるように設計されていた。

(2) 監査等委員会設置会社制度の概要

改めて制度を概観してみると、監査等委員会設置会社は、監査役（会）の代わりに、監査等委員（会）を設置する。監査等委員会は最低3名の取締役で構成され、過半数は社外取締役でなければならない。社外役員構成の観点だけで見れば、前述のとおり、監査役設置会社がほぼそのまま移行できるのである。

勿論、「監査等委員会設置会社はガバナンスが弱い」との批判にこたえるため、独自の工夫もされている。すなわち、株主総会は、監査等委員である取締役を直接（他の取締役と区別して）選任する。監査等委員は、取締役の指名や報酬に関して、意見を述べることができる。こういった制度上の工夫を通じて、ガバナンスの強化を図っている。

(3) 取締役会付議事項の簡素化とモニタリング・モデルの採用

1.の **4** において、モニタリング・モデルへの移行が時代の流れであると述べた。では、監査等委員会設置会社はどうであろうか。

会社法の制度を見ると、取締役会の付議事項は、原則として、監査役設置会社と同様になっている。ただし、取締役会で決議することにより、業務執行の決定の相当の部分を個々の取締役に委任することが可能である。

　このように、監査等委員会設置会社においては、モニタリング・モデルを採用しやすい制度設計になっているのである。

　また、監査等委員会設置会社においては、監査等委員が後述のような自己監査の問題を構造的に抱えている。自己監査の問題を避けるためには、監査等委員である取締役が細かい業務執行について賛否を投じるのは避けるべきである。

　以上を踏まえると、監査等委員会設置会社においては、できるだけ、取締役会付議事項を簡素化するのが望ましいと考えられる（その結果、モニタリング・モデルに近いものになっていくだろう）。

３ 監査等委員会設置会社のメリット・デメリット

　ここで改めて、監査等委員会設置会社導入のメリットとデメリットを確認しておく。メリットの裏にはデメリットがあるため、メリットとデメリットを交互に記述する。

(1) 社外役員の員数と割合

　まず、監査等委員会設置会社は、社外役員の最低数が２名で済む。

　監査役設置会社が社外監査役の他に社外取締役を置くとなれば、社外役員の最低数は３名となるし、ガバナンス・コードが要請する２名以上の社外取締役を置くとなれば、社外役員は４名必要となる。

　社外役員が増えると有形・無形のコストが会社に発生するが、上場企業の規模や管理体制によっては、４名の社外役員を置くことが難しい場合があることも否定できない。また、社外役員候補者の数を揃えることができず、監査等委員会設置会社に移行せざるを得ない場合もあり得る。

　他方で、監査等委員会設置会に移行した結果、社外役員の総数が減ることになれば、ガバナンス上の問題となり得る。例えば、社外取締役１名を置く監査役設置会社が監査等委員会設置会に移行し、社外取締役を２名にしたとすれば、結果として、社外役員の数が減ることになる。なお、移行前後の比較の指標として、

社外役員の数の他、役員全体に占める社外役員の割合を用いることも可能である。社外役員の数が減ったとしても、役員総数も減っているのであれば、ガバナンス上の問題とはいえない場合もあるだろう。

(2) 監査等委員の人選と横滑り監査等委員の問題

　監査等委員の人選について、現任の監査役の同意が得られれば、そのまま監査等委員に就任してもらうこと（いわゆる横滑り監査等委員）が可能である。社外役員の人選は、適切な候補者を探すことができるかどうかが問題であり、企業が頭を悩ませるところである。この点、現任の監査役であれば、会社も監査役もお互いのことを理解しているだろうから、人選の負担が軽減される。

　他方、監査等委員の職務・責任と監査役の職務・責任は異なり、総じて、監査等委員の職務・責任のほうが重い（少なくとも、職務の範囲は拡がる）。ここで、監査役が会社からある日突然、「当社は監査等委員会設置会に移行することにしたので、監査等委員になってほしい。報酬額は、監査役のときと同様に考えている」と告げられる事態がないとは限らない。会社が職務・責任の相違に配慮してくれなければ、安心して監査等委員に就任することは難しいだろう（実際に、監査役が監査等委員への就任を断念したという話も聞く）。

(3) 取締役会付議事項の絞り込み

　監査等委員会設置会は、取締役会が行うべき業務執行の決定の範囲を絞り込み、取締役に委任することができる。各社の選択に任されるが、大幅に委任することも可能である。監査役設置会社においては、取締役会は「重要な業務執行」の決定を行うことを義務付けられるところ、「重要な業務執行」の範囲が必ずしも明確でなく、取締役会付議事項を絞り込む際の障害になっていると指摘されている。監査等委員会設置会であれば、この障害を取り除くことが可能である。

　業務執行の決定を取締役に委任することのメリットは、取締役会付議事項を簡素化できることである。これにより、取締役会における議論の時間を、経営の基本方針等の中長期的な視点に立った事項に振り分けることが可能になる。

　他方、監査等委員会設置会であっても、取締役会が行うべき業務執行の決定の範囲を特に変更しないことも可能である。変更しないことをデメリットと言うべ

きかは難しい。もともと取締役会に付議する事項も議論に要する時間も多くない会社にあっては、あえて付議事項を絞り込む必要はないからである。しかしながら、取締役会の重要な職務の一つに経営の基本方針の策定や全社的なガバナンス体制のチェック等があることを理解せず、取締役会では漫然と個別の業務執行に関わる議論を繰り返すだけであれば、監査等委員会設置会に移行したメリットを活かしていないと評価されてもやむを得ないであろう。

(4)　内部監査部門の位置付け

内部監査部門の位置付けに関しても、メリットに挙げることが可能かもしれない。

すなわち、実務界では一般に、監査役設置会社においては、内部監査部門は業務執行ライン（具体的には代表取締役）の指揮命令系統に属するものと理解されている（実際の制度設計上も、このようになっている例が通常だろう）。監査役（会）が動かせるスタッフは極めて限られており、監査役（会）は代表取締役と調整したうえで内部監査部門と連携する必要がある。

これに対して、監査等委員会は取締役会の一組織である。そのため、監査等委員会が（業務執行ラインそのものではないものの、監査役（会）よりも業務執行ラインに近い存在として）、内部監査部門に対して指揮命令系統を有するという組織構造は、馴染みやすい可能性がある。ただ、このような考え方が実務的に受け入れられるかは、未知数である。

4　具体的な制度設計～監査役設置会社との比較

具体的な制度設計について、監査役設置会社と随時比較しながら、整理する。

(1)　社外取締役の数

社外取締役の数は、最低2名で済む。ただし、単純な数の問題でいえば、社外取締役を置く監査役設置会社と比較すれば、やや見劣りする。例えば取締役総数が多い場合は、社外取締役の数も3名以上にする等、検討の余地があるだろう。

(2)　取締役会付議事項の検討

監査役会設置会社においても、取締役会付議事項を可能な限り減らし、モニタリング・モデルを志向することは可能である。ただ、どうしても「重要な業務執

行」という会社法上の制約がある。

　他方、監査等委員会設置会社においては、その選択によって、モニタリング・モデルをより強く志向することが可能である。また、制度上、監査等委員である社外取締役は、取締役会のメンバーとして、一票を投じることになる。そのため、監査等委員が個別の業務執行に関する意思決定に関与したあとで、当該業務執行に問題を発見した場合は、いわゆる自己監査の問題に直面することになる。これを解消するためには、取締役会付議事項を減らす必要がある。すなわち、モニタリング・モデルを志向することが、自己監査の問題に対する有効な解決策である。

(3) 常勤の監査等委員の設置

　監査役会設置会社においては、常勤監査役を置くことが法令上義務付けられている。常勤監査役の存在は、監査を効果的に行ううえで非常に有効であるとされている。

　監査等委員会設置会社においては、常勤の監査等委員を置くことが義務付けられていない。これは指名委員会等設置会社にならったものであるが、そもそも指名委員会等設置会社では、指名委員会と報酬委員会の設置が義務付けられている等、ガバナンス体制に違いがある。また、実態として、指名委員会等設置会社でも常勤の監査委員を置くことが多いとされている。

　そこで、実務上は、監査等委員会設置会社においても、常勤の監査等委員を置くことを積極的に検討するべきであろう。

(4) 任意の委員会の設置

　指名委員会と報酬委員会の設置が強制される指名委員会等設置会社のみならず、監査役設置会社においても、指名委員会や報酬委員会を何らかの形で置くことが行われている。

　監査等委員会設置会社は、前述のとおり、指名委員会等設置会社と比較したとき指名委員会や報酬委員会を置く必要がない点で、ガバナンスが弱いという評価になる。

　そこで、監査等委員会設置会社においても、指名委員会や報酬委員会を何らか

の形で置くことを積極的に検討するべきであろう。ただし、権限やメンバーの独立性等に配慮する必要がある。

(5) 内部監査部門の位置付け

前述の繰り返しになるが、監査等委員会設置会社においては、内部監査部門の位置付けを見直すことが、監査役設置会社と比較して、多少なりとも容易であると考えられる。

5 監査等委員の責任

監査等委員については、監査または監督に関する責任の他、自らが行った業務執行の決定に基づく責任も考えられる。監査役との対比では、後者が特徴的であろう。

監査または監督に関する責任については、監査等委員として監査を行う場面と、取締役等の業務執行を監督する場面とが想定できる。

他方、監査等委員は、取締役会メンバーとして、一票を投じることになる。そうすると、監査等委員は、自らが行った業務執行の決定に基づいて行われた業務に関して問題が生じた場合に、直接的に責任を負うおそれがある（前述の自己監査の問題にも繋がる）。

以上の不都合を避ける方法として考えられるのは、取締役会付議事項を絞り込み、個別具体的な業務執行の決定は個々の取締役に委ねることである。勿論、委ねた場合でも監督責任は免れないが、少なくとも、直接的な責任を負うことは免れる。

3. その他

1 内部統制システムを利用した監督・監査

この点については、パネルディスカッションにて様々な角度から議論されているので、パネルディスカッションを参照されたい。なお、内部監査部門の位置付けについては、前記2.での議論も参照されたい。

2 社外取締役

社外取締役については、その役割、有効性、実際の活動等について、既に多数

の議論が存在するため、詳述することは避ける。その上で、見落としがちなポイントを整理する。

(1) 社外取締役の役割の変化

社外取締役の役割が、具体的かつ重要になってきている。

すなわち、任意の指名委員会や報酬委員会を設置すれば、社外取締役がメンバーになる。経営陣の関与が疑われる不祥事においては、社外取締役が調査をリードすること（例えば、調査委員会メンバーの選任等）を期待する声がある。MBO（マネジメント・バイアウト）においても、買収者との交渉役については、社外取締役が適任であると考えられている。

従来のような、月1回会議に出席して終わり、という時代ではなくなっている。会社も社外取締役も、このような役割の変化を意識する必要がある。

(2) 情報の収集

実際に社外取締役になると、情報の入手について悩まされることが多い。前述のような役割の変化を踏まえると、制約の中でいかに効率的に情報を収集できるかが、社外取締役としての活動にとって重要である。

勿論、業務執行役員が意識的に情報を出し渋っているというつもりはない。しかし、取締役会に提出される資料だけでは、必ずしも必要な情報を入手できない。社外取締役の役割の変化に応じて必要となる情報も変化し、従来の方法では効率的に情報収集ができないのである。

例えば、内部統制システムの運用の実態に関する情報は、取締役会にも定期的に報告が上がってくると思われるが、それでは足りない場合もあり得るだろう。監査役・監査（等）委員（特に常勤者）や会計監査人と連携して、情報の入手に努める必要がある。

また、人事や報酬について議論する際には、業務執行取締役（及び執行役員）の個々の業務内容、実績、さらには人柄まで、ある程度の情報を持ち合わせている必要があるだろう。

なお、会社法上の制度として、取締役に情報収集権を付与すべきかどうかが検討されている。ただし、実現するかどうか、実現するとして対象者の範囲（社外

取締役だけか全取締役か）や権限の範囲についてどうなるか、現時点では不明である。

③ 役員の指名と相談役・顧問制度

(1) 役員の指名（人事）

上場企業に限ったとしても、社長が役員に関する強い人事権を持つ（社長の決定に異を唱えることが事実上困難である）という企業は、いまだに少なくないだろう。また、会長や相談役といった社長経験者が強い人事権を持つケースも、一定程度はあると思われる。

しかし、ガバナンスの視点からは、社長や社長経験者が人事権を握り、その決定に異を唱えることが困難な状態は、好ましいとは言えない。社長に対する監督機能が働かない、現役社長が社長経験者による過去の決定を覆せない、社長経験者の介入によりガバナンスが歪む、といった弊害があり得るからである。

このような観点から、役員人事（役員の指名）に関する権限の所在については、抜本的に見直されるべきである。また、公正なルールや手続を設定し、恣意性や強権を排除するよう努めるべきである。

例えば、仮に指名委員会を設置したとしても、社外の者が役員候補者の全てを知ることは不可能であるため、候補者の絞り込みや評価の一部については、社内に依存せざるを得ない（これは事実問題であって、例えば指名委員会等設置会社の指名委員会に人事決定権があるという権限分配論とは矛盾しない）。しかし、指名委員会のメンバー（特に社外役員や外部委員）が、社長の提示する人事案を漫然と追認するようなことは、避けなければならない。一定の情報は社内から上げてもらうとしても、指名委員会のメンバーが主体的に情報を収集し判断できるよう、手続や環境を整えることが求められる（2016年に起きたＳ社における子会社人事に端を発する騒動でも、任意の指名・報酬委員会が舞台の一つであった）。

(2) 相談役・顧問制度について

上記(1)に関連して、役員人事に限らず、相談役・顧問が経営に過度に介入することで、経営や企業統治が歪められるおそれがある。有力な議決権行使助言会社が、相談役・顧問制度を新たに規定する定款変更議案に反対推奨する場合がある

旨を、助言方針に定める方向で検討している。

　思うに、相談役・顧問制度がすべて一律に悪いものではないだろう。そのため、私見では、相談役・顧問制度について開示の対象にすることが妥当だと考える。すなわち、役員退任者が相談役・顧問等として会社に残る場合は、例えば有価証券報告書において、役割（業務内容）や報酬、あるいは供与を受ける便益の内容について開示する制度である。この開示制度の是非や内容を議論する際には、取締役の報酬規制の延長線上の発想だけではなく、ガバナンスの面から発想を広げるのが適切だと思われる。

3 不採算事業の支援や 撤退場面におけるリスク管理
―子会社での事業について

第一東京弁護士会総合法律研究所　倒産法研究部会部会長　樋口　收

同副部会長　神原　千郷

1. はじめに

　企業が事業を営む上では様々なリスクが生じるが、不採算事業への支援やそのような事業からの撤退場面では、平常時とは異なった事情がある。

　例えば、現に経営が悪化した子会社に貸付をして支援したものの、容易に再建が叶わないといった場合である。経営悪化の原因は探り難いものの、これを明らかにして改善できなければ経済的損失が漸増して親会社の財務体質を悪化させる。その上、親会社では、貸付の不良債権化が決算書上顕在化し、役員に対する責任追及が問題化し易い。責任追及時には、取締役の裁量を尊重する「経営判断の原則」が適用される可能性はあるが、平常時の経営判断の結果生じたリスクと同様の枠組みで「経営判断の原則」が適用されるのかどうかは十分には議論されていない。

　もっとも、子会社の場合、別法人であるため事業から撤退し易いという面もある。子会社を破綻させないという親会社の対外的な信用維持の問題を措くとすれば、債務を負担しない親会社は、その経済的損失を止めるために、子会社での事業を廃止し、子会社を法的倒産手続で処理することを考えるのが自然である。ただし、その場合、親・子会社の役員は、同種の債権者間での厳格な平等原則が妥当する倒産手続では、平常時とは異なる事態が生じることを予測し、行動するべきであるということを考慮する必要がある。

債務の肩代わりや損失補填等の支援を漫然と継続し、収益構造の改善をせず、事業からの撤退が遅れれば、親会社の損失を拡大しかねない上、新たな投資の機会を失ってしまう。判断の遅れの原因としては、親会社役員がグループに対する信用毀損リスクを気にし、また、支援の失敗に対する責任追及を恐れるという事情もあろう。しかし、他方で、責任追及に備える方法や法的倒産手続下での規律を明確に認識していないために、将来予測を十分できずに判断できないという事情も多分に影響しているように思われる。

そこで、以上のような観点から、本稿では、問題提起や留意事項の整理という程度ではあるが、

　・「子会社の役員を兼務する親会社取締役」の立場から、

　・「経営が悪化した子会社への支援場面や法的倒産手続を意識した撤退遂行場面でのリスク」を整理する

ことを目的とし、あり得る責任追及への備え方や法的倒産手続下での主な規律を整理してみたい。

具体的には、

　「親会社取締役が子会社役員を兼務している状況下で子会社の経営が悪化したために100％親会社が経済的支援を行う」

という、実際によくあるケースを意識して整理する。

なお、事業を撤退する場面では、子会社役員を兼務していない親会社役員や、経営が悪化して破綻した子会社の役員についても、責任追及のリスクを整理する意義[1]はあろうが、紙幅の関係上、割愛する。また、網羅的な検討は困難であるため、最近の裁判例を参考に、子会社役員を兼務する親会社取締役が備えるべきリスクや対応を中心に整理することとしたい。さらに、補足的に法的倒産手続に移行する前の行為について、会社法や倒産手続法から予測される主なリスクを整理する。

2. 問題となる子会社支援の場面

■1 想定される場面

親会社の取締役が子会社の事業に関して経済的支出等を伴う判断を迫られる主な場面は、

Ⅰ　子会社設立時の初期投資場面

Ⅱ　倒産回避等を目的とする子会社の支援場面[2]

Ⅲ　子会社における事業から撤退を決断する場面

Ⅳ　撤退の遂行場面

に分類できよう。本稿では、特に「撤退」の場面に焦点を当てるため、上記Ⅰについては省略する。

　ここで、「撤退」とは、親会社が子会社との資本や事業上の関係を解消し、子会社においてグループ会社として行っていた事業を止めることを前提とする。そのため、子会社株式やその事業を第三者に譲渡すること、私的・法的倒産手続を利用して子会社を清算すること、事業の再生を図るものの当該手続において減増

---

[1]　債務超過となった場合の取締役について信認義務を認め、法人ではなく、むしろ債権者の利益に叶うかどうかという観点から注意義務を捉える見解もある。破綻した法人の取締役の責任を考える上では、このような見解に留意して対応すべきである。また、間接損害による取締役の対第三者責任（会社法429条1項）について、破綻した法人が法的倒産手続に移行した場合に、管財人等とは別に、債権者自身が取締役に当該責任を追及できるのかどうかという問題についても様々な見解がある（石井教文「再建手続における役員の地位と責任」（高木新二郎・伊藤眞編『講座 倒産の法システム 第3巻』204頁、日本評論社、2010年））。なお、消費者が被害を受けた倒産事案の場合、倒産手続外で損害賠償請求訴訟が提起され、判決に至るケースがまま見られる。

[2]　「子会社等の再建を目的とする救済策の内容としては、子会社等に対する親会社の貸付金の支払猶予、金利の減免、元本債権の一部放棄といった、既存の債権の不行使・放棄のほか、新規融資（担保不足状況での融資や、低利融資等もあり得る）、担保・保証の提供、第三者割当増資の引受、劣後債の引受、無償資金の供与（贈与）等の、新たな資金提供を伴うもの、救済合併等の組織法的手段によるものなどがある。」との指摘がある（手塚裕之「子会社・グループ会社救済と取締役の責任」（江頭憲治郎他「子会社救済と取締役の責任—保証類似行為を中心として—」16頁、1995年、商事法務）。

資を行うこと等の場面を想定している。

2 上記Ⅲの場面（子会社における事業から撤退を決断する場面）

「撤退」の判断の是非については、会社更生手続の申立て場面に関する裁判例（福岡地判平23.8.9裁判所ウェブサイト）[3]が参考になる。

この裁判例は、会社が倒産手続の申立てを行うかどうかの判断には一定の裁量があり、有効な取締役会決議に基づく限りその裁量を尊重すべきであって、当時の経営状態、財務状態等の事実関係の下における判断が、一般的に期待される水準に照らして著しく不合理なものでない限り、取締役の善管注意義務等には違反しないとしている。

このような裁判例からすると、実際上、Ⅲの場面における取締役の判断自体の責任が問題になる可能性は少ない。

そこで、「撤退」特有の問題は、撤退方法の選択や撤退時に起こり得る事態を予測し、親会社の損失や信用失墜等の影響がより少ない方法をどのように選ぶのかというⅣの場面でのものが多いと考えられる（なお、Ⅱの場面については、一般的な「経営判断の原則」の適用の観点から、後述する）。

そこで、次項でⅣの場面を検討してみたい。

3 上記Ⅳの場面（撤退の遂行場面）

(1) 裁判例の内容

この場面の裁判例としては、「経営判断の原則」の適用を前提に、実質的な子会社に対し、「撤退」の手段として金員を支出し、債権者に対する配当原資等を捻出した親会社の取締役の責任が問題になった以下のものがある。

① 大阪地判平成14年2月20日（判タ1109号226頁）

② 東京地判平成17年3月3日（判タ1256号179頁）[4]

いずれの事案も両社の間では多少の資本関係があり、役員が兼務している。便宜上、以下では、実質的な親会社・子会社を単に親会社・子会社と表記する。

---

[3] 事案の概要等が近藤光男編著『判例法理 経営判断原則』399頁、中央経済社、2012年に掲載されている。

[4] 控訴審（東京高判平17.9.13資料版商事法務327号76頁）

【①の事案】

子会社は証券会社である親会社に社員寮等として不動産を提供していたが、親会社は子会社の債務の保証や貸付もしていないという関係の下、清算時の債権者への弁済原資として、親会社が子会社に対して金員を支出した事案

【金員提供の経緯】

子会社等には繰越損失や不動産の含み損があったため、これらを存続させれば、財務諸表規則[5]と連結財務諸表規則[6]の改正に伴って同社が連結対象となり、親会社は、資本の欠損状態に陥り、時価会計導入時に多額の損失を計上することが予想できた。その場合、親会社の社会的信用が低下し、その存続自体が危うくなる可能性があったため、親会社は、子会社等の清算が必要であると判断して金員を支出した。

【判旨】

金員の支出は、子会社が唯一の取引先金融機関の協力を得、迅速かつ円滑な清算を行うことに資するため、親会社の利益という観点から一定の合理性があり、親会社の取締役に義務違反はない。

【②の事案】

事業拡大のためにリース事業の起業を意図し、筆頭株主として子会社であるリース会社を設立した親会社が、清算時の債権者への弁済原資として、当該子会社に金員を支出した事案

【金員提供の経緯】

再建計画を二度実行したが子会社の業績は改善せず、その遂行を断念した。その後、親会社の債権放棄を含む第三次の再建計画を金融機関といったんは合意したものの、経営環境の変化から、親会社に加えて金融機関も一部の債権を放棄するという内容に、計画の見直しを求めざるを得なかった。しかし、主要金融機関からは即座に拒否された。親会社は、単独での第三次の再建計画遂行は困難であっ

---

[5] 「財務諸表等の用語、様式及び作成方法に関する規則」
[6] 「連結財務諸表の用語、様式及び作成方法に関する規則」

たため、子会社の清算を決断することとしたが、親会社振出の手形が子会社の借入先金融機関に担保として提供されていた上、両社は取引先金融機関の大半が重複していた。そのため、取引先金融機関の協力がないまま、いったん合意した再建計画を反故にして子会社を清算した場合には、親会社自身が一斉に手形の支払を求められると共に、その財務体力を疑問視され、借入金の借り換えが困難になるおそれ等（ひいては流動性リスクによる黒字倒産のリスク）があった。そこで、金融機関の理解を得て子会社を清算するために、親会社は金員を支出した。

【判旨】

金員の支出は、子会社の清算に伴い親会社に見込まれた流動性リスク等を回避し、黒字倒産を免れるという観点から一定の合理性があり、親会社の取締役に義務違反はない。

(2) 親会社における影響と支出の必要性の具体的検討

上記(1)①②のいずれの事案でも、子会社を破綻させた場合の親会社における影響と金員を支出する必要性を具体的に検討している。

金員の支出自体は親会社にとっての経済的損失であるため、支出を正当化するためには、損失を超える親会社の利益を具体的に検討することが必要になろう。

その際の検討要素としては、

・親会社の子会社債権者に対する連帯保証債務や担保提供の有無[7]

・役員の兼務や資本関係を背景にした組織上の密接性

・親子会社相互の経営上の密接性

・親会社の商号等の利用状況

・製造会社と販売会社といった親子会社間の事業上の密接性

等を挙げることができる。

---

[7] 業績が悪化した子会社への支援が長期化している場合、子会社を親会社の一部門と同様に評価し得る実態になっていることがある。そのため、「法人格否認の法理」による親会社の債務負担の可能性も考慮し、訴訟になった場合の紛争の長期化、費用等の事情から、形式上債務を負担する場合と類似した対応もあり得よう。

ところで、親会社が子会社を清算するにあたって配当原資を支出すれば、程度の差こそあれ、子会社の債権者がより利益を受け、清算がより円滑になることは疑いがない。

　そのため、検討の際には、子会社を破綻させた場合の親会社に生じる事態（不利益）を具体的に調査検討し、子会社の清算の円滑化がなぜ親会社の利益のために必要なのかということを多角的に分析すべきである。

　この点、親会社が子会社の債権者に対して債務を負担せず、両者に事業上の関連性がない事案では、親会社の利益に資する具体的な裏付けもないままに、単に円滑な清算手続に資するということをもって親会社の利益に叶うと評価し、金員の支出を合理的であると結論付けることは困難であろう[8]。

　なお、親会社による金員の支出を正当化する「支援の必要性」という事情は、Ⅱの場面に関する後記3.**4**(1)のとおり、「当該支援が親会社の利益になる」という「経営判断の原則」を適用する前提に他ならず、Ⅳの場面に特有の事情ではなかろう。

(3)　裁判例当時からの事情の変化

　②の事例等のように、親会社による子会社支援に関する多くの裁判例はバブル崩壊時の事案に関するものである。当時は子会社の破綻をできるだけ避け、子会社債権者の損失を最大限回避することが、親会社の信用維持には欠かせないかのような印象があった。もっとも、後記3.**4**(1)で述べるとおり、その後の事業再生局面での環境は様変わりしており、上記のような事情は変化しているように思われる。

　実際、現状のこの場面では、子会社の破綻回避を強調して配当原資等を支出す

---

[8]　①の事例は親会社が子会社の債務を負担せず、担保提供もしていない事案であるが、当該決算期から適用される改正財務諸表規則によって子会社が連結対象となることを回避しようと、期末の約2か月前の取締役会で金員の支出を決議し、その5日後に子会社の解散を決議している。規則の改正に伴い、限られた時間の中での迅速な清算手続への着手が親会社の信用維持のために必要であると評価されたものであろう。そのため、①の事例を根拠に、子会社の債務を負担していない親会社等でも容易に金員の支出が正当化されると判断することはできない。

るのではなく、むしろ、撤退方法の選択や撤退時に起こり得る事態を予測し、親会社にとって経済的損失や信用失墜等がより少ない方法をどのように選ぶのかということに重点が置かれている。

その場合、実務的には、事業譲渡や株式譲渡等による撤退方法の留意点や従業員の整理解雇等の人的問題、私的・法的倒産手続を選択する際の留意点が重要である。

もっとも、本稿では、紙幅の関係もあり、撤退過程における貸付金等の回収や後の法的倒産手続で生じ得る事態を後記5.において検討し、親会社取締役が予測すべき事項を整理する。

4 3.での検討場面

以上より、次には、経営が悪化した子会社の支援場面に関する取締役の責任に関して、子会社役員を兼務する親会社取締役が備えるべき実際的対応を、最近の裁判例を踏まえて整理してみたい。この点は主に前記Ⅱの場面（倒産回避等を目的とする子会社の支援場面）で問題が生じることが多いため、その場面を想定することとする。

そこで、3.において、当該場面における多くの裁判例が適用する「経営判断の原則」についてまず整理し、その後最近の裁判例を踏まえて実際的対応を整理する。

3.「経営判断の原則」について

1 「経営判断の原則」の内容

前記Ⅱの場面では、多く裁判例が「経営判断の原則」を採用し、取締役の責任について判断している。

「経営判断の原則」は、「判断の過程・内容が取締役として著しく不合理であったか否か、すなわち、当該判断をするために当時の状況に照らして合理的な情報収集・分析、検討がなされたか否か、これらを前提とする判断の推論過程及び内容が明らかに不合理なものであったか否かが問われなければならない」という判

断基準であるとされている[9]。

「経営判断の原則」に関する最高裁判例（最判平22.7.15民集234号225頁）の影響について議論もあるが[10]、裁判実務上の影響はないようである[11]。

「経営判断の原則」では、「①経営判断の前提となる事実認識の過程（情報収集とその分析・検討）における不注意な誤りに起因する不合理さの有無、②事実認識に基づく意思決定の推論過程及び内容の著しい不合理さの存否の2点が審査の対象とされている。」[12]。このうち、②における「意思決定の推論過程」は取締役会等における手続的な側面を意味するが、多角的な視点での十分な議論や中立的・専門的な第三者の意見を踏まえて検討することが重要になる[13]。そのため例えば、取締役会の議事録は十分議論したことがわかるように記載を工夫すべきであるし（多角的な議論、全出席者からの意見、検討時間等）、専門家からの意見を徴求する場合は書面によるべきであろう。また、取締役会等での配付資料も会議の当日ではなく、少なくとも数日前に配布し、資料を検討する準備期間を設けることが肝要である。

そして、「経営判断の原則」では、「当該取締役によって当該行為がされた当時の会社の状況及び会社を取り巻く社会・経済・文化の情勢の下において、会社の属する業界における通常の経営者が有すべき知見及び経験が判断の基準となる（東京地判平10・5・14判タ976号277頁・判時1650号145頁）。」[14]とされている。

したがって、時間の経過によって、会社の状況や社会等の情勢、業界の実情が

---

[9]　東京地方裁判所商事研究会編『類型別会社訴訟Ｉ〔第三版〕』239頁、判例タイムズ社、2011年

[10]　田中亘「経営判断と取締役の責任―アパマンショップHD株主代表訴訟事件」ジュリスト1442号101頁、弥永真生「取引相場のない株式の取得と経営判断原則」ジュリスト1406号110頁

[11]　前掲注9の文献は当該最判後の平成23年12月に発行されている。

[12]　前掲注9文献239頁

[13]　大阪地判平14.2.20（判タ1109号226頁）や東京地判平17.3.3（判タ1256号179頁）及びその控訴審（注4）では、研究者や弁護士の意見を踏まえ検討している点が取締役の責任を否定する要素として考慮されている。

[14]　前掲注9文献240頁

変化すれば、裁判官が判断の基準とする上記のような通常の経営者の知見や経験が変わり得る。また、同じ貸付の場面であっても、事業が順調な場面と窮境場面、あるいは金融機関とその他の事業を営む会社の経営者とでは有すべき知見等に差異があり得る。

そのため、裁判例の分析にあたっては時間の経過による事情の変化を意識すべきであろうし、経営環境等の差異も意識すべきであろう。

2 「経営判断の原則」の根拠から考える取締役の留意点

「経営判断の原則」の根拠の一つは、「裁判所は経営上の判断に関する専門的な経験や知識を欠いており、また、裁判所は事後に明らかになった事情に基づいて取締役の経営判断を不当と判断するおそれがある」というものである[15]。

司法の場では経営上の判断の是非を厳密に審査することはできず、法的責任の判断にあたっては取締役の裁量を尊重せざるを得ないとしても、そのような判断は司法の場以外での社会的批判や責任の追及を一切否定するものではない。むしろ、裁量の範囲内であるとした取締役の判断の是非は、当該法人を取り巻く司法以外の関係者の判断[16]に委ねるべきであるとの考えが前提にあるように思われる。

そのため、取締役としては、裁判上の責任追及のみならず、社内・社外からの批判等も意識して後日に備えるべきではなかろうか。このような視点からすれば、取締役の判断が裁量を逸脱していないとした裁判例についても検討する意義があるといえる。

そして、親会社は子会社の倒産回避等のために安易に支援しがちであるものの、その支援によって自社の財務体質に多大な悪影響を与える場合が多い。また、このような場面に対する事後的評価は分かれ易く、批判もより容易に起こるのではなかろうか。

---

[15] 吉原和志「取締役の経営判断と株主代表訴訟」（小林秀之・近藤光男編『新版・株主代表訴訟大系』78頁、弘文堂、2002年）86頁、前掲注3 文献4頁

[16] 例えば、株主総会での質問と説明、重任議案への反対票、株主の議案提案権（会社法304条）による解任要求、顧客等の利害関係者や一般大衆からの批判や意見、社内や社外からの辞任要求等。

このように考えると、子会社の倒産回避等を意図した親会社取締役の判断が裁量を逸脱していないとした裁判例を検討する意義は、平常時よりも大きいといえよう。

後記の裁判例のみの検討では不十分であろうが、このような観点も意識し、気付いた点を整理してみたい。

3 「経営判断の原則」の適用や取締役が備えるべきこと

(1) 「経営判断の原則」の適用場面で取締役が備えるべきこと

親会社による子会社の倒産回避等を意図した支援が高度な専門的経営事項であることに異論はないように思われる[17]。裁判実務上も、上記場面での「経営判断の原則」の適用に特段の違和感はないようである[18]。

もっとも、このような原則が裁判実務上適用されるからといって、取締役の具体的な行為規範が当然に導かれるわけではない。取締役の判断が尊重されるものの、裁判では証拠に基づく事実認定によってその判断の合理性が検討される。

そこで、親会社の取締役としては、自らの行為規範を構築する上で、訴訟での合理性の検討を行い、

① どのような事実が着目され、

② どのような証拠が重視されているか、

ということに留意すべきこととなるが、このような事項は後記で分析する裁判例より明らかとなろう。

(2) Ⅱの場面で「経営判断の原則」が適用される場合に取締役が備えるべきこと

上記Ⅱの場面は子会社の経営悪化に基づくものであり、日常的に生じる場面というよりも、非日常的なものである。その上、経営悪化の原因は多岐にわたり、容易には探り難いものである。しかも、子会社の窮状の実態（特に再建できる見込み）を見誤れば、当然に誤った判断が導かれてしまうことになる。例えば、貸付による支援の場合、資金の投入による再建の見込みや必要額を見誤れば、予測

---

[17] 例えば、志谷匡史「親子会社と取締役の責任」（前掲注15文献122頁）。

[18] 前掲注9文献では、「経営判断の原則の具体的な適用場面」と題して、ⅡやⅣの場面が取り上げられている（同文献242頁、244頁）。なお、前掲注3文献10頁参照。

3　不採算事業の支援や撤退場面におけるリスク管理—子会社での事業について　　71

に反した貸付金の増額や不良債権化を招く。経営を委ねている株主が取締役に対して期待することは、経営が悪化した子会社の影響による親会社の破綻を必ず回避することである。そうであれば、子会社の破綻回避にはどのような手段による、どの程度の支援が必要であるのか、見込まれる支援によって親会社は窮状に陥らないのかといった情報の収集・分析・検討が最も重要になろう。

　以上のとおり、当該場面の非日常性や判断の前提としての事実認識の重要性からすると、事実認識の過程に関する情報収集とその分析・検討についてはより慎重な態度が要求されるように思われる。

４ 「経営判断の原則」が適用される前提

(1)　親会社の利益とはどのようなものか

　会社の利益のためではなく、取締役が自己や第三者の利益のために行動する場合には、「経営判断の原則」は適用されないと解されている[19]。

　親会社の利益については、例えば、直接的利益（①出資の無価値化の防止、②貸付金や未収金等の回収不能額拡大の防止、③保証債務の履行や設定している担保権の実行の防止）と間接的利益（会社及びグループの信用の維持を意味し、具体的には①融資残高の維持（融資引上げの回避）、②営業上の悪影響の防止等）に分けた整理が指摘されている[20]。そして、「間接的利益の有無及び規模は、主として会社と当該関係会社との間の関係（資本関係、人的関係、連結決算の対象となるか否か、事業の関連性、共通の取引先の有無、商号・名称の共通性、外からグループ企業を認識されているか否か、歴史的経緯等）の程度から判断される。」とされている。

---

[19]　前掲注３文献８頁

[20]　齋藤毅「関連会社の救済・整理と取締役の善管注意義務・忠実義務」判タ1176号72頁、79頁。また、「救済の必要性…については、(イ)当該子会社のグループ内での位置付け、重要性、救済しない場合の親会社の出資の無価値化、貸付の回収不能額の拡大、担保権・保証債権の実行に伴う財産的負担といった、直接的不利益の内容・程度、(ロ)商号使用や人的・物的一体性等の観点からみた、親会社・グループの信用・イメージへの影響度、取引先・メインバンク・労働組合等の関係当事者の予想される反応等の、より間接的な影響の内容・程度を正確に把握しておくべきものである。」との指摘もある（前掲注２文献21頁）。同書18頁も参照されたい。

ところで、親会社による子会社の支援に関する多くの裁判例は、バブル崩壊時の事案に関するものである。

　当時は経営破綻が頻発しており、これらの事象が持つ印象は極めて悪く、まして子会社を破綻させた親会社に対する社会的評価は著しく悪かった。そのため、子会社の破綻をでき得る限り回避し、子会社債権者の損失を最大限回避することが、親会社の信用維持には欠かせないかのような印象もあった。

　もっとも、その後の数次にわたる倒産法制の改正、再生ビジネスの発生と拡大、㈱産業再生機構・㈱企業再生支援機構・㈱地域経済活性化支援機構、中小企業再生支援協議会等の公的再生支援機関による手続や事業再生 ADR 手続の充実等により、社会が抱く事業の破綻と再生に対する印象はバブル崩壊時の状況とは様変わりしている。既存事業からの転換である第二創業や廃業の円滑化も視野に入れた事業の活性化が叫ばれる昨今、法的義務がない親会社に対し、「親会社」であることを強調して、子会社に対する経済的支援を殊更に迫る例もバブル崩壊時に比べると少ないのではなかろうか。また、企業のグループ経営も、独立採算制をより意識したものに変化しているようである。加えて、破産手続開始申立てや特別清算手続開始申立てに必要となる手続費用等以外に、子会社の清算等に伴う信用リスクを強調して、多額の経済的支援を行う例はあまりないように思われる。

　前記のとおり、「経営判断の原則」は、<u>判断時の会社の状況及び取り巻く社会・経済・文化の情勢の下</u>で経営者が有すべき知見または経験が判断の基準となる。

　上記のような実情認識が正しいとすれば、現時点における親会社取締役としては、親会社の間接的利益を強調せず、できる限り直接的利益の有無や程度を調査検討すべきであろう。そして、親会社の間接的利益を加味するとしても、子会社の破綻等がもたらす親会社における具体的な不利益を調査検討すべきではなかろうか。

(2)　取締役の主観はどのように影響するか

　前記のとおり、「経営判断の原則」は、取締役が自己や第三者の利益のために

行動する場合には適用されないと解されている。

そして、当該判断によって生じる効果（子会社に対する貸付金を原資としてその債権者が弁済を受けたこと等）によって主観的目的が推測されるため、子会社の倒産回避等の支援場面では、親会社取締役が、役員を兼務する子会社ではなく、その債権者の利益のために行動しているのではないかとの疑義が生じ得る。

もっとも、反射的または間接的に支援先の債権者が利益を受けたとしても、直ちに支援の合理性がなくなるものではないと解されている[21]。

これは、結局、評価の問題であるため、「経営判断の原則」との関係では、「意思決定の推論過程」における工夫（公正な判断と評価されるための手続履行）が重要になろう。実務的には、取締役会の他、経営会議等多角的な機会・視点からの議論を行い、判断過程の透明性を高めることや、弁護士、公認会計士等の中立的な専門家等に当該判断の適正性について意見をもらい、自己や第三者の利益のためではないことを担保するといった工夫が重要になろう。勿論、取締役会の詳細な議事録や意見書等によってその過程を残し、後日に備えることが肝要であることはいうまでもない。

なお、子会社の役員を兼務している親会社取締役が子会社の債権者の役員も兼務している場合や、親会社の大株主が子会社の債権者に含まれているような場合には、子会社の取締役を兼務している親会社の取締役は、子会社の取締役会の審議や決議に加わらないといった工夫も考慮すべきであろう。

(3) 取締役の判断が尊重される支援の対象はどのような会社か

他社への支援で経済的損失を被っても自社の利益を確保する、ということが「経営判断の原則」を適用する前提である。そして、前記3.**4**(1)に記載した「支援をした親会社の利益となるのか」という観点からすれば、支援対象となる会社については、会社法が定める「子会社」の定義（会社法2条3号、会社法施行規則3条1項）に固執する必要はない。

もっとも、「経営判断の原則」の基礎には取締役が株主から経営を一任されて

---

[21] 前掲注9文献245頁

いるという事情があるため（この点は、取締役が有する裁量の範囲の問題とも解されるが）、密接な関係もないような会社への支援については、取締役の裁量を尊重することに疑問が呈されている[22]。

5 親子会社間における「信頼の原則」の適用

(1) 信頼の原則

金融機関の追加融資に関する取締役の善管注意義務違反が問題となった東京地判平成14年4月25日（判タ1098号84頁）は、

「原告のように専門知識と能力を有する行員を配置し、融資に際して、営業部店、審査部、営業企画部などがそれぞれの立場から重畳的に情報収集、分析及び検討を加える手続が整備された大銀行においては、<u>取締役は、特段の事情のない限り、各部署において期待された水準の情報収集・分析、検討が誠実になされたとの前提に立って自らの意思決定をすることが許される</u>というべきである。」

と判示している[23]（下線は著者によるもの。以下同様）。

上記の骨子となる考え方が「信頼の原則」と呼ばれているものである。

この「信頼の原則」は親・子会社間でも適用され得る。すなわち、親会社の取締役は、子会社を含む内部統制制度が適切に整備され、運用されていることを確認すれば、「実効的な運用がなされていないことを疑うべき特段の事情がない限り、当該体制に信頼を置くことができ、子会社における不祥事について、任務懈怠（ないし善管注意義務違反）と評価されることはないという効果が生ずるという面も期待できそうである。」と指摘されている[24]。

---

[22]　近藤光男「判例にみる他企業支援と取締役の義務」金法1491号37頁、45頁

[23]　その他、乳酸菌飲料等の製造販売会社におけるデリバティブ取引を行っていた資金運用業務担当取締役等の責任が問題となった東京地判平16.12.16（判タ1174号150頁）も同様の判示をしている。当該裁判例は問題となっている当該業務の担当取締役以外の取締役の監視義務についても判示しているが、その内容は、当該業務に関するリスク管理体制が構築され、これに基づき個々の取締役の職務執行に対する監視が行われている限り、個々の取締役の職務執行が違法であることを疑わせる特段の事情が存在しない限り、他の取締役が代表取締役や担当取締役の職務執行が適法であると信頼することには正当性が認められる、というものである。

3　不採算事業の支援や撤退場面におけるリスク管理─子会社での事業について　　75

もっとも、「親会社の取締役等としては、とりわけ、子会社の役職員などから適切な報告がなされる体制が整っていることについて留意する必要があり（会社法施行規則98条1項5号イ・4項4号ロ、100条1項5号イ・3項4号ロ、110条の4第1項4号ロ・2項5号イ、112条1項4号ロ・2項5号イ参照）、また、子会社において重要な問題が発生していることを認知した場合には、適切な対応策を講じることが求められることとなろう。」とも指摘されている[25]。

(2)　「信頼の原則」の親・子会社間への適用の実際

　上記裁判例は、各部署がそれぞれの立場から重畳的に情報の収集、分析及び検討を加える手続が整備された大規模な会社を前提としたものである。そのため、親・子会社間にも「信頼の原則」を適用するには、子会社が親会社から（ある程度）独立し、独自に情報の収集、分析及び検討ができる体制を備えていることを前提に、グループの内部統制制度を構築していることが必要になるのではないだろうか。そう考えると、子会社が独自に情報の収集や分析、検討を行えるような部署を備えていない、多くの中小企業グループでは、親・子会社間に「信頼の原則」を適用することは事実上困難であるように思われる。

　また、子会社の倒産回避等を意図した支援場面では、子会社の取締役等が自身への責任追及を恐れ、主体的・積極的な調査になかなか動かないこともあるように思われる。また、発覚を回避し、あるいは遅らせながら、独力での処理を試みるといった事態も多いのではなかろうか。このような状況下では、親会社取締役が子会社での実情の報告を早期に受けるということは実際上容易とはいえない。上記指摘を借りれば、このような場面では「子会社の役員等から適切な報告がなされる体制が整っている」とは評価できない実情があるのではなかろうか。

　そのため、グループの内部統制制度が構築されていても、このような場面では、子会社の役員等から適切な報告がなされることを前提に議論することには慎

---

[24]　弥永真生「会社法の下での企業集団における内部統制―問題の所在といくつかの特徴―」旬刊商事法務2090号4頁。なお、森田多恵子「裁判例にみる企業集団における内部統制」商事法務2092号29頁参照。
[25]　前掲注24弥永

重になるべきであろう。

(3) 小括

　以上の事情に加え、多くのグループ、特に中小企業グループでは、親・子会社間の役員を兼務している者が多数いるため、親会社が子会社の実情を把握することは比較的容易である。したがって、子会社の倒産回避等を意図した親会社の支援場面では、実際上、「信頼の原則」の適用を充たす場合は少ないように思われる。

6 「経営判断の原則」と支援場面を意識することの重要性

　親会社の子会社に対する融資等は、窮境状況であればあるほど、子会社の倒産回避等による支援場面（Ⅱ）でのものか、撤退の遂行場面（Ⅳ）でのものか、明確な区分は容易ではない。しかし、資金ショートによる子会社の倒産を感じつつ、親会社の資産減少の回避をも考えなければならない親会社の取締役は、子会社の事業再建のためなのか、その事業から撤退するためなのかを明確に意識し、融資等の判断を行うべきである。

　Ⅱの場面の再建目的での融資であれば、子会社の事業計画やその実行可能性等を踏まえ、融資の可否を判断することとなろう。しかし、Ⅳの場面であれば、そもそも回収を考えない贈与であろうから、回収可能性といった情報よりも、むしろ、連帯保証や担保提供等によって親会社が子会社債権者に対して直接債務や責任を負っているのか、債務や責任はなくとも、支出しないことによって親会社にどのような不利益があるのか、当該事態は親会社の損益や資産等にどのような影響を与えるのか、そうした影響を回避するためのものとして相当な範囲の支出なのか、といった事情を調査検討して贈与の可否を判断することになろう。

　現状では、Ⅳの場面で経済的支出を行う例はそれほど多くないように思われるが、以上のように、いずれの場面での支出かによって判断の合理性を検討する要素が随分と異なる。親会社の取締役がこのような差異を意識せず漫然と判断する場合には、「経営判断の原則」の下でも責任を追及され得る。

　各場面によって情報収集とその分析・検討（事実認識の過程）の対象が異なるため、親会社の取締役が後日の責任追及に備えるにあたっては、場面の差異（支

援目的の差異とも評価できる）を意識することが極めて重要になろう。

4. 責任追及を受けた実際の訴訟を踏まえ 取締役が備えるべき対応を考える

　以下では、福岡地判平成23年1月26日（金商1367号41頁）[26]を検討する。当該裁判例は経営判断の原則の適用を明示していないが、当該原則に拠っているものと評価されている[27]。

1 事案の概要

　本件は、不正・不正常とされる「グルグル回し取引」[28]で生じた不良在庫問題によって100％子会社が困窮したため、子会社の第三者（A）に対する原材料仕入代金債務に関する連帯保証や子会社への貸付、当該貸付金の放棄を親会社が行ったことから、子会社の非常勤役員を兼務していた親会社取締役の責任が問題となった事案である。

　この「グルグル回し取引」は子会社と第三者（A）間の他、親・子会社間でも行われていたが、「繰り返されるごとに、手数料や売買利益等が付加されて単価が上がるため、買い戻す度にその在庫商品の見かけ上の簿価は上昇していく。その反面、その在庫商品は冷凍食品等であるので、時間の経過による品質の劣化は免れない。そのため、商品価値は反対に低下して不良在庫化し、会計上でのいわ

---

[26] 控訴審は福岡高判平24.4.13（金商1399号24頁）、上告審は最判平26.1.30（判タ1398号87頁）

[27] 伊藤靖史「福岡魚市場株主代表訴訟事件の検討〔下〕」商事法務2035号17頁

[28] 「グルグル回し取引」とは「ダム取引」をもとに行われる。判示内容から、「ダム取引」とは、仕入業者に対し、一定の預かり期間に売却できなければ期間満了時に買い取る旨約束した上で、原材料を購入してもらう取引を意味する。また「グルグル回し取引」とは、上記預かり期間満了時に、仕入業者から、同期間内に売却できなかった在庫商品をいったん買い取り、その上で、当該仕入業者または他の仕入業者に対し、一定の預かり期間に売却できなければ期間満了時に買い取る旨約束して、当該商品を買い取ってもらい、その後、同期間満了時に、同期間内に売却できなかった場合には、同じことを繰り返すという取引を意味する。

ゆる含み損は順次拡大を続ける。そして、グルグル回し取引の相手方である親会社には子会社に対する手数料等の利益が売掛金債権として帳簿上は増加する。しかし、子会社にあっては、不良在庫は実質的商品価値はなく、他社に通常の売却もできないため、会社を存続させるにはグルグル回し取引を継続する他はないものの、買戻し代金額は増加を続けるため、やがては経理上での処理では対処ができなくなって破綻することは明らかであった。そのため、親会社の前記売掛金債権も実質的には無価値になるものであった。」（筆者において具体的会社名を親会社・子会社・Ａ社と変えて表記している。以下同様）と評価されている（控訴審）。

当事者と経緯の概要は以下のとおりである。

【当事者】

被告らは、それぞれ、親会社の代表取締役と子会社の非常勤取締役、親会社の役付取締役と子会社の非常勤取締役、親会社の役付取締役と子会社の非常勤監査役を兼務していた。

親会社は、水産物やその加工品の販売の受託等を行っていたが、卸売市場法により、原則として、仲卸業者や売買参加者（大手の小売業者）にしか販売できなかったため、拡販を意図して子会社を設立した。

子会社は、水産加工食品の開発と生産、水産総合食品の販売を業としており、市場外業者であるため、親会社のような制約を受けず、小売業者に直接販売できた。

【経緯の概要】

平成9年〜平成10年	子会社は親会社との間でダム取引を開始し、後には、原料の仕入等本来の目的ではなく、不良在庫や資金不足を解消するという目的でも行っていた。
平成11年1月	子会社が不良在庫の調査をした結果、商品価値のないものばかりであった。
平成11年4月	子会社の取引担当者は、子会社の非常勤取締役を兼務していた親会社の代表取締役に対して、総額約3,400万円の不良在庫がある旨報告した。
平成12年頃	子会社はＡ社との間でダム取引を開始した。
平成12年9月	親会社の営業会議では市内同業者と比べると在庫が多い旨の指摘がなされた。

	なお、親会社の在庫総額は平成13年4月：約13億円、平成14年4月：約19億円、平成15年4月：約18億円であった。子会社の在庫総額は、平成11年3月：約7億円、平成12年3月：約10億円、平成13年3月：約14億円、平成14年3月：約18億円であった。子会社の各年度末の短期借入金残高は、平成11年度：約4億円、平成12年度：約7億円、平成13年度：約14億円、平成14年度：19億円であった。
平成13年9月	親会社の常勤取締役会で、在庫の管理状況を徹底的にチェックするように指導があった上、長期在庫を当年中に処分するよう指示があった。
平成14年春頃	子会社は親会社との間でグルグル回し取引を始めた。
平成14年10〜11月	子会社はＡ社とグルグル回し取引を始めたが、通常の手数料等に加え、在庫販売時に出た損分を特定の在庫に上乗せする処理を行う等していたため、小売1パック48円の商品の単価が約6万円となっている等、単価が異常に高額なものが発生するようになった。
平成14年11月	親会社の常勤取締役会で公認会計士から子会社を含む在庫管理に関する指導がなされた。
平成15年3月	親会社は、子会社のために、Ａ社との間で連帯保証契約を締結することとなった。
平成16年3月上旬	子会社の在庫問題に関する調査委員会が発足された。子会社は、調査委員会による約14億円とする在庫等の含み損を前提に再建計画書を作成したが、再検討が求められると、特別損失額を約15億円とする再建計画の修正案を約2か月後に作成した。
平成16年6月	親会社は、取締役会で、子会社に対して20億円の枠内で融資を行うことを決議し、平成16年12月までに7回にわたり合計約19億円を貸し付けたが、各貸付は常勤取締役の持ち回り決議により承認した。その後、子会社の特別損失額が約23億円であることが判明した。
平成17年2月	親会社は取締役会で、子会社に対する約16億円の債権を放棄する旨を決議した。なお、子会社は、平成19年3月の時点で約8億円、平成20年3月の時点で約20億円の債務超過となった。

平成21年6月	外部の者で組織した調査委員会による調査が行われ、その結果、ダム取引及びグルグル回し取引による子会社の平成16年3月までの損失は約28億円と試算された。

　善管注意義務違反等が認定されている行為は「グルグル回し取引」の看過や連帯保証、貸付である。いずれの行為についても、判断の前提となる事実認識の過程（情報収集とその分析・検討）が問題視され、善管注意義務違反等が認定されている。貸付金の放棄については、裁量の範囲を逸脱していないとして善管注意義務違反は認定されていないが、前記（3.**2**）で指摘したように、裁判外では批判等があり得ることに留意すべきである。

　判示事項と後述する検討箇所との対応は、以下のとおりである。

① 親会社取締役による子会社の調査義務の一般論：後記**2**

②「グルグル回し取引」に関する調査義務の具体的内容：後記**3**(1)

③ 連帯保証契約締結にあたっての調査義務の具体的内容：後記**3**(2)

④ 貸付にあたっての調査義務の具体的内容：後記**3**(3)

⑤ 取締役の善管注意義務違反等が認められなかった貸付金の放棄：後記**4**

2 親会社取締役による子会社の調査義務

　本裁判例は、次のように、親会社取締役による子会社の資産状況等に関する調査義務等について判示している。

　親・子会社の決算書や在庫の管理状況等を問題視した親会社の常勤取締役会議（常勤取締役が出席する）・経営会議（全取締役と各本部の部長等が出席する）の審議内容、在庫や短期借入金の大幅な増加を問題視した子会社の取締役会の審議内容から、

　「被告らは、親会社及び子会社において従前から問題とされてきた在庫の増加について、取締役会等における指摘及び指導にもかかわらずこれが改善されないことを認識していた」

とし、そのため、遅くとも公認会計士から子会社等の在庫管理を指摘された時点で、

　「親会社の取締役として、親会社及び子会社の在庫の増加の原因を解明すべ

3　不採算事業の支援や撤退場面におけるリスク管理─子会社での事業について　　81

く、従前のような一般的な指示[29]をするだけでなく、自ら、あるいは、親会社の取締役会を通じ、さらには、子会社の取締役等に働きかけるなどして、個別の契約書面等の確認、在庫の検品や担当者からの聴取り等のより具体的かつ詳細な調査をし、又はこれを命ずべき義務があったといえる。」
と判示する（第一審）。

　当該判示内容は、親会社取締役の子会社に対する監視義務を判示したものと評価する立場が有力である[30]。今後議論が深化し、さらに監視義務の具体的内容が明らかにされていくことと思われる。もっとも、人事や事業において密接な関連性を有する一般的な中小企業グループでは、親会社の取締役は、子会社で生じた事象を容易に知り得る。そのため、あえて監視義務という概念を持ち出さずとも、従来からの善管注意義務の範疇の問題としてその義務違反を認定できる場合が多いように思われる。

　判示されているとおり、親会社の取締役としては、取締役会等による指摘や指示にも関わらず、子会社の異常な状況が改善しないことを認識した場合には、その異常さの実情や原因等について、判示のように具体的かつ詳細に自ら調査をし、または調査を命じ、その実情等を解明することが必須となろう。そして、取締役としてはその際に調査した契約書や棚卸しの報告書、調査書等を、後日の責任追及に備えて保管しておくことが有用である。加えて、公認会計士等の専門家による調査も行い、その報告書等も準備すればより有益である。

3 親会社取締役の子会社等に対する調査義務の具体的内容

(1) 「グルグル回し取引」に関する調査義務について

　上記を踏まえ、本裁判例について、子会社に対する調査義務違反を認定するに至った具体的な前提事情を検討すると、

---

[29] 常勤取締役会での在庫管理状況の徹底チェックと長期在庫の処分の指示

[30] 従前、親会社取締役による子会社の監視義務を否定する下級審裁判例があった（東京地判平13.1.25（判時1760号144頁））が、現在ではこれを否定することは困難であろうという評価が有力である（法制審議会会社法制部会第24回会議議事録9頁〔岩原紳作部会長発言〕、岩原紳作他「〈座談会〉改正会社法の意義と今後の課題〔下〕」商事法務2042号5頁〔岩原紳作発言〕）

① 親会社では、高額な買付販売取引を行う場合、被告らが出席する常勤取締役会でその稟議書を承認する必要があったが、当該会議体では、同一品名の商品を異なる単価で仕入れまたは販売している旨の稟議書を承認していたこと、

② 子会社では、後日の小売単価が48円のものを約6万円で第三者（A）から購入する等、異常な単価での取引が取締役会の承認なく行われていたこと

が認定されている。

親会社の常勤取締役と子会社の非常勤役員を兼務していた被告らは、在庫管理状況のチェックと長期在庫の処分を指示したにも関わらず、親・子会社において在庫の増加が改善されないことを認識していた。そのため、被告らには、自らが承認していた稟議書や子会社が受領していた請求書の記載を検討し、あるいは子会社での取締役会手続を調査する機会があったといえる。そのような検討や調査をしていれば、被告らは、親・子会社間等の異常な取引を知り得たのであるから、「グルグル回し取引」による不良在庫の察知やその中止といった対策を容易に講じることができたはずである。

本裁判例は、公認会計士から指摘を受けた時点において、「請求書や買付販売与信稟議書等の記載を検討すれば、子会社と親会社又は子会社とA社との間の取引において不当に高額な単価の取引があることや、同一の品名の商品の単価が異なる取引があることなどが明らかであったと推認される。」とし、「したがって、被告らが上記のような調査をすれば、直ちに問題の全容を解明することまでは難しいとしても、子会社及び親会社においてグルグル回し取引による不適切な在庫処理が行われていることを発見し、これを検討した上で、不良在庫の適切な処分及びグルグル回し取引の中止などの対策を取ることにより損害の拡大を防止することが可能であったといえる。にもかかわらず、被告らは、何ら具体的な対策を取ることなく、子会社ひいては親会社の損害を拡大させるに至ったのであるから、被告らには上記の内容の調査義務を怠った点に、忠実義務及び善管注意義務違反が認められる。」と判示している（第一審）。

上記判示内容は、日常と異なる状況を認識した場合に、費用をかけた外部への

調査依頼や特殊な調査ではなく、実際の業務に携わる者であれば容易に実行できるような、通常の業務の流れを一つ一つ調査し、不自然さや不合理さの有無を確かめることの重要性を明らかにしている。そのため、契約書や受発注書、請求書、稟議書、取締役会議事録等、日常業務で作成が予定されている書類の内容を調査・分析することは必須となろう。

逆に、このような単純な調査で不正な取引を容易に知ることができる場合には、発覚するまで取締役が職務を放棄していたとも評価することができる。そして、その場合は、責任の免除や責任限定契約の適用が排除される重過失（会社法425条、426条、427条）が推認され得る。

それゆえ、日常作成する書類の内容を調査・分析することは、親会社の取締役としては最も留意すべき事項の一つであろう。

(2) 連帯保証契約締結にあたっての調査義務について

本裁判例の事案では、親会社が、子会社の問題が明らかになった時点以降に、子会社の仕入業者（A）に対する買掛金について、A社との間で極度額を定めない連帯保証契約を締結している。その際、親会社の取締役は、主債務者である子会社から提供された資料を見て、子会社とA社間の年間取引額、月別取引額、工場長の調査報告等を確認している。しかし、その時点で買掛額がいくらなのか、当該仕入業者からの買掛額が最大いくらになるのかについて調査検討をせず、安易に極度額のない連帯保証契約を締結している。そして、こうした点に被告らの善管注意義務等の違反があったと判示されている。

親会社が連帯保証契約の締結を検討した時期は、子会社の増加した在庫や銀行借入を改善すべきことを認識し、在庫管理状況のチェックと長期在庫の処分を指示していた中で、公認会計士から在庫管理を適切にするよう指摘を受けた約4か月後である。これでは、自社が負担する連帯保証債務が拡大する可能性を認識しながらも、その内容を一切知ろうともせずに限度額のない連帯保証契約を締結したようにも思えてくる。

判示にもあるとおり、事実の調査としては、締結時の子会社の債務額と共に、工場長の調査報告書等の内容を検証し、その結果を踏まえて予測される債務額の

上限を検討することが必須であろう。加えて、極度額の設定の他、保証金の差入れといった代替策の可否、対策を講じない場合に生じ得る事態と親会社への影響を調査・分析すべきであろう。そのため、子会社の買掛金台帳や事業計画書とその基礎資料等の検証過程、代替手段の検討内容等を後日の責任追及に備えるために保管しておくべきである。

勿論、調査には一定の時間を要するであろうから、調査・分析する時間的な余裕がないほどに当該連帯保証契約を締結する緊急的必要性がある場合[31]や調査方法に限りがある場合[32]には、その実情を客観的に裏付け、後日、その点について疑義が生じないように備えるべきであろう。

(3) 貸付にあたっての調査義務について

本裁判例の事案では、親会社は、子会社からの再建計画を検討した後、20億円の枠内での貸付を取締役会で決議し、その後約6か月間で7回に分けて合計約19億円を子会社に貸し付けている。

この貸付の前提として、親会社は調査委員会（親子会社の取締役が委員である）を組織し、その調査に基づいて子会社は再建計画を作成している。同委員会は、子会社の在庫を調査し、同社の在庫・売掛金の含み損は約14億円であると報告している。

もっとも、この調査委員会は、単に子会社の「グルグル回し取引」の担当者から報告書を提出させ、聞き取り調査をしているに過ぎない。聴取内容を信じてそれ以上の踏み込んだ調査をせず、契約書、覚書、帳簿類及び棚卸しの一覧表等具

---

[31] 親会社の貸付金等を背景にした支払サイトの短縮によって、一定の調査期間を与えてもらうことは可能であろうし、相手方も即時の連帯保証契約の締結に固執し、1か月程度の時間的余裕も与えないという事態はそれほどないように思われる。もっとも、緊急性等は相手方との相対的関係次第であろうから、相手方と子会社が取引する必要性・重要性、代替的取引の可否や実行までの時間等に加え、見せかけではない相手方の強硬な態度がある程度裏付けられれば、緊急性を肯定してよいと思われる。実際には、相手方からの要求書等により、連帯保証契約を締結しない場合には出荷を停止するといった態度の強硬さを裏付けることになろうか。

[32] 社内外における適任者の不在や短期間では調査ができないといった専門家からの回答、極めて高額な見積書等によって調査方法に制限があることを裏付けることになろうか。

体的な書類も確認していない。また、親会社が子会社に再建計画の再検討を求めると、当初の調査報告の約2か月後には約1億円増加した含み損を前提に、再建計画の修正案を提出する始末であった。

　そのため、本裁判例は、被告ら親会社の取締役は調査委員会による調査結果の信用性にも一定の疑問を抱くべきであったとし、具体的な調査方法を確認するなどといった検証を何ら行わずに、その調査結果を前提として貸付を行った点に善管注意義務違反等があったと判示している。

　こうした判示内容からは、子会社が策定した再建計画の実現可能性や貸付金の回収可能性、回収可能性がないとした場合には貸付（贈与）をしないことによって親会社にどのような不利益が生じるのかといった点に関する親会社取締役の検討内容は不明である。おそらく、本件事案では、そのような検討をする前提事情の調査すらできていないということなのであろう。しかし、子会社の窮状場面での貸付にあたっては、子会社の実態を正確に把握した上、上記事情を調査検討することの重要性には異論がないように思われる[33]。

　また、独立・中立した専門家による調査であれば、その調査方法や結果を信頼することにもそれなりに合理性があろう。しかし、窮状にある子会社を対象とする組織内部の者による調査の場合には、調査方法とその結果に対して厳格に対応すべきことが取締役に期待されている。そのため、このような場合には調査対象にした書類の範囲や調査方法の検証は必須である。

---

[33]　被告らの代理人は、本件控訴審の判示内容について、回収可能性を経営判断における合理性の唯一の要素としたものであると捉えられると批判的に指摘する（手塚裕之他「福岡魚市場株主代表訴訟事件控訴審判決の解説―子会社管理・救済における親会社取締役の責任―」商事法務1970号15頁）。しかし、貸付をする以上、貸すことによって子会社の事業が再建するのかしないのか、返済が可能なのか、可能ならばどのように返済するのか、不可能になる見込みはないのか、返済が不可能であるならば貸す（贈与）目的は何なのか、その行為は親会社のどのような利益に資するのかといった点を検討することが必要であろう（前掲注27参照）。

4 **取締役の善管注意義務違反等が認められなかった貸付金の放棄について**

(1) 判示内容

　本裁判例の事案では、結果的に上記貸付金を放棄しているが、本裁判例は、次のように判示し、この点について善管注意義務違反等を否定している。

　即ち、貸付後に約23億円の特別損失（含み損）が子会社に存在することが判明し、子会社の再建計画を実行することが困難になった上、貸付金の回収も極めて難しい状況となった。そのため親会社の取締役会は、子会社を倒産させるよりも債権放棄によってその再建を図るほうが、親会社の信用維持につながり、税務上のメリットもあると考え、貸付金を放棄することとした。もっとも、このような判断の前提となった子会社の特別損失額等の事実に関する被告らの認識に誤りはなく、回収が期待できない債権に固執するよりも、これを放棄して子会社の再建を期待するという判断も企業経営者として特に不合理、不適切とはいい難く、取締役としての裁量の範囲を逸脱するものとはいえないと判示している。

(2) 債権放棄と子会社の再建等との関係

　本裁判例の判示内容からは、予想よりも約8億円も多い特別損失が発覚した後に子会社がどのような再建計画を立て、親会社はその実効性をどのように調査検討し、特別損失の他どのような事情で貸付金の回収が期待できないと判断したのか、債権の放棄によって親会社にどのような財務上の影響を与えるのか、親会社が債権を放棄するとなぜ子会社の再建が期待できると判断されたのかといった取締役の責任を判断する上での具体的事情は不明である。

　しかし、親会社の資産を維持増大すべき職務にある取締役とすれば、貸付金の債権放棄によって親会社が権利を失う以上、当該放棄による親会社の利益（子会社を再建するのであれば債権の放棄による子会社の再建の見込みと再建による親会社の利益、子会社を清算するのであれば清算時の配当率を超える利益が放棄によって親会社にもたらされるか）を具体的に調査検討すべきであろう。

　判示内容からは明らかではないが、本件では上記のような調査検討の内容が弁論の過程で明らかになっていたのではないかと推察される[34]。

⑶　**債権放棄と親会社の信用維持との関係**

　上記⑵の事情もあり、判示内容からは、親会社の信用維持にとって債権放棄がなぜ必要なのか、その必要性に親子会社間の事業の関連性等がどの程度影響しているのかは明らかではない。

　本件事案の親会社は卸売市場法によって例外的に（卸売業者や売買参加者である大手の小売業者以外に対する）市場外取引を行えるに過ぎない。他方、市場外業者である子会社にはそのような制約はなく、親会社から仕入れた物を小売業者等に自由に販売できた。そのためであろう、親会社は流通ルートの多様化や商圏の拡大を意図して子会社を設立している。判示内容からは不明だが、親会社は諸々の手段を講じて自社の信用を子会社に利用させ、その事業を拡大していたと思われる。本件は、このような事業上の関係の他、役員の兼務と共に業種の特殊性や地域性も影響し、両社の一体性によって社会的信用を得ているという事情が強かった事案だったのではなかろうか。

　子会社に対する債権放棄等、経済的損失を伴う支援によって親会社の信用を維持したというためには、子会社の設立の経緯、親会社と子会社の事業上の関連性、役員の兼務等人事面や組織面での密接性、事業の特殊性等の事情によって、親子会社が一体となって社会的信用を得ていることが必要であろう。

⑷　**小括**

　以上のように、経営判断の原則の下でも、取締役の善管注意義務違反の有無の判断にあたって、

　①　子会社に対する債権放棄による親会社の利益

　②　親・子会社の密接性

を具体的に検討すべきである。もっとも、仮に法的責任追及場面においてこのように考える必要がなくとも、実際上の意義は十分あろう。

　前記3.**2**記載のとおり、取締役の判断が裁量の範囲内であるとして法的責任が追及されない場合であっても、その裁量の是非は司法ではなく社会における判

34　なお、本件事案では、貸付とその放棄の双方に善管注意義務違反を認めても、損害賠償請求の可否という点では実際上の差異はあまりなかったようにも思える。

断に委ねられたと考えるべきである。そして、子会社の倒産回避等のために親会社が支援を行う場面では、平常時にもましてより社会からの批判が強まり得る。抽象的な親会社の信用維持を強調して、事業上の関連性等具体的事情を検討しないままに、「許容された裁量の範囲内であるから法的責任を追及されない。」「法的責任が否定されるのだから裁判外での責任追及に備える必要はなかろう。」といった安易な態度は慎むべきである。

そのため、親会社の取締役が上記①や②のような事項を調査検討することは、裁判外での批判等に備え、毅然として自身の判断の正当性を訴えることに大いに役に立つように思われる。

5. 親会社の取締役が撤退を決めた後の場面で予測すべき主な事項

▌1▐ 撤退を決めた後の場面で親会社の取締役が認識すべきこと

前記のとおり、このような場面では、撤退方法の選択や撤退時に起こり得る事態を予測し、親会社にとってより損失や信用失墜等の不利益が少ない方法をどのように選ぶかということが重要である。

事業譲渡や株式譲渡等の撤退方法や従業員の整理解雇等の労務問題、私的・法的倒産手続の選択方法を知ること以外では、親会社の取締役としては法的倒産手続で生じ得る事態を知り、その後の対応に備えることが最も肝要であろう。

なお、撤退を決めるまでに親会社が行うであろう支援を考えると、「法人格否認の法理」（最判昭44.2.27判タ233号80頁等）による親会社の子会社債権者に対する法的責任の可能性も考慮せざるを得ないのではなかろうか。支援には、子会社に対する出資や貸付、担保提供等の支援の他、人件費の軽減と経営改善のために行う役員や社員の派遣、固定費削減のための本社事務所等の廉価での賃貸、資金繰りを円滑にするための仕入取引や販売取引等への介入、不測の損失を回避するための決裁過程への介入、現預金や経理処理の管理等、実際には様々なものがあろう。しかし、その支援が多く多角的になればなるほど、子会社は、親会社の一

部門と同様になり、その独立性は薄まり、子会社の法人格はないに等しい状況になる。撤退を決める際の親会社取締役は、このような視点から、それまでの支援によって親・子会社の関係がどのような状況になっているのかを十分に検証し、追及され得る可能性も含め、撤退に伴う「法的」責任の範囲を認識しておくことが肝要であろう。

2 法的倒産手続への移行を意識して留意すべきこと

子会社事業からの撤退時期等を適正に判断するためには、法的倒産手続に移行した場合に生じ得る事態を正確に予測することが肝要である。また、平常時と異なる事態を知らずに行動し、予測に反した事態を招けば、親会社の取締役は責任を追及されかねない。

そこで、以下では、平常時と異なる事態を予測するため、法的倒産手続時に妥当する主な規律を概観する。

(1) 担保を徴求した融資による支援と否認権行使

親会社が窮境状況にある子会社に貸付による支援をしようとする場合、親会社の取締役とすれば、漫然と貸付をするべきではなく、債権保全のため、子会社に対してであっても担保権の設定を検討することになろう。

親会社の取締役としては、後日、支援した子会社が法的倒産手続に移行した場合、このような担保権の設定が偏頗行為になるとして、否認権を行使される可能性があることを視野に入れなければならない。

親会社は子会社の危機的な財務状況を熟知しているからこそ支援を実行しているのであろうし、主観的要件について立証責任が転換されているため[35]、否認権の行使を免れることは困難である。

もっとも、偏頗行為否認の対象行為は「既存の債務についてされた担保の供与又は債務の消滅に関する行為に限る。」[36]ため、新規の貸付債権を被担保債権とする担保権の設定であれば偏頗行為否認の対象とはならない。

---

[35]　破産法162条2項1号・161条2項2号、民事再生法127条の3第2項1号・127条の2第2項2号、会社更生法86条の3第2項1号・86条の2第2項
[36]　破産法162条1項、民事再生法127条の3第1項、会社更生法86条の3第1項

実際には「支払不能」[37]時の子会社には親会社に担保として提供できる資産は残っていないだろうが、親会社の取締役にとって、将来生じ得る事態に備えるという観点から、このような倒産法上の規律を認識することには意義があろう。

⑵　親会社による貸付債権等の法的倒産手続下における劣後化

法的倒産手続では、実質的な公平性等の観点から、倒産した子会社に対する親会社の債権が、事実上、債権の調査・確定手続や再生計画・更生計画で劣後的に取り扱われることがあり得る。

実務上の取扱いや裁判例の詳細は以下のとおりであり、劣後的取扱いに否定的な裁判例もある。もっとも、窮境状況にある子会社に対し貸付等の支援を行う親会社は、法的倒産手続は勿論、私的整理であろうと、事実上、自社の債権が劣後的な取扱いを求められ得ることを視野に入れながら、支援の判断を行わざるを得ない[38]。

①　破産手続

実務においては、配当率を上げるために管財人等が親会社等に債権届出を取り下げるよう求め、取り下げられない場合には債権調査期日に異議を述べるということがまま見られる[39]。なお、親・子会社の関係を明らかにした上、親会社の子会社に対する破産債権の取扱いを判示した裁判例は、刊行物上、確認で

---

[37]　「支払能力を欠くために、その債務のうち弁済期にあるものにつき、一般的かつ継続的に弁済することができない状態」（破産法2条11項、民事再生法93条1項2号括弧書、会社更生法49条1項2号括弧書）

[38]　裁判例があるものの、債権調査・確定手続に関する裁判例が根拠とした信義則という民法の一般条項による対応は行動予測が不安定となるという指摘がある。また、再生計画や更生計画で特定の債権が劣後化された場合、当該債権の保有者が対抗する手段は抗告手続にすぎず（民事再生法175条1項、会社更生法202条1項）、手続保障が十分ではないとの指摘もある。このような指摘も踏まえ、親会社等の債権の取扱いについては改正が提言されている（上記の指摘も含め中嶋勝規「内部者債権の劣後化」（編集代表田邊光政『今中利昭先生傘寿記念会社法・倒産法の現代的展開』455頁、民事法研究会、2011年）。

[39]　東京地判平成7年10月26日（判タ902号189頁）、増市徹「『内部者』に関する否認の特則および『内部者』債権の劣後化」NBL別冊No.69「倒産実体法」17頁、商事法務、2002年。末永久大「破産会社の代表者からの破産債権の届出」（全国倒産処理弁護士ネットワーク編『破産実務Q＆A200問』267頁、きんざい、2012年）

3　不採算事業の支援や撤退場面におけるリスク管理─子会社での事業について　91

きない[40]。

② 民事再生手続

　実務上、代表者や取締役、株主、代表者の親族等の債権が劣後的に取り扱われている再生計画をまま目にする[41]。そのような取扱いをする場合には、「争いを避けるために、再生計画案提出時に不利益を受ける者の同意書を併せて提出することが通常である」とされている[42]。

　再生計画案での劣後的取扱いが問題となった裁判例として、東京高決平成22年6月30日（判タ1372号228頁）や東京高決平成23年7月4日（判タ1372号233頁）がある。これらは、再生計画案において、再生債務者が属するリーマン・ブラザーズグループの各社が保有する再生債権（貸付金）が一般の再生債権者と同様に取扱われていたことが問題となった事案である。

　前者は、再生債務者は過小資本の状態であって、貸付金は実質上出資と同様であるので、一般の再生債権に劣後した取扱いをしないことは、法に内在する衡平、公正の原則、平等原則（民事再生法155条1項本文）に違反し、権利の濫用（民法1条3項）であって違法である、との主張を排斥し、劣後した取扱いは違法であるとして、貸付金を出資と同視するものとは評価できないと判示した。

　後者は、グループ各社が保有する債権を再生計画案で劣後化して取扱う義務があるとの主張を排斥し、平等原則の維持が他の債権者との関係で信義則に反し、その信義則違反の程度が債権の劣後化を許容するものであれば劣後的に取扱うことも許されるものというべきであるが、衡平を害しない場合に差異を許容する民事再生法155条1項但書は特定の債権者の不平等取扱いを定めること

---

[40]　なお、従属的下請企業が破産した場合の債権調査・確定手続での劣後的取扱いについて判示したものとして広島地判平成10年3月6日（判時1660号112頁）が、破産者が子会社であるとの主張はあるものの、破産者との関係を判示せずに破産法上の定めがない劣後的取扱いの可否を判示したものとして東京地判平成3年12月16日（金判903号39頁）がある。

[41]　杉本純子「共益債権・少額債権・債権の劣後化等」（山本和彦他『民事再生法の実証的研究』187頁、商事法務、2014年）

[42]　鹿子木康編『民事再生の手引』284頁、商事法務、2012年

を許容するものではあっても、これを義務付けるものではないと判示した。

③　更生手続

更生手続でも、実務上、親会社等の債権を劣後化する更生計画がある[43]。

裁判例としては福岡高決昭和56年12月21日（判時1046号127頁）が挙げられる。これは、更生会社の事実上の筆頭株主である会社が、全売上の95％を占め、重要人事や営業に関する事項を定め、製品の販売価格も決めていた等の事情の下、同社の更生会社に対する更生債権について、一般の更生債権者より劣後的に扱うことが公正、衡平の原則に合致すると判示したものである。

(3)　子会社の事業等の譲渡にあたって

親会社が子会社の事業から撤退しようとする場合、自社が保有する子会社株式を第三者に譲渡する他、子会社にその事業や資産の全部または一部を譲渡させることが考えられる。子会社に事業を譲渡させる手法としては、事業譲渡の他、会社分割による手法も可能である。例えば、子会社が優良部門の受け皿会社を新設分割で設立し、新設会社の株式を第三者に売却する方法である。いずれの手法でも、事業を譲渡した後の子会社は特別清算手続等により清算することになろう。

親会社は、自社が存続する限り、その対外的信用を重んじ、子会社の債権者を不当に害するような対応は行わないだろうが、子会社の責任財産を不当に減少させ、結果として、一部債権者のみに対する偏った弁済を生じさせる場合には、子会社による事業の譲渡等が問題視される。

例えば、会社法の改正による履行請求権[44]の創設の契機にもなった、いわゆる濫用的な会社分割の事案が挙げられる[45]。これは、債務超過状態等になった株式

---

[43]　前掲注40文献（増市著）、松下淳一・事業再生研究機構編『新・更生計画の実務と理論』364頁以下「別表4-1　更生債権弁済条項一覧」、商事法務、2014年

[44]　会社法23条の2第1項（事業譲渡）・759条4項〜7項（株式会社の吸収分割）・第761条4項〜7項（持分会社の吸収分割）・第764条4項〜7項（株式会社の新設分割）・第766条4項〜7項（持分会社の新設分割）

[45]　裁判例としては、例えば、最判平成24年10月12日（金商1402号16頁、一審は大阪地判平成21年8月26日（金商1402号25頁）、控訴審は大阪高判平成21年12月22日（金商1402号24頁））がある。

【図表】

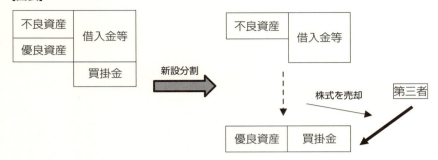

会社が、優良資産と取引上の債務等一部債務のみを新設会社に承継し、分割会社には金融機関に対する債務等を残しながら、換価価値が見込める新設会社株式を無償または廉価で第三者に売却する一方、分割会社には見るべき資産を残さないこととし、これら一連の行為を分割会社に残された債権者に知らせずに実行するような事案である。

このような事態を招けば親会社の信用が失墜することは当然である上、親会社の取締役が主導している場合には、子会社の債権者から取締役の不法行為責任等を追及され得る。

倒産手続に移行した場合には、移行前の行為について詐害行為否認を根拠とした否認権行使が考えられる。上記に挙げた行為の他、例えば、早期に子会社を清算しようと、残された不動産や什器備品等を購入希望者の言い値で売却するような行為についても同様の否認権行使が考えられる。

特別清算手続を除く法的倒産手続では、通常、処分者が相当な価格で処分したことを立証しない限り、詐害行為否認として処分の効果を否定され得る[46]。そのため、子会社の資産等を処分する場合には、他の購入希望者からの見積書(什器備品であれば、実際上は廃棄処分費用を要する旨の見積書が多い)や査定書等を取得し、市場価格に合致した相当価格で処分したことを裏付ける資料を確保しておくべきである。なお、特別清算手続では否認権制度がないものの、疑義がある債権

---

[46] 伊藤眞他『条解破産法 第2版』1083頁、弘文堂、2014年。破産法160条1項・167条1項、民事再生法127条1項・132条、会社更生法86条1項・91条1項

者は破産手続開始の申立てをすることができる以上、親会社の取締役が事前に予測すべき事情という観点からは、他の手続と区別する意義は全くないだろう。

(4) その他

　親会社は、自社が存続する限り、子会社の債権者を差し置いて優先的に自社の債権を回収しようとすることは殆どないだろう。

　もっとも、特別清算手続を除く法的倒産手続に移行した場合には、親会社による貸付金等の回収行為が偏頗行為否認の対象となり、弁済の効果が否定され得る[47]ので、このような規律は知っておくべきであろう（なお、特別清算手続を特別視すべきではない点は前記(3)同様である）。親子会社間では相互に取引をしている例が多く、相殺処理が可能な場合が多いであろうが、子会社が支払不能になった後に親会社が債権を取得する等して行う相殺は禁止され得るので留意を要する[48]。

6.　まとめ

　以上のとおり、子会社の倒産回避等のための支援場面では、その役員を兼務する親会社の取締役としては、法的責任に備えて平常時とはやや異なる意識と備えが必要であろうし、法的責任が否定されるとしても、平常時以上に社会からの批判等に備えるべき必要性が高いように思われる。

　本稿で検討した場面では、取締役の判断の裁量を許容する「経営判断の原則」に過大な期待をせず、備えを万全に整えることが重要である。加えて、予測すべき事態やリスクを知り、再建が困難である事業からはより早期に撤退し、新事業への投資を早めることが最も重要であるように思われる。

---

[47]　破産法162条1項・167条1項、民事再生法127条の3第1項・132条1項、会社更生法86条の3第1項・91条1項

[48]　破産法71条・72条、民事再生法93条・93の2条、会社更生法49条・49条の2、会社法517条・518条

第2部

1 パネルディスカッション

1. はじめに

中西 それでは、後半の第2部のパネルディスカッションを始めます。第1部ではコーポレートガバナンスというところから非常に勉強になるお話を伺いましたが、後半は「リスク管理・コンプライアンスの最前線」ということで、独禁法、国内だけでなく米国なども含めた海外の対応について、お話を進めたいと思います。また、最近、紙の文書が電子化される流れが本格的に進んでいて、企業実務や法律の世界でも電子化の流れが大きく進んでいます。こういった電子化された社会の中で、コンプライアンスはどのように考えればよいのか、また、実際に紛争に巻き込まれたらどうするのか、そういった具体的なことについて色々とお話を進めていきたいと思います。

今回は、前半とメンバーも変わりまして、総合法律研究所の独禁法部会とIT法部会に所属する先生方から色々解説を頂きたいと思います。私は田辺総合法律事務所の弁護士の中西でございます。そして、今回のゲストとしてサントリー食品インターナショナル株式会社の福田様におこし頂いております。この2人から疑問点等をぶつけると、このような進め方でまいりたいと思いますので、どうぞよろしくお願いいたします。

それでは、会場から右手の福田様、まずは自己紹介をお願いします。

1 海外子会社の体制整備は急務

福田 福田でございます。座ったままで失礼いたします。私は現在、サントリー食品インターナショナル株式会社、この会社はサントリーグループの清涼飲料を製造販売している会社ですが、そちらの管理本部総務部に所属しております。

私は1988年にサントリー株式会社に入社して、入社時に総務部法務課に配

属されました。以後、法務部で専ら未上場の会社の株主総会等、そういった会社法関係、その後は色々と倒産事件も多くございましたので、債権回収等を担当してまいりました。2004年にサントリー株式会社の総務部に異動して、以後は規程の作成等、文書業務や情報セキュリティー関係を担当してまいりました。2013年にサントリー食品インターナショナル株式会社に異動して、その直後に上場ということで、ある面、弊社の激動の中、そちらのほうに放り込まれたというところでございます。

　現在はサントリー食品インターナショナル株式会社の管理本部総務部におきまして、文書関係の業務、あるいは国内の法務、それからコンプライアンス関係、リスクマネジメント関係を担当しております。

　先ほども申し上げましたが、弊社はここ数年で上場しました。あと、数社の海外のグループ会社も取得して、海外の子会社も含めた企業統制の仕組みをそろえること、あるいは色々な統制の仕組みを整えていくことが急務になっております。その中で、今日のトピックである米国独禁法をはじめとした色々な外国の法整備に基づく手続、先程もＦＣＰＡという話を頂きましたが、そういったものが実際にどういう具合に行われるのかということに今は興味を持っています。

　この後にお話が出ようかと思いますが、サピーナ（Subpoena）であるとか、リティゲーションホールド（litigation hold）であるとか、日本にないような横文字の耳慣れない言葉も数多くございます。そういった部分がどのように進行して、何に留意しなければならないのか、会社としてどういう具合に対応しなければいけないか。あるいは、平常時には、どんなことをしておかなければならないのか、どういう心構えでいなければならないのか…。そういうところをぜひ伺いたいと思いまして本日こちらに参りました、どうぞよろしくお願いいたします。

中西　福田さん、ありがとうございました。それでは、独禁法部会の向さん、よろしくお願いします。

2 謂われのない嫌疑を晴らすためには

向 　桃尾・松尾・難波法律事務所の弁護士の向宣明と申します。まず、私ども独禁法部会は、部会長を志田至朗先生にお願いしておりまして、私は事務局長を拝命しております。

　本日のパネルディスカッションは主に日米の独禁法・反トラスト法を巡る法執行や手続対応に関する実務を中心にということですが、私自身が関与いたしました事案としては、比較的最近のもので申しますと、例えば航空貨物利用運送事業のカルテル事件や、自動車の海運カルテル、あるいは、現在も継続中のものとしまして自動車部品の関係やその他の用途を含む電子部品の関係の事案等がございます。そういった関係で企業の代理をさせて頂いて、例えば当局対応とか、その後の民事の関係を対応させて頂いています。

　今日の主なお話ということですが、配付資料の第2部のところに私の今日のお話に関する資料を入れさせて頂いています。ただ、資料の全部には触れられませんが、想定事例の中で特に強調させて頂ければと思っておりますのは、「謂われのない嫌疑を晴らす」ためにはどう対応すべきかということになります。

　そしてそういった場面で必要になってくるのが対話（dialogue）であるということになります。この点、アメリカの手続では、調査の対象になっている側でむしろ主体的に積極的に調査を行って、状況に応じて自ら進み出て違反を認めるということも含め、対話という形で対応していくということがもともと動機付けられやすい制度設計になっています。そういった意味で当局との対話というのがとても重要になってきます。

　これに対して、日本では立ち入り検査、事情聴取ということで、おおむね当局の側が主体的に事案の全容を解明しようとしますので、少なくとも当局から見ると、調査対象事業者が主体的に何かやることがそれほど期待されている感じは、上記のようなアメリカでの例との比較の問題でいえば、あまりないということになります。そのあたりをこの後、少しパネルの形でお話できればと思っております。座ったままで失礼いたしました。よろしくお願い

【図表１】

想定事例	法務部に、至急の連絡が入った。 ・米国当局が現地子会社に対する捜査を開始したとのことで、書類が送達されたらしい。 ・米国子会社に強制立入捜査が入ったらしい。 ・米国出張中の従業員が逮捕されたらしい。 ➡何をすべきか。 　何をしてはならないか。 　これから何が起こるのか。
内外の法的リスクの背景	日本国内に居ながらにして、日本のみならず、欧米等の海外の競争法（カルテル規制）にまで違反してしまうということが起こり得る。 —効果主義 —リニエンシー制度

事案の決着の在り方

事業者として	—調査の終了（不起訴） —司法取引等 —正式審理（陪審）・評決／制裁
従業員として	—不起訴 —司法取引等 —"巣ごもり""穴熊" 　・Extradition（逃亡犯罪人引渡）の問題

・「謂われのない嫌疑」については、身の潔白を示し、無罪放免を勝ち取るべきである。
　—前提として、「効果主義」や「リニエンシー制度導入の拡大」といった状況の中で、「謂われのない嫌疑」が降りかかる可能性が生じているという現状がある。

・そのための調査対応とは。
　—主体性をもった調査対応。対話重視。
　—平時からのコンプライアンスの励行（内在化）。

1　パネルディスカッション　　**101**

いたします。

中西 向さん、ありがとうございました。それでは、ＩＴ法部会から吉峯さん、よろしくお願いします。

3 「法律の世界では紙だけ見ていればよい」というわけにはいかない

吉峯 肩書にだんだん自信がなくなってまいりましたが、私はＩＴ法部会の副部会長を務めさせて頂いています。弁護士の吉峯耕平と申します。所属は、田辺総合法律事務所です。本日は会場がかなり大入りで、大変感謝しております。

ＩＴ法部会は去年できたばかりの新しい部会です。ちょっと前まで、日弁連にコンピュータ委員会というのがあったのですが、どういうわけかさっぱりわからないんですが、2011年になくなってしまったんですね。そうはいっても、こういうＩＴの問題に弁護士もどんどん対応していかなければいけない、「法律の世界では紙だけ見ていればいいや」というわけにはいかないね、ということで、総法研にもＩＴ法部会を作って、色々な研究を進めているということになります。

皆さんご存じのとおり、日本の社会は、かなりＩＴ化、デジタル化していますが、法律の制度・条文は、まだまだ紙ベースの世界です。社会は既にデジタル化しているので、紙ベースの法律でデジタルの情報を回しているというような側面があります。ＩＴ法部会では、先月、デジタル証拠についての書籍[1]を出版しました。デジタル証拠という領域は、まさにそのような、デジタルと紙の世界が交錯する狭間の世界なので、色々と面白い問題があるのです。

今日のメインテーマは海外の独禁法対応、その中でも証拠の開示の問題です。要するに、きちんと証拠を押さえて、それを仕分けして、必要なものを開示するということが必要となる、ということです。これは大変な作業で、対応する企業としては非常に負担が大きいものです。

---

[1] 高橋郁夫他編『デジタル証拠の法律実務 Q&A』（日本加除出版、2015年）

また、独禁法以外の制度でも、同じような場面はあります。クラスアクション等アメリカの民事訴訟では、厳格な証拠開示制度であるディスカバリ（デジタルデータについては、ｅディスカバリといわれます）制度があります。また、先ほど少し出ましたが、ＦＣＰＡ（腐敗行為防止法）という、最近注目されている法律があります。これに似た法律で、アンチキックバック法というものもあって、オリンパスが何百億円の制裁金を払わなければいけないかもしれないと報道されています。

　このように、クラスアクション、独禁法、ＦＣＰＡ等、企業の存亡を決するような多額の懲罰的損害賠償であるとか、何百億円もの巨額な制裁金を可能性がある、非常に巨大なリスクがかかった場面で、証拠の開示、特にデジタルデータの開示の問題が生じます。これらの中で原型ともいえるのは、民事訴訟におけるｅディスカバリの制度です。

中西　吉峯さん、そろそろまとめて頂いて。

吉峯　そうですね、すみません。色々な制度があるということで、そのあたりも含めて、主にｅディスカバリや独占禁止法対応の話を中心に、ＩＴ法部会ですから技術的な側面も含めてお話させて頂きたいということで参りました。よろしくお願いいたします。

2. アメリカ独禁法の当局対応

1 初動対応——まずは現状凍結

中西　それでは、皆様のお手元にお配りしたレジュメについて少々説明させてください。本日は、おおむね第２部の目次に沿って進行したいと思います。ただ、充実したレジュメを作りました関係上、どうしても全部のページにわたっての解説はできないところはご容赦ください。また、幾つか実名が出てまいりますが、こちらは全て公表情報から作成しておりまして、関係者が機密を使って書いているものは一切ありませんので、その旨、よろしくお願いいたします。

1　パネルディスカッション　　103

それではまず、なじみのないアメリカ独禁法の違反事件ということで、初動対応、これについて向さん、ポイント等を解説ください。

向　　ポイントとしては二つありまして、一つは現状凍結ということと、もう一つは代理人の選任ということになると思います。そもそもそういった状況が生じるきっかけは、当局による調査の開始ということになります。先ほど言葉として挙がっていましたが、サピーナと呼ばれる書状が届くというのは、米国においてそういった調査が開始される典型的なパターンの一つです。このサピーナとは何ぞや、ということについては資料の中でも少し説明させて頂いていますが（**図表5**参照）、要するに「関連する資料を提出しなさい」といった命令書だと思って頂ければよいと思います。

　　そこで、これが届いたときの対応が問題となるわけですが、そこには例えば資料提出であれば対象と期限、すなわち、「こういったものを、いつまでに出しなさい」と書かれているわけです。ところが、それを受けて、そこに記載されている対象物件を社内で探して集めてきて、それを期限までに出せるように一式資料として整えていくというような作業を始めて頂くことが正

【図表2】

手続の概要	―サピーナ、立入検査 ―サピーナ対応と社内調査 ―リニエンシーと司法取引 　・Carve-out について 　・罰金額の計算について ―不起訴による終結 ―正式審理 　・起訴、トライアル、センテンシング ―調査と決断
米国関連資料	・米国司法省 　―Criminal Enforcement 関連資料 　　・http://www.justice.gov/atr/criminal-enforcement

104　　第2部

しいかというと、極論からいえば、これは誤りであるということがまず指摘できます。

　先ほど申し上げたように、必要なのは現状凍結であって、まずは動かさないということが重要になります。なぜか。それは、そういった対象物件（だとその時点で認識されたもの）を探して集めた瞬間に、集められなかったものはそこに放置されてしまうということを、同時に意味するからです。集められなかったものが後で実は大事なものだとわかっても、事後の時点ではもう散逸してしまっているかもしれない。むしろ、何がどこにあるのかを一応確認しつつ現状を凍結するというのが大事で、これをドキュメントをホールドするといいまして、その通知（notice）を社内にまず出すということになるわけです。

　今申し上げたように、そこをきちんとやらないと重要なものがなくなってしまうことがあり得るわけですが、さらに場合によっては、何らかの事情で意図的に破棄されてしまうことも生じ得ます。ただ、そのようなことがあると、本来の調査の対象は米国反トラスト法違反の嫌疑であったにも拘わらず、司法妨害という別個の罪を新たに犯してしまうことになり、その調査対応ということが追加的に必要になってしまうかもしれない。そのように、わざわざ自らトラブルを招いてしまうことのないよう留意する必要があります。

　また、重要な証拠資料がなくなると、当局の調査への対応ということはひとまず措くとしても、事業者自身としての事実確認により手間取ってしまうということになり、場合によってはそれが不可能になってしまうことにもなり得るという観点からも、現状凍結は重要です。

　さらに万が一、罪を認める形で対応していく必要があるということになると、その違反を立証することになり得る証拠というのは、俗な言い方で恐縮ですが、実は当局に持っていくよい"お土産"になるという意味でも、それを確保しておく必要があるということになります。

　いずれの点から考えても、物がなくなるのは非常にトラブルのもとですの

【図表3】

想定される 同日の状況	・関係者／関係部署／関係製品等の確認 ・メール等の関連資料の現状維持の確保 　—Document hold notice ・社内外の対応チームの検討・組成 ・事実調査：サピーナ対応と社内調査の峻別 ・状況に応じて、"マーカー"の取得の検討、疑われる（違反）行為の停止 ・他の法域についての対応の検討 etc…

で、初動対応のポイントの一つ目として現状凍結を確保することが重要ということです。

2 代理人の選任（弁護士・依頼者間秘匿特権）

　それから、先ほど申し上げた初動対応のポイントの2点目が、代理人の選任ということになります。これはそういった社内の調査を速やかに進めつつ、当局との対話を始めるためにもおそらく必要になってくるだろうと思います。そして、この代理人弁護士との色々なコミュニケーションは、例えば米国であればいわゆる弁護士・依頼者間秘匿特権（attorney-client privilege）の対象としての保護を受けることになります。これによって、その弁護士に相談をし、それに対して助言を受けた内容については（当局を含めて）誰にも開示しなくてよいという権利の下で相談ができるわけですので、速やかにそういった関係を作って対応を始めていくというのが適切であろうと思います。

　ただ、ここで併せて指摘させて頂ければと思いますが、残念ながら日本には、この弁護士・依頼者間秘匿特権というものが認められていないという現状があります。そしてそれ故に、日本企業に対して書面で助言を行うことを断ったり、あるいは打合せの中で依頼者の方が弁護士からの助言内容について備忘のためのメモをとることを制限したほうがよいと感じるアメリカ人の

弁護士の方もおられます。これらはいずれも、依頼者である日本企業の利益を守ろうとする配慮からのものであって、依頼者に殊更に不便を強いることを意図するものではないことは勿論ですが、大変由々しい問題で、立法措置ができるだけ早く必要だと私は思っておりますので、後ほどもう少し詳しく触れさせて頂きます。とりあえず、まず初動対応についてのポイントといたしましては、以上のようなことが挙げられるように思います。

中西　ありがとうございました。向さん、代理人の選任でポイントは何かありますか。

向　代理人選任のポイントとしてはまず、この種の事案への対応に要する知識や経験を有していることが挙げられます。その意味では、例えば従前から現地で一般取引案件や労務関連について相談されている法律事務所があるという場合でも、この種の事案への対応について同じ事務所を採用して頂くべきか否かについては、得意とする法分野という観点から改めて検討して頂いたほうがよいという場合もあるのではと思われます。

　また、依頼される側のご事情への理解、それを理解するためのコミュニケーション能力等も重要です。この点は国内事件でも同様ですが、例えば依頼者の側で無罪主張を望んでいるのに有罪答弁を前提とするような方針ばかりを薦めたり、あるいは逆に依頼者の意に沿わないような強硬な否認路線を薦めたりといったことでは困りますので、当局との対話の前に、まずチーム内での対話が重要ということになります。

　ただ、コミュニケーション能力といいましても、言語として日本語での交信が可能か否かという点は、必ずしも重視する必要はないように思われます。依頼される側で直接英語等でのやりとりをされる場合は勿論そうですが、それは難しいという場合でも、この種の事案ではおそらく日本でも弁護士を採用する必要が生じるのが通常であるように思われますし、この種の国際事案について知識や経験を有する弁護士は少なくとも英語での現地専門家との交信・協議には支障はないはずです。言葉の問題だけでなく、法概念、さらには文化や価値観の違いといった点も念頭に置いておく必要があります

1　パネルディスカッション　　107

ので、そういった外部の人材を活用して意思疎通を図ることもお考え頂ければと思います。

3 現状凍結・リティゲーションホールドの手順

中西 ありがとうございました。代理人を選ぶ段階から神経を使わないと、あとで大変なことになりそうですね。また、日本でも現地でも両方で弁護士にお願いしなければならないとなると、相当な費用がかかりそうですね。

それでは次に、証拠の凍結、こちらのキーワードについてお話を進めたいと思います。向さんのお話ですと、紙ベースなら何となくわかるのですが、文書、ペーパーからITベースに変わると、証拠の凍結はどう変わるんでしょうか。吉峯さん、ご解説をお願いします。

吉峯 先ほど「ドキュメントをホールドする」という言葉が出てきましたが、米国民事訴訟のディスカバリの世界では、リティゲーションホールド（Litigation Hold）という概念が重要です。日本語に訳すと、訴訟ホールドです。そのリティゲーションホールドにしろ、独禁法対応の際の証拠を押さえるということにしても、要するに証拠となるべき情報を捨ててはならないということですから、やることはそれほど変わらないと考えて頂ければ結構です。

大きく分けると二つのポイントがあります。一つは人を押さえる、もう一つはデータを押さえる、この2点ですね。

4 人を押さえる——訴訟ホールド通知とフォロー

まず1点目についていいますと、この事件はどういう事件なのかを踏まえて、関係者をリストアップするということです。ここで漏れてしまうと、漏れた人は自分にそういうホールドしなければいけないという自覚がないまま、どんどん情報を捨ててしまうということが起きかねませんから、関係しそうな人は幅広に押さえるというのが原則です。

情報を持っている（かもしれない）人を特定したら、次は、通知を送ることになります。通常、訴訟ホールド通知（Litigation Hold Notice）と呼ばれます。**図表4**は、後で出てくる武田薬品事件の訴訟ホールド通知からの抜粋です。

【図表4】武田薬品事件の訴訟ホールド通知（別件訴訟）

> 武田薬品北アメリカと武田薬品アメリカを被告とする訴訟の申立てが提出されました。この訴訟における原告は、アクトスを含む処方により、身体傷害と死亡による損害を被ったと主張しています。
>
> 原告のディスカバリの要求に応えるため、必要となる場合に備え、我々は訴訟で要求され得るあらゆる文書を保全する必要があります。
>
> 後日別途通知するまで、あなたは、アクトスについて議論し、言及し又は関連する全てのあらゆる文書と電子データを保存してください。**つまり、上記の文書や電子データを、破棄し、削除し、捨てたり、廃棄するようなことはないようにしてください。**

　このような通知書を弁護士名で送ることになります。何をすればよいのか、何をしてはいけないのかが、理由と共に書いてあります。要するに「関係する全ての情報を捨てるな」ということですね。

　訴訟ホールド通知を受け取った人が、そのとおりに行動すればよいのですが、現実には、内容を十分よく理解していなかったり、あるいは、まずいと思って故意に情報を捨ててしまうということが起こりがちです。したがって、通知の内容がきちんと実行されているかどうかをフォローすることが大事です。フォローを怠って、訴訟ホールド通知が書いてあるとおりに実行されていなかったということになると、確保しなければいけない証拠を意図的に捨てたのだろうと認定されてしまい、厳しい制裁の対象となるという事例は結構あります。武田薬品の事例も、**図表4**の通知が実行されていなかったことが、証拠隠滅と認定され、大変な制裁を受けることになりました。

　通知した以上、きちんとそのとおりに実行する。実行できているかどうかを時間の推移に沿ってフォローしていく、これは非常に大事です。

　第1点の「人」については、「関係者のリストアップ→通知→フォロー」という流れになります。

5 データを確保するための技術的対応

　第2点として「データ」です。

1　パネルディスカッション　109

まず、どのようなデータが、どこに存在するのかを把握します。これを実務的には、データマップといったりします。

　企業が持っているデータは、色々なところにあります。

　会社の中にサーバーがあって、共有ファイルや業務システムのデータがありますし、担当者のPCにもデータがあります。また、会社の外にもデータはあります。最近は、Amazon等のクラウドサービスにもありますし、個人に支給しているモバイル機器もある。それから家の私物のパソコンに仕事のデータを持って帰って使う人がいるかもしれない。私物のモバイル機器はどうか。デジタルデータだけではなく、メモや紙、手帳や日記といった紙もあります。

　これらをひっくるめて、どこに情報があるか、ありそうなのかというのをまず把握する、リストアップしてみるということになります。

　次に、データが消えないように確保することになります。これはIT部門やシステム管理の部門の技術者、あるいは外部の業者との共同作業になります。

　例えばよく事例として問題となるのは、メールを定期的に自動消去するシステムがあって、自動消去機能を止めなければいけない。そのまま放置して自動で消去されると、それは証拠隠滅になってしまうからです。色々なデータのバックアップを定期的にとっていると思いますが、例えば1週間に1回バックアップをとって上書きしているのであれば、その上書きを止めなければいけない。システム部門の技術者とサーバールームに入って、サーバーをいじったりバックアップ用の磁気テープを確保したりといった作業が必要になってきます。

　一つ気を付けなければいけないのは、なるべく現場に近いところでコミュニケーションをとる必要があるということです。

　私が経験した国内の刑事事件を例として挙げましょう。客観的な証拠がほとんど存在しないため、"言った、言わない"になっている否認事案でした。無罪を証明するためには、あるシステムのログデータを使う必要があったのですが、私の前に一審を担当していた弁護士は「こういうデータはあります

110　　第2部

か」「いや、それはありません」ということで、そういうデータは存在しないとして第一審の手続は進んで、有罪判決が出てしまったのですね。

有罪判決の後、私どもの事務所に依頼があって控訴審の弁護を担当したのですが、私が実際にサーバールームへ行って、技術者にサーバーをいじりながら説明してもらったところ、「いや、そのデータはありますよ。こういう設定でこういう形で保管されています」と、全然話が違うんですね。一審の弁護士は、法務担当からシステム関係の部門を通して、外注の業者さんに事情を聞いていたようなのですが、伝言ゲームで情報が変わってしまったのですね。データがあると聞いて、一瞬喜んだのですが、結局、「でも、１年間の保存期間ですから、この前消えちゃいましたね」ということで、一審有罪判決の直後にデータは消えてしまっていたんです。そのログデータを復元できないかということで、デジタル・フォレンジックスという専門的な復元作業を行う業者に散々やってもらったのですが、結局復元できなかった。この事案は結局有罪を覆せませんでした。

このように証拠というのは消えると取り返しがつかないので、なるべく現場に近いところで、技術部門と密にコミュニケーションをとることが必要になってくると思います。弁護士にも、最低限の技術的な素養が要求されます。また、スピードが要求される場面もあります。

データについての証拠の凍結、リティゲーションホールドの注意点は、以上のようなところです。

6 サピーナが来たときの対応は？

中西 ありがとうございました。それでは福田さん、こういった今のお話を聞いて、実務で気を使っておられるところ、また実際疑問に思うところ等を教えてください。

福田 まずサピーナが来たら、人とデータを押さえるということとデータを動かさない、それから人をフォローする、そういうところが非常に大切なんだということを認識しました。

まず気になることですが、このサピーナというのはどこに届くかというと

1　パネルディスカッション　111

ころなんですね。例えば日本の企業の場合、当然外国に事務所があるかと思うのですが、米国の現地事務所に来る。現地事務所はやはり日本に比べると人員的にもかなり薄いものですし、そういう場合にどうしたらいいのかなというところです。特に現地と日本との連携であるとか、どういう具合に現地に指示を出すかとか、どういう情報を聞いてくるかとか、それがまず気になりました。

それから、初期段階にやはり色々判断をしなければならないのではないかというところですね。真っ向から反論するのか、あるいはリニエンシー（司法取引）のほうに持っていくのかとか。そういった部分でやはり外部の弁護士の方々、専門家の方々に色々お伺いする必要もあると思いますが、どうしても私どもの感覚ですと、やはり一定のものを準備してからご相談しないと、「何ですか、それは」で終わってしまうのではないかという不安が非常にあります。どういうタイミングでどのくらい資料をそろえる等の準備をしてご相談したらよいのか、そのあたりについてぜひご教示頂きたいと考えております。よろしくお願いいたします。

中西 では向さん、お願いします。

向 まず一つ目のサピーナがどのように届くかですが、例えば対象事業者にその米国法人があるような場合には、通常、その米国法人宛に届けられるということが考えられます。併せて、当局側で当該米国法人に在籍の関係従業員（営業の方等）が把握できているような場合には、その方の個人宅に届けられるということもあり得ます。また、そういったものが米国法人に届いたとして、如何にそれが適切に日本側（親会社側）に連携され、伝達されるようにするかということですが、何しろ現地当局から現地の方がそういうものを正式な書類として受け取るわけですから、少なくとも私が過去経験した限りでは、対応された現地の方ご自身にとって非常に大問題なので、放置されるというよりは、むしろどこかしかるべき社内、さらには親会社、日本法人に連絡が直ちに入るというのが普通だと思います。

しかも、これは現地で我がこととしてどうしようかということで対応が始

まりますので、それをどの程度日本側でコントロールすべきかといったバランスの問題があります。これはおそらく、各社でどういった態勢を現地にお持ちなのか、人材、態勢を含めて、状況が異なると思われますので、日本側の対応チームとの兼ね合い、どこに司令塔を置くのかといったことが問題に

【図表5】 サピーナ（Subpoena）

概要	・文書提出召喚令状（Subpoena duces tecum）、あるいは証人召喚令状（Subpoena ad testificandum）。 ・刑事捜査のため裁判所に設置される大陪審により発せられる命令状であり、名宛人に対し、所定の日時に所定の場所に出頭することを命ずる。 ・直接の名宛人は現地子会社であるが、日本法人（親会社）保有の文書も対象に含まれると規定されている。 ・対象製品や対象期間についての一応の特定はなされているが、その範囲は広範である。
実務対応	・直ちに行うべきこととしては、関係者（関係事業部門）に対して、対象文書等の破棄紛失等を厳禁とし、現状維持を徹底するということがある（Document hold notice）。その際、メールサーバーにおいて定期的な自動消去、バックアップ用媒体の再使用等が行われている場合、これを直ちに停止する等の対処も必要となる（ＩＴ部門との連携）。 ・上記を前提に、当局側との接触を開始することで、サピーナ記載の期日については期間延長交渉を行う。また、提出対象範囲や、上記の文書保存範囲についても、その後の調査の進展に応じて減縮が可能である。
実務上の 留意事項	・単に被疑事実（反トラスト法違反）の関係にとどまらず、司法妨害罪（Obstruction of Justice）という別個の犯罪を構成してしまうことのないようにするという意味でも、慎重・適切・迅速な対応が必要。 ・また、当該事案に関して依頼している外部の法律事務所との交信等については、秘匿特権（Attorney Client Privilege）の対象となり得ることを踏まえた対処も必要。

【図表6】

強制捜査	・強制捜査令状（Search and seizure warrant） ・捜索場所や、差し押さえるべき対象物件等に関する記載内容に基づいて執行される。 　・なお、実務上は併せてサピーナの送達が行われている。
逮捕・ 身柄拘束	・逮捕令状（Arrest warrant） ・保釈後も、米国からの出国はできなくなり、また米国内での移動の自由も制限される。 　・なお、上記の場合の身柄拘束と、いわゆる入国管理局による入国審査の際になされ得る身柄拘束とは異なる（後者は、サピーナの送達等が目的）。

なってくるということですが、各社各様という形での対応が必要になります。

　二つ目の、弁護士にご相談を頂く際にご用意頂くべき資料の点ですが、これは極めて簡単で、とにかく、例えばサピーナが届いたということでしたら、そのサピーナの写しだけ持ってご相談頂ければ、そこから先はご相談しながら対応を進めていくということになります。この種の事案につきましては、一刻も早く対応を始めるということが大事であろうと思います。

福田　ありがとうございます。

中西　それでは、「福田さんは、サピーナを持って相談に行かれて、一応弁護士さんのアドバイスをとりあえずもらいました」とします。すると、そこから先、現場としてはどういうところが気になりますか。

7　データを確保して主体的に方針を判断する

福田　先ほど吉峯さんからもお話がありましたが、それをもとにデータ、あるいは人を押さえる手続が非常に気になるところです。データもかなり膨大なものがございますし、どういった部分をどういう具合に用意しなければならないのか、出さなければならないのか。そのあたりは、どうしたらよろしいでしょうか。

中西　では、向さんお願いします。

向　　要約しますと、状況に応じて外部の専門業者のサービスも利用しつつ、調査対象となっている事業部門や社内のシステム部門との連携で作業を進めるということになりまして、実際のデータの収集作業の具体的な手順ということについてはこのセッションのもう少し先でまたお話をさせて頂くことになると思いますが、まず、何のためにそれをするかということでいえば、当該事案に対する事業者としての対応姿勢、基本姿勢を決めるためだということになると思います。つまり、当然のことながら、調査が始まった、つまり当局から疑いをかけられたからといって、対象事業者としても違反ありきで対応するわけではありません。果たして、罪を認める形で情状酌量を願い出ていくのか、それともむしろ違反はないということで争っていくのかということを、主体的に調査をして、どういう対応が一番望ましいのかを決めていかなければいけない。その場合、状況によっては、例えばその時点で受領しているサピーナに記載されている嫌疑の内容とは、一致する部分もあるが相違する部分もあるといった事実が判明してくることもあり得るわけで、そのような場合にどう対応するかといったことも含めて、当局の調査に対する姿勢を主体的に決めていく必要があるということになります。

　　　そして、罪を認めるのか認めないのか、いずれの場合であっても、その事業者としてのスタンスを当局に対話として返していくという、そういったやりとりの中で調査が進んでいくというのがアメリカの実務だと思います。またその結果として司法取引という形で決着に至るという例というのは、最近でもしばしば報道されているところかと思います。他方で、そういった当局との対話の中で無罪、無実、潔白を証明して、おとがめなしということになっているケースもあります。これは残念ながら報道等には多分出ていませんが、私が関与してきた事案でも実際にそういうケースがあります。いずれにせよ、そういった当局との対話という形で進んでいくわけです。

❽ 司法取引のための三つの検討ポイント

　　　ちなみに、仮に司法取引をすることになる場合には、少なくとも三つぐら

いのことを併せて考えておく必要があります。

　まず一つ目は、この司法取引による副作用的な側面に関わることですが、通常、少なくとも自社の従業員の１名（以上）の方が、その個人責任を問われる形で事案の決着から取り残されてしまうということがあります。これを

【図表7】　リニエンシーと司法取引

リニエンシー (Leniency)	―米国での第１位申請者を意味する用語例： 　・アムネスティ（Amnesty）、イミュニティ（Immunity）。 ―所定の条件を満たす形で違反行為の自主申告を行った者について、当該違反行為に関する刑事訴追を行わないこととする。 ―適用対象は、１事案について１社のみ。 ―事業者についてのプログラムの他、個人についてのプログラムも設けられている。
司法取引 (Plea agreement)	―裁判所の承認を得ることを前提に、捜査当局と被疑者の間での協議により、被疑者による有罪答弁（Guilty plea）と、所定の方法により確定されるより減軽された刑に服することをもって事案を処理するもの。 　・事実上、第１位の申告者以降の後順位者にも自主申告による刑の減軽を認めるという側面を持つ。 　・ただしその利用については、関係従業員の個人責任という、別個の問題を併せて考慮する必要がある。
罰金額の計算	―ガイドライン（Sentencing Guidelines） 　・事業者について 　―Volume of Commerce（Amount of U.S. commerce affected）に20%乗じたものを、"Base Fine" とする。 　―次に、企業規模や過去の同種違反の有無、あるいは調査への協力等による増減に基づいて Culpability Score が算定され、それに応じた所定の料率幅（Multiplier）を乗じて、Guidelines Range が算出される。 　―司法取引の場合、調査への協力に応じて上記の算出額からの減額が認められ得る。

カーブ・アウト（Carve-out）といいまして、極めて重要な問題ですので後ほどまた触れますが、そういった個人責任の問題が一つあります。

　二つ目は、事業者として法令違反を認めた形で終わることになりますので、その後、アメリカであれば民事上の3倍額の賠償請求にさらされる可能性も含めて対応を判断する必要があるということが挙げられます。

　それから三つ目は、今日は主にアメリカの話になっていますが、同じ違反の事実がヨーロッパ、中国、ブラジル、オーストラリアその他、独禁法・競争法を海外での行為に対しても活発に適用している国についても、そういった自主申告的なことが必要なのかどうかを検討しなければいけなくなるということがあろうかと思います。

　以上のような点を踏まえつつ、社内調査を通じて判明する事実と、それに基づいて行う当局との対話の内容に応じて、手続対応を進めていくということになります。社内体制に関するその他の検討事項といたしましては、その社内調査のあり方として、どういう態勢を組むのか、どう情報管理をするかということも挙げられると思います。事案の性質上、社内といっても情報管理が必要になり、特に必要な方に限っての情報共有ということになると思われます。そして、そういった社内体制を踏まえて、対応に関する意思決定のスピード感が求められるということになります。当局の調査への姿勢を決めるということにつきましても、可能であれば早いほうがよいというのは世の東西を問わないところになります。ただ、あくまで事業者としての対応ということになりますので、組織体としての意思決定のプロセスをどう組むかを考慮しておく必要があります。どういった人的態勢で積み上げていって意思決定のプロセスを組めば、その組織体としての意思決定に最も早くたどり着けるかということが課題になってくると思います。

９　膨大なデータをどのように確保するのか

中西　ありがとうございます。それでは、証拠といった点から、福田さん、何か疑問に思うこと等ありますでしょうか。

福田　証拠という面からしますと、やはり企業にあるデータ、あるいは情報とい

うのは膨大なものがございます。最近では、普通にeメールをやりとりし、意思疎通に使いますから、このメールだけでも大変膨大なものになります。また、電子データ、電子ファイル、ワード、エクセル、パワーポイントも大変膨大になるわけです。かつて紙の頃は、「ここからここまでのファイルをコピーしましょう」で済んだかもしれないのですが、今はそうした膨大なデータをどういう具合に抽出して、どういう具合に整理していったらよいのか、あるいは、こういった判断や作業は社内でできるものなのか、別のところを使わなければいけないか等も含めてどういう具合にしたらよろしいのかというところ、そのあたりのアドバイスを頂けたらと思います。

向　　紙であれデータであれ、おそらく実務的には第三者、外部の専門業者の協力を得て、ということになると思います。これがどの段階で必要となってくるかというと、例えば無罪を争っていく中でどのタイミングでそれが必要になるかは（そもそも当局からの要請にどう対応するのか、その範囲やタイミング自体が）まさにケースバイケースになります。他方で、調査に協力して当局からの資料の提出要請にも応じていくということになりますと、当局に資料を提出する際のフォーマットといった極めて実務的・事務的な事項等も重要になってきますので、そういった点に対応していくためにも、外部の専門業者に依頼する必要が出てくるということになると思われます。ただ、初動対応のような時点からそういった外部の専門業者への依頼を確定できているというような理想的な展開には必ずしもなりませんので、まずは、例えば法務部の方が必要なＰＣであれ、従業員の方のラップトップであれ物理的に所在を確保して頂いて、その上でそういった外部の専門業者の協力を得てデータを吸い出すといった対応も考えられると思います。

10 会社と役員・従業員の利益相反

中西　　向さん、私のほうから少々質問ですが、代表訴訟のように会社の弁護士がかかわれない、役員の方、従業員の方が自分で弁護士を雇わなければいけない等のシチュエーションというのは米国独禁法違反ではあるのでしょうか。

向　　はい。アメリカの反トラスト法の執行は、少なくともカルテル規制に関す

る限りは刑事手続ですので、日本でも例えば独禁法違反（価格カルテルや入札談合等）が刑事事件になったときに関係従業員個人の方についても併せて起訴されればその方に弁護士の選任が別途必要となり得るのと同じで、アメリカではそういった個人責任が問われかねないときには、その方に個人の弁護士の選任が必要となります。その理由は、まさにご質問のご趣旨かと思いますが、そこに会社と個人との間での利益相反があるからということになります。

　もしも事業者が違反を認める形で罰金を支払い、そういった当局との（司法）取引の中で従業員の方が全て救われるなら、利益相反ということも解消され得るわけです。ただ残念ながらというべきか、実際にはその（司法）取引という、当局側との和解的な解決の中で、全ての従業員の方が救われるわけではなく、特に当該事案への深い関与が疑われている方や、立場上重要な責任を負っておられる方については、別途個人としての責任を追及するために起訴されてしまう可能性が残されることがあり、これは実務の中では、カーブ・アウトと呼ばれております。この言葉につきまして、表現としてご存じない方がおられましたらご参考までに、時節柄（本シンポジウムが開催された10月）ではないですが、例えばカボチャを「くりぬく」という場合に、動詞として Carve という言葉が使われております。

　このカーブ・アウトの対象とされてしまうと、改めて起訴されるべきか否かが検討されることになります。実際にそのようなお立場に立たされてしまい、米国での刑期に服しておられる方のことを考えますと、そういった（ハロウィンといった行事での表現を例に挙げることは）不謹慎かとも思いますが、いずれにいたしましても、アメリカでは当局との対話の中でも実務上こういった表現が用いられております。そして、このように個人の方が個人責任を問われかねない形で取り残されてしまうといった場面で特に利益相反という問題が起こってくるということだと思います。

　ちなみに、会社の代理人である弁護士が、関係当事者である役員・従業員の方に事情聴取する場合は、お話の冒頭でまず、自分は会社の代理人であっ

1　パネルディスカッション　　119

【図表8】 司法取引

カーブ・アウト (Carve-out)	―カルテル事案に関する米国反トラスト法の執行においては、事業者が司法取引に入る場合、原則として、当該事業者の従業員にもその効力が及び、個別に刑事訴追の対象とされることはない。 ―しかし、例外的に、かかる保護から除外（carved out）され、個別に刑事訴追の対象となり得る状態に置かれる場合があり得る。 ・ただしあくまで可能性があるにとどまり、実際に起訴されるか否かは、その時点では不明。

留意事項
・米国において反トラスト法違反は刑事訴追の対象である。
・会社に対する罰金刑の他、関係従業員の個人処罰（罰金及び禁固刑）の問題がある。
・したがって、調査対応・社内調査のいずれについても、会社と当該従業員との利益相反の問題にも配慮が必要となる。

てその方の代理人ではないことや、したがってそれ以降に伺うお話についての弁護士・依頼者間秘匿特権も会社に帰属すること等をお伝えする必要があるということになります。米国では、これらの点についての注意の喚起を行うことは、著名な関連事件名にちなんで Upjohn Warning などと俗称されています。

中西　それでは、実際に日本の上場会社の社員はもとより、元社長さんや元会長さんが独禁法違反で収監されてしまう、こういった事態があるのですが、会社と個人の弁護士を別々にしたほうがよさそうですね。何か、実例でお話しできることはありませんか。

向　　私自身、会社の代理をさせて頂く場合と、個人の代理をさせて頂く場合とがあります。会社と個人との間に本来の意味での利益相反が生じてしまう場合には、代理人が別でなければならないことは当然です。他方で、一応利益相反という立場に置かれてしまってはいても、互いに相手の不利益を望んで

いるというわけではなく、立場の違いを踏まえつつ当該会社及びその関係者らが全体としてよりよい解決に至ることができるよう、一定の連携を持ちつつ対応を進めるべき場合も少なくないように思います。そしてその場合、会社と個人とが直接やりとりするのではなく、あえて双方の代理人を介してそれを行うということが、そういった連携を機能させるための有用な手段となります。

ただ、（以下は本シンポジウムが開催された後の事情となりますが）近時、ある司法取引について裁判所からの承認を得るための手続において、米国司法当局と調査対象事業者との間で妥結された司法取引条件に対して、当該裁判所から極めて批判的な見解が示されたというケースがあったのですが、それは、例えば妥結されていた司法取引条件では probation（保護観察）は特に必要ないとされていたのに対して、なぜ不要なのか説得的な理由が示されていないというものでした。今後、特に probation を通じて会社が一定期間監視下に置かれることになるような場合には、これまで以上に、事実上会社として関係従業員等に対する厳正な社内処分等を求められることや、その結果会社と個人の利益相反関係をより先鋭化させることもあり得るので、注意が必要であるように思われます。

🟦 アムネスティ・プラスとアムネスティ・マイナス

中西　ところで、アムネスティ・プラスやアムネスティ・マイナスという言葉を聞くのですが、これはどういった意味でしょうか。

向　まずアムネスティ・プラスというのは、ある事案でのリニエンシーとしての第１位となり得ない状況において、当該（第一の）違反事実に関する司法取引に際し、別の（第二の）違反事実について第１位の申告を行うことができた場合に、上記第一の違反事実の処分においても、その軽減要因として考慮するというものです。

これに対してアムネスティ・マイナスとは、アムネスティ・プラスを利用しなかった者に対して生じるリスクという側面があるということなのですが、別の（発覚していない第二の）違反事実について知りながら申告を怠っ

1　パネルディスカッション　　121

【図表9】 アムネスティ・プラスとペナルティ・プラス

アムネスティ・プラス	特に、リニエンシー（第一順位）となり得ない状況において、当該（第一の）違反事実に関する司法取引に際し、別の（第二の）違反事実について第1位の申告を行うことができた場合に、上記第一の違反事実の処分においても、その軽減要因として考慮するというもの。
ペナルティ・プラス	・別の（発覚していない第二の）違反事実について知りながら申告を怠っていた場合、当該第二の事実についての処分において、その申告がなかったという点を、処分の加重要因として考慮する（Guidelines range の上限を超える場合もある）。 ・アムネスティ・プラスを利用しなかった者に対して生じるリスクという側面がある（"アムネスティ・マイナス"）。

ていた場合、当該第二の事実についての処分において、その申告がなかったという点を、処分の加重要因として考慮する（Guidelines range の上限を超える場合もある）というもので、ペナルティ・プラスとも呼ばれています。

中西 プラスとかマイナスとか、わかりにくい用語ですが、こういった用語については、海外進出をしている会社としては、理解しなければいけませんね。

3. 日本独禁法の当局対応

■1 独禁法の日米の違い──資料の地引網的収集

中西 それでは、日本における独禁法対応というところに進めたいと思いますが、向さん、アメリカと比べて日本はどう違うのか、端的にご説明頂けますか。

向 公正取引委員会の行政調査を前提にしますと、先ほど申し上げましたように比較の問題として当局側が主体的に事案の全容を解明しようとする傾向が強いということがあります。当局による立入検査では、関係書類はほぼ一切

122　第2部

合切というイメージで持っていかれてしまうので、紙ベースのものであれば
まさに原紙・原本が当局によって押さえられるということになります。これ
に対して紙ベースでないもの、例えばサーバーに載っているメール等につい
ては、さすがにサーバーを持っていくということではなくて、そこにある
データが吸い出されていくことになります。

　ちなみに、先ほど日本では弁護士・依頼者間秘匿特権が認められていない
というお話をしましたが、例えば日本企業がある案件についてアメリカの弁
護士に相談をされて、その弁護士からある種の法律意見書を頂いていたとい
うときに、日本であれば、上記の当局による立入検査の際にそういう意見書
も持っていかれてしまうということになります。つまりこれが、秘匿特権が
ないという意味になりまして、日本ではそういった形で調査されます。

福田　あらゆる情報を持っていかれるということになりますと、例えば現在進行
中の案件等がある場合に、そういったものに関連する情報も全て持っていか
れてしまうということになりますか。

向　　はい、そうですね。ですから実務対応としては、「業務に必要なものにつ
いてはコピーをさせてもらってからお出しします」ということで折衝すると
いうことが、現場での対応になると思います。なお法令上は、そういった現
場対応とは別に、立入検査が終了した後、公正取引委員会に対して改めて提
出物件の閲覧謄写を申請することができるとされています。

福田　ありがとうございます。あと、こういった資料というのは返して頂けます
か。あと、返して頂ける場合、どのくらいのタイミングで返して頂けるかと
いう部分、それをご教示頂ければと思います。

向　　日本での手続が終わった時点で、ということになりますので、命令が出
て、何の不服申立もなく、それで終わればそのときですし、今はもう審判が
なくなりましたが、行政事件訴訟法に基づく抗告訴訟といった形で不服申立
があれば、そういったものが全部片付いた後になります。

福田　ということは、そのものによると思いますが、数年とか2〜3年とかかかる
ということですね。

1　パネルディスカッション　　123

2 リニエンシー対応の留意点

福田　あともう一つご質問させて頂いてもよろしいでしょうか。だいぶ前になりますが、日本でもリニエンシーの制度ができましたが、例えば米国と日本でこの申請をするにあたっての注意点といいますか、違いを教えて頂けたらと思います。あるいはその時間軸とか、また留意点等がございましたら、ご教示頂けたらありがたいです。

向　　本日のお話は、当局の調査が開始された際の初動対応といったところから、逆に当局による調査が開始される前に第1位で自主申告するといった場面とは状況が異なっているのですが、実は、日本ではいずれもリニエンシー制度の中で処理されているのに対して、特にアメリカでは、既に当局の調査が開始された後で違反を自認して刑の減軽を求めるという対応は、専ら司法取引という形で行われています。

　　　そして日本では、既にご存じのとおりかと思いますが、リニエンシーについては公正取引委員会にあるＦＡＸ機がリニエンシー申請のＦＡＸをいつ受け取るかで勝負が決まることになりますので、まさに1分1秒を争うわけですね。1分でも遅ければ、それで後順位ということになります。

　　　他方で、アメリカでの司法取引の場面では先程から対話、対話と申し上げていますが、代理人を選任して、その代理人と当局間でやりとりをし始めてもらい、「今こういう調査をしているから、もう少し時間が欲しい」とか、「ここは疑われているけれども、実はその嫌疑には根拠はないのではないか」とか、そういう対話の中で手続が進められていきます。そして、複数の事業者が調査対象であるような場合にその中で、状況に応じて、例えば第1グループ的な、より早く決着しそうなグループというようなものが形成されていくということもあり、単純により早い時期に当局との接触を開始したから先順位として扱われるというわけでもないという意味では、相対的にスピード感は日本のほうが若干急ぐのかもしれません。

　　　また、アメリカではその分、逆に調べられる側の主体性が求められていて、仮にその時点では嫌疑とはされていないものであっても、新たに社内調

査をして違反が発覚した場合にはそれも自主的に報告することが求められます。ペナルティ・プラスという言葉について先ほど触れましたように、そうしなければさらにそれ故のペナルティが発生するということもあり得ますので、調査の徹底さの度合いという意味ではアメリカのほうが大きいということがあろうかと思います。

③ 提出物件把握の必要と審査ガイドライン

若干ご参考までに日本に関して補足をさせて頂きますと、立入検査の場面で審査官から交付される提出命令書・留置調書という書類があり、その書類には立入検査での提出物件の目録が付けられているのですが、この目録というのは極めて概括的で、後で見ても何を持っていかれたのかが認識できるような記載にはなっておりません。しかしながら、その後の社内調査にあたっては、当局への提出物件が何であったのかの確認作業が極めて重要となることがあります。そのため、立入検査が実施されている際に、その場で、自前でもう少し詳しい、後で何が持っていかれたのかわかるようなリストというか目録のようなものは作っておかれるのが実務的に有用かと思います。

なお、そういった実務については、いま公正取引委員会のほうで審査に関するガイドラインが鋭意策定されています（本シンポジウム後の平成27年12月25日に成案として公表）。ただし、それは決して全てが金科玉条のように対象事業者としてもそのとおりと受け入れるべきいうことではなくて、ケースバイケースで、そこにどのように記載されているとしても、あくまで単なる指針に過ぎないということで、個別具体的に別途の考慮や配慮があるべきではないかといった議論はして頂くべきかと思います（このガイドラインにつきましては、別稿にて概説いたします）。

中西 ありがとうございます。どうやら向さんのお話を聞きますと、日本ですと割と当局が来たら、「はい、ホールドアップでおしまい」というイメージですが、アメリカですと「自分の身は自分で守らなければいけない」「自分で動かないといいようにやられてしまう」と、こんなニュアンスに聞こえるんですが、そういうものなのでしょうか。

向　そうですね。まずアメリカに関する限り、当局の側からもそういう主体性が求められているということであると思います。ですから、それもなく、求められるままに応じるということは、逆に当局側にとっても本意ではないということだと思います。他方で日本では比較の問題としてその度合いが低いということであると思います。ただ、日本の当局が求めているか否かとは別に、調査対象事業者の側として、状況に応じて（求められずとも）主体的能動的に公正取引委員会に対して意見を表明し、対話を求めていくという姿勢はあるべきですし、実際そういった対話を通じて、適切な事案処理に至っているケースもあるということは、踏まえておくべき点であると思います。

４ 公取調査でのデータの取扱い

中西　国の違いが非常に大きく出る手続かなと思います。吉峯さん、ＩＴの視点から、日本とアメリカのこういった公取調査の違いということをご説明頂けますか。

吉峯　アメリカの場合は、サピーナが来るというのが多いです。これは、現状を凍結したうえで、自分で資料を収集して、提出することになります。その意味では自主的な対応ということになりますね。

　　　アメリカでも強制捜査がばーんと来るケースはありますが、日本は大体のケースにおいてばーんと来ることになりますね。この場合は、自主的に対応するというより、当局が勝手に、物理的・強制的に持っていくというのが基本になります。強制捜査が来たときに、データをどうやって持っていくのか。勿論データをどう持っていくのかは非常に大事なのですが、実は法律とか規則、先程出てきた指針に例えばデータを提出するように命令するとか、そういう規定があるわけではないのです。提出命令、それから留置という、基本的には物を想定した、用語としては「物件」といって、これがデータも含むのかどうなのかよくわかりません。ただ、実務上は、「データも当然持っていきますよ」と、「物件」にデータを含むような形で運用されています。

　　　具体的には、最近はデジタル・フォレンジックスといって、データを保全

して、解析する専門業者がありまして、独禁法の世界でも、公取がデジタル・フォレンジックスの専門家を雇ったりしている時代です。例えばデスクトップＰＣだと、デジタル・フォレンジックスの専用機器を使ってハードディスクをコピーしてデータを持っていく。コピーを拒否したら、多分デスクトップＰＣを物として持っていくということもあるのかもしれませんが、基本的にはデータを持っていきます。ただ、ノートＰＣの場合だと、ノートをそのまま持っていくこともあるでしょうし、あるいはＵＳＢメモリを物として持っていくこともあります。

　つまり、コンピュータや記憶媒体（メディア）という有体物を持っていく場合と、データを持っていくという二つのパターンがあるということです。

　さらに、業務システムでは、会社に設置しているサーバーや、あるいは今はクラウドということで、会社にサーバーがなくて海外のどこかのデータセンターでシステムが動いていて、データが保存されています。そういう場合には、単純にコンピュータを持っていくというわけにはいきません。システムからどうやってデータを吸い出すのかという技術的な問題が出てきて、それは公取の方もわからないことが多いでしょう。また、パスワードがないとアクセスできないということも当然あります。いずれにしても、公取が「データを出せ」というときには、当然会社側の技術者等に協力を求めることになります。

5 公取調査における「対話」

　先程から日本の手続は対話というよりも問答無用で持っていかれるという面が強いという話ではありますが、この場面では、対話というのが若干あるのかなと考えています。システム部門の技術者が来て対応してもらうというときに、２点くらい留意点があります。

　一つは、何をコピーしていったのかというのをきちんと記録することです。これはコンピュータの話なので、気を付けていればできるはずです。ただ、何も注意しないでやっていると、「いや、何か色々コピーしていきましたよ。言ってくれれば記録したんですけどねぇ」ということで終わってしま

1　パネルディスカッション　　**127**

うかもしれません。

　もう一つは、関係のないデータを出す必要はない。それは守秘義務とか色々なところもあると思いますし、じゃあどこのどういう形でデータを持っていくのか、どういうコマンドをたたいてどういうデータを抽出するのかというところを、ＩＴの方と法務の方と連携して公取の人と話し合いながらデータを持っていってもらうということはあるのではないかと思います。

　なお、頑強に対話を拒んで、一切協力しないということになると、サーバーごと持っていくという強硬手段に出られるかもしれません。そうすると、明日から商売ができなくなって大変だ、ということになってしまうかもしれませんね。現実的には協力してやっていくしかないわけで、そこに対話なり交渉なりの契機があるだろうと。

4.　アメリカ民事訴訟法とｅディスカバリ

■１　クラスアクションと日本法の集団訴訟の違い

中西　ありがとうございました。

　こうした立ち入り調査のあとには、色々な手続があります。例えば、独禁当局との手続が当然ありますが、そればかりではありません。

　まずは、民事における会社から役員に対する損害賠償請求や、被害者である個人や株主からの訴訟があると思います。アメリカでは、上場会社の場合は証券訴訟があり、その中ではクラスアクションが考えられます。日本でも証券訴訟が考えられ、これは、日本ではクラスアクションの制度はないのですが、集団訴訟になるケースもあります。その他には、株主代表訴訟ということも考えられます。

　吉峯さん、日本の集団訴訟と、アメリカのクラスアクションでは、どう違うのでしょうか。前提知識として教えてください。

吉峯　日本の集団訴訟というのは二つありまして、一つは弁護士が弁護団のホームページ等を作って、原告を募集するという形で、もう一つは平成28年10月

128　　第２部

から施行される消費者裁判手続特例法の集団訴訟です。

　アメリカのクラスアクションでは、一定の範囲の「クラス」が裁判所から承認されると、そのクラスのメンバーは自動的に原告になります。これに対して、日本の集団訴訟は上記いずれの形式でも、最終的には具体的な委任が必要となります。募集する場合は、委任状を出してもらうということになりますし、消費者裁判手続特例法では、まず、適格消費者団体が勝手に第一段階の訴訟をやって、ここで抽象的に権利があるという結論になると第二段階に進み、第二段階に消費者が参加するという制度になっています。結局、消費者が何か書面を出さないと、手続が進まないので、米国のクラスアクションと比べると人数は集まりにくい構造になっているのですね。

　また、消費者裁判手続特例法は、対象となる権利をかなり絞っていて、例えば、逸失利益や慰謝料は請求できません。クラスアクションは、こういう制限はないですし、懲罰的損害賠償等も対象になるので、ずっとリスクが大きいということになります。

2 アメリカ民事訴訟の概要

中西　ありがとうございました。吉峯さん、アメリカの訴訟では、電子データのeディスカバリというものが関わってくると思うんですね。ですので、アメリカの今どきの訴訟の進め方、特にITがどのように絡んでくる等について解説をお願いします。

吉峯　独禁法の当局対応の後は、クラスアクションが起こることは当然予想されるということで、クラスアクションに限らず、アメリカの民事訴訟、それからeディスカバリがどういうふうに進んでいくか、ちょっと長めに説明させて頂きます。

　アメリカの民事訴訟は日本とかなり違う面が、2点くらいに整理できます。一つは、最大のリスクが大きいことです。懲罰的賠償という制度があって、しかも陪審員が判断します。日本の裁判員裁判は刑事だけですが、アメリカは刑事・民事、両方陪審制度があるわけです。それからクラスアクションに多数の人が何千件と訴訟を起こすと、負けたら大変なことになります。

1　パネルディスカッション　　**129**

また、原告側専門弁護士（Plaintiff Lawyer）という弁護士がたくさんいて、何かクラスアクションのネタになるような問題があれば、どんどん訴訟を起こします。彼らは着手金は取らないのですが、何百億の和解金が取れれば、成功報酬を何十億と取れますから（エンロンの訴訟は和解金が数千億円、弁護士費用は数百億円というレベルといわれています）、そういうビジネスとして回っているんですね。

　それから二点目は、手続の負担がやはり日本と比べると重いですね。それはなぜかというと、最大の原因は証拠開示制度、ディスカバリです。日本の証拠開示というと民事だと文書提出命令というのがありますが、アメリカと比べると非常にマイルドです。アメリカはかなり重くて広い開示義務が課されていて、対応が大変です。ディスカバリの特徴を、大まかに三つぐらい挙げておくと、1点目が開示義務が広い。2点目がリティゲーションホールド（訴訟ホールド）という制度がある。3点目が厳しい制裁がある。これぐらいのポイントを押さえて頂ければ、概要がわかるかと思います。

　リスクもコストも莫大だということで、アメリカの訴訟は正式審理（Trial）に至らず、和解で終わることが多いのが特徴です。だいたいトライアルまで

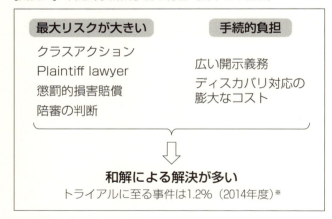

【図表10】米国民事訴訟手続の特色（日本との比較）

※ http://www.uscourts.gov/statistics/table/c-4/federal-judicial-caseload-statistics/2014/03/31

行くのは1.4％くらいです。

3 広い開示義務

吉峯　次にディスカバリについて具体的に説明します。

　　ディスカバリ、データだとeディスカバリといいますが、訴訟が始まると
さっそく提示要求というのが相手側当事者から来ます。これは、いわばサ
ピーナみたいなものです。「こういう証拠があるはずだから、出しなさい」
と、だあっとリストで来るわけです。20項目とかそういうリストが来ます。

　　それについてどういう範囲で応じなければいけないかというのが、開示義
務の範囲の問題です。

　　原則は、関連するものは全て出すということです。

　　ただ、例外があります。その例外の一つが先程から話が出ている弁護士依
頼者間秘匿特権（attorney-client privilege）です。これに似たもので、訴訟準
備の作業中にできた資料はワーク・プロダクトといって、開示義務の対象外
となります。

　　また、膨大なデータを全て開示しろというのは、費用がかかるものもあり

【図表11】 開示義務の範囲

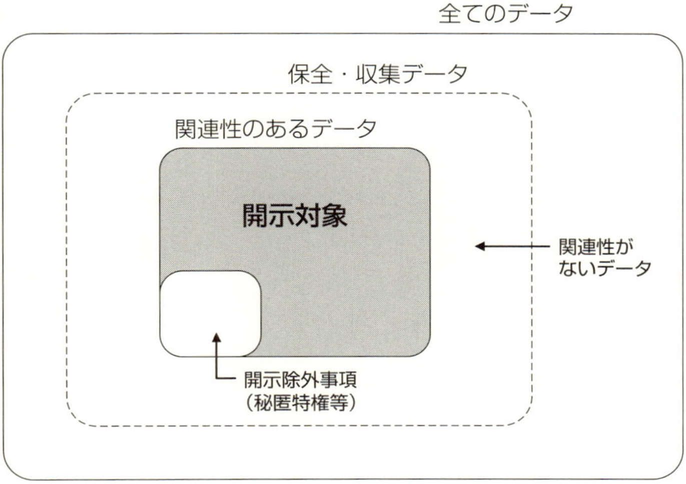

1　パネルディスカッション　　**131**

【図表12】 開示除外事由

① 秘匿特権（privilege）
　　<u>弁護士・依頼者間秘匿特権</u>が特に重要
② ワークプロダクト
③ 保護命令（protective order）
④ 裁判所による制限
※従来、比例原則による制限が、開示除外事由（④）の一つとして位置付けられていた。2015年12月施行予定の連邦民事訴訟規則改正では、比例原則は開示対象の範囲を画する概念と位置付けられており、重要性が高まる可能性がある。

ますので、酷なわけです。そこで、比例原則の範囲内で開示すればよいということになっており、その範囲外のものは、裁判所が制限するという例外もあります。

　そういう意味で、「関連性があるものは例外に当たらない限り、全て出す」ということで開示義務が非常に広くなっています。

　ちなみに、今年（平成27年）の12月から、アメリカのディスカバリのもとになっている連邦民事訴訟規則（ＦＲＣＰ）の改正が施行されることになっていて、ちょっと開示義務を絞るような改正が入っています。従来は、「関連性があるものは原則開示しなさい、ただし例外もあるよ」というような形でしたが、改正規則では、「関連性があり、かつ、比例原則の範囲内のものは出しなさい」、というルールに変更されています。つまり、比例原則という絞りが、例外事由ではなく、正面からかかってくることになったのです。アメリカでは非常に大事な改正であり、かなり実務が変わるのではないかといわれています。どの程度か変わるのかは、これからの運用を見ないとわかりませんが。

　もっとも、日本の我々から見ると、アメリカの非常に広い重い開示義務が多少絞られても、どっちにしても、日本の開示義務と比べると非常に重いということは変わらないと思うのですね。どちらにしても、「やはりアメリ

カって非常に重い義務があるんだな」というくらいの感覚かなと思っております。

4 リティゲーションホールド（保全義務）

次に、先程から出てきているリティゲーションホールド（保全義務）です。これは、開示義務とセットで、開示義務を裏打ちする制度として理解するとよいと思います。

いくら開示義務があるといっても、「いや、もう捨てちゃったんで、ありません」と言われると実効性が担保できないということで、ある時期、具体的には「訴訟が合理的に予想されて以降は、もう捨てちゃ駄目だよ」、「そこで押さえなさい」という義務がある。これが保全義務といわれて、リティゲーションホールドといったりするわけですね。

まず開示義務がある。裏打ちとして保全義務（リティゲーションホールド）がある。保全義務、開示義務をきちんと履行しないと非常に厳しい制裁があるというのが、アメリカのディスカバリの全体像です。

【図表13】 訴訟ホールド（Litigation Hold）とは？

開示義務を実効性あらしめるためには、「捨ててしまったので開示できない」という言い訳を封じる必要があり（＝保全義務）、また、保全義務に違反した場合の制裁を用意する必要がある

当事者が訴訟を合理的に予測した場合、その当事者は、通常の文書の保持／破棄のポリシーを一時停止して、関連性のある文書が保全されることを保障するために『訴訟ホールド』を実施しなければならない
Zubulake IV 事件
Zubulake v. UBS Warburg, 220 F.R.D. 212 (S.D.N.Y. 2003)

【図表14】 ディスカバリ手続の法律的な整理

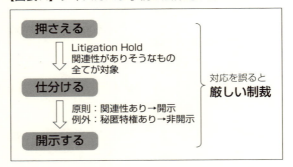

5 手続の進行の全体像と「対話」

　具体的な手続の進み方としては、3段階で進んでいくと考えてください。まずは「押さえる」、先ほど出てきたリティゲーションホールドです。それから「仕分ける」、そして「開示する」と。

　仕分けるとは何かというと、先程から申し上げているとおり関連するものは何か、そして秘匿特権等、開示の例外となる事由にあたるものはどれかということです。この関連性、それから例外事由と、おおむね二つの視点から全部の押さえたデータについて精査していかなければいけない。これが非常に大変な労力になる。でも、それは法律上、もう「やれ」ということになっているので、やらざるを得ない。やらないと、制裁が待っているわけです。また、やらないのだったら全部出すということになるのかもしれませんが、そういうわけにもいかないので、全部仕分けて出さなければいけない。

　特に、最近の企業だと、ものすごい膨大なデジタルデータを持っているわけです。膨大なデジタルデータを集めて、仕分けて、開示するというのは並大抵な労力ではありません。特に仕分けるところのプロセスですが、典型的には弁護士を多数投入して、人海戦術で関連性があるか、例外事由があるかということを、一つ一つ精査していく。これをドキュメント・レビューというのですが、すぐに数億という単位の費用がかかり、アメリカ民事訴訟で一番コストがかかるところです。また、レビューを効率的に行うためのソフト

ウェアがたくさんあって、そういうサービスを提供する業者がアメリカには沢山あります。リーガル・テックとか、eディスカバリ・ベンダー等といって、大げさにいえば一つの産業になっているのですね。

　なお、対話が大事だというのが先程から一つのポイントになっていますが、ディスカバリでも実は対話というのは非常に大事で、これは当局ではなくて相手方当事者との対話ですね。「協議をしてスケジュールとか手続のやり方を決めなさい」と、「協議が整わなかったら裁判所が出てきて裁定しますからね」と、こういう手続の構造になっています。お互いに合理的な線で、「じゃあ、ここまでやりましょう」、と対話していくというのは非常に大事です。

　eディスカバリでは、データの形式をどうするか、検索をどう使うか、どこまでデータ復元技術を使うか等、色々な技術的な問題が出てきますから、まずは当事者に協議させて、決着がつかないところは裁判所が出てくるという構造は、非常に合理的だと思います。

　全体像としては、大体こんなところです。

6 独禁法調査と民事訴訟の相違点

福田　一つ質問させて頂いてもよろしいでしょうか。先程の独禁法の調査が入ったときの対応と似ているところがあると思うのですが、実際にeディスカバリの場合、クラスアクション等で民事訴訟が提起された場合の情報の仕分け方とか押さえ方、開示の仕方と、どう違いがあるのかというところが一つ。あと、これは膨大な費用がかかりますが、やはりこれは「受けた側持ち」ということになってしまうのでしょうか。

吉峯　まず独禁法の対応の場合との違いということですが、まず押さえるという側面においては、「基本的に関連性がありそうなものは全て押さえる」、「そのためにデータと人を押さえる」、これは共通です。

　ただ、大きな違いとして把握しておかなければいけないのは、独禁法の場合には「サピーナが来た、さあ押さえなきゃいけない」となるので、そういう意味では、いつ押さえなければいけないというのが明確です。民事訴訟で

1　パネルディスカッション　　135

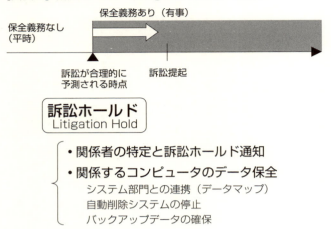

　は、サピーナが来ていない、また、訴訟も提起されていない状況でも、訴訟が合理的に予想されたら、もう押さえなければいけないというルールになっています。
　「保全義務がいつ発生するのか」、「私はいつアクションを起こさなければいけないのか」というのがちょっとわかりづらい。訴訟を提起してからリティゲーションホールドをかけたけど、それ以前に消えてしまっていたので制裁を受けることになった…なんていう例が結構あります。
　ここもＦＲＣＰの改正でちょっと明確になったところですが、訴訟が予期された段階で保全のために合理的な対応をしなければならない。では、予期されたときとは、どういうときなのか。例えばサピーナが来れば、後でクラスアクションが起こるかもしれないということになりますね。サピーナが来ているので保全するんですけど、民事訴訟との関係でも保全義務が発生しているということになると思います。あるいは相手方の警告書が来たら、もうこれは訴訟が起こるかもしれない。そのあたりを弁護士に相談しなければいけないということです。

7 ディスカバリの費用

　もう一つのご質問ですが、費用はこちら持ち、開示する側が持たなければいけないということで、コストをいかに圧縮するかというのが、このディスカバリの、あるいは独禁法対応でもそうだと思いますが、一つの大きなテーマになるわけです。

　やはり専門業者と共同してやらなければならない。それにあたっては、仕分けの段階で review platform というソフトに全部データを入れて、多数の弁護士の人海戦術で、分担して精査していきます。ここで大変な人件費がかかるので、節約のために様々な手法が考えられています。例えば、ＴＡＲ（テクノロジー・アシステッド・レビュー）とかプレディクティブ・コーディング等といって（呼び方は業者によって様々ですが）、統計的な手法でだいたいこれは関連性がありそうだというのをアタリを付けて、実際に人力でレビューする範囲を絞り込むという手法があります。これで、かなり費用の節約になり得るわけですね。

　日本の会社も、こういう専門業者、ｅディスカバリ・ベンダーを選ばなければならない。アメリカの弁護士事務所に依頼して、そこの紹介でベンダーを選ぶということも多いと思うのですが、気を付けなければいけないポイントもあります。例えば、最初から全部英語に翻訳して進めるというのは大変です。では、仕分けを日本である程度やって、仕分けられたものは翻訳するかとか、どの時点でアメリカへデータを持っていくかとか、色々な難しい問題があります。そういう技術力とか、日本でアメリカ訴訟に対応するというところも踏まえて、ベンダーの比較なんかもある程度技術に明るい、専門知識は要らないかもしれませんが、どういうことをやって、この業者の強みはどういうところだというところまで把握し相談に対応できるということが、弁護士に求められてきます。

8 厳格な制裁

中西　吉峯さん、先程制裁とお聞きしましたが、やはりリスクを考える上では制裁を見越してやらなければいけないと思うのですが、代表的な例を簡単に教

1　パネルディスカッション　　137

えて頂けますか。

吉峯　「おまえ、証拠隠滅をやっただろう」と、あるいは「これは開示できていない、うそをついていたよね」というのが明らかになると裁判所が制裁を科すということになりますが、かなり柔軟な権限があります。色々な例がありますが、「あなたのせいで無駄な作業が必要になったから、相手方の費用を負担しなさい」といわれることはあります。また、専門家の証人をお互い出し合って戦うという類型がありますが、「あなたは証拠の開示でズルをしたから、専門家証人は出しては駄目だよ」とか、あるいは「弁論という最後にアピールする時間をあなたには３分の１しかあげないよ」とか色々なものがあります。

　実務上、特に厳しい制裁として重要なのが、「不利益な推定の説示」（adverse inference instruction）というのがあります。説示というのは、アメリカは陪審の国なので、裁判官が陪審に、「本件ではこういう事実があるかないかを決めてください」、「次はこういう事実を判断してください」と判断の仕方をかなり詳しく教えるという手続があり、これを説示（instruction）

【図表16】武田薬品：陪審への説示（instruction）
裁判所は証拠隠滅を認め、制裁として陪審に「不利な推定の説示」（adverse inference instruction）を行った

> ……私（裁判所）は、本件で証拠隠滅が起きてしまったとの結論に至ったことを、説示する。
> ……（証拠が利用できないので）我々は、これらの文書がもし破壊されていなかったとして、本件において原告に有利なものであったかどうかを、確実に知ることはできない。しかし、裁判所は、武田がこれら文書及びファイルを破壊したと認定した。それゆえ、私（裁判所）は、陪審がこれらの文書及びファイルが原告に有利であったか、武田に不利であったかもしれないと推定（infer）してもよい——もしあなたが聞いた証拠がそのような推定を支持すると感じるのであれば——と説示する。

といいます。説示の後、陪審員が別室にこもって判断を練り上げて、評決（verdict）に至る、こういう仕組みになっているんですね。その説示の際に、罪証隠滅を指摘して、「だから不利に判断してよいよ」、と伝えるのが不利の推定の説示です。具体例として、**図表16**は、武田薬品のケース[2]でなされた説示の抜粋です。

　要するに「被告はズルをしました。ズルによって証拠（メール）がなくなってしまいました。その証拠に何が書いてあったかわかりません。ただ、陪審員さん、あなた達はその証拠が不利な証拠だったと推定してよいですよ」と説示するわけです。だから、この人はズルをした、訴訟のルールを破ったということが鮮烈に印象付けられてしまいます。

　ここで、陪審は、メールに何が書いてあったかわからないので、どういう不利益な証拠だったと考えてもよいのです。限定がないので、非常に不利な

【図表17】武田薬品：陪審評決と損害額

PUNITIVE DAMAGES

被告両名について、懲罰的損害賠償の金額は（もしあるとしたら）いくらですか？

I.　What amount, if any, do yo award in Punitive Damages as to each of the Defendants?

Takeda　　　　　　　　　$ ___6,000,000,000___

Eli Lilly and Company　　$ ___3,000,000,000___

		武田薬品	Eli Lilly
実損害		110万ドル	37万ドル
懲罰的損害	陪審評決	60億ドル（5400倍）	30億ドル（8100倍）
	裁判所減額	2700万ドル（25倍）	920万ドル（25倍）

---

[2]　井原宏「医薬品製造物責任訴訟におけるディスカバリ手続違反および懲罰的損害賠償をめぐる争い」NBL1043号96頁（2015）参照

判断につながりやすい。しかもそれが陪審員制度なので、まさに今、資料で引いている製薬会社の例だと、ある夫婦の健康被害で実損害は１億円くらいだったのですが、6000億円（60億ドル）という、実損害の何千倍もの懲罰的損害賠償の陪審評決が出てしまいました。

　評決というのは、この図にあるように、質問票のような紙に、「いくらだと思いますか」という欄があって、そこに60億ドルと書き込めば、それが陪審の判断になってしまうのです。ちょっと極端な例ですが、証拠隠滅と不利益な推定の説示、さらに懲罰的損害賠償の組合せが、いかに怖いかがよくわかると思います。

　今回のＦＲＣＰの改正で、不利益な推定の説示は、わざと証拠を隠滅したときに適応されることが明確化されています。しかし、わざとやっているつもりはなくても、「おまえ、これはわざとだろう」と判断されてしまうと厳しい制裁が待っているわけです。武田薬品のケースは、10年前の別件訴訟（これは膵臓ガンの訴訟でした）の訴訟ホールドが形式的には生きていて、その間に退職した役員等のメールを消去していたら、「それは証拠隠滅だ、しかもわざとやっただろう」と判断されてしまったのですね。訴訟ホールドが日本法人まで及ぶのか、という問題もあったようです。どうも、わざと証拠

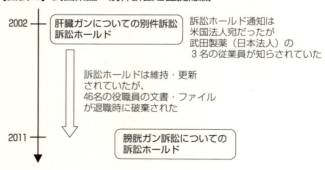

【図表18】武田薬品：別件訴訟と証拠隠滅

隠滅したという雰囲気ではないのですが、それでも裁判所にわざとだと判断されれば、大変なことになってしまう。やはり襟を正してやる必要があります。

中西　ありがとうございます。大和銀行の八百何億円の事件のさらに何倍という恐ろしい金額だということで、やはりそのリスクはちゃんと考えておかなければ、ということですね。

吉峯　そうですね。陪審の判断は後で裁判官によって減額はされたんですが、そういうショックもあって、24億ドルという巨額の和解をせざるを得なかったという経緯になります。

９ 広域係属訴訟手続と証拠隠滅のリスク

中西　ありがとうございます。吉峯さん、ちょっとお話がメインテーマと離れてしまいますが、この裁判では、原告が１人だけですよね。同じような裁判が次々と発生して、損害賠償が大きくなってしまう、そんな危険はありますか。

吉峯　実は、このケースは、クラスアクションではないのですが、多数の訴訟が提起されています。この訴訟はどういう訴訟かというと、武田薬品の「アクトス」という糖尿病の薬で、膵臓ガンの健康被害が生じたということでした。

　　アメリカ法には、広域係属訴訟手続（Multidistrict Litigation）という制度があります[3]。多数の訴訟を一つの裁判所に集めて、効率的に審理するという制度です。このＭＤＬに乗った訴訟が約4000件、それ以外で4000件の訴訟があったということです。ＭＤＬでは、集まった訴訟の中から１件とか数件の訴訟を取り出して、先に審理します。多数の訴訟はとりあえず置いておくのですね。

---

[3]　佐藤政達「米国における集団訴訟運営の一側面　多管轄係属訴訟（広域係属訴訟）（Multidistrict Litigation）の実務と考えられる問題点（上）（中）（下）」NBL963号56頁、964号55頁、965号70頁（2011年）、楪博行「アメリカにおける大規模不法行為訴訟での広域係属訴訟手続　クラス・アクションから広域係属訴訟手続への移行」法政論叢51巻２号177頁（2015年）

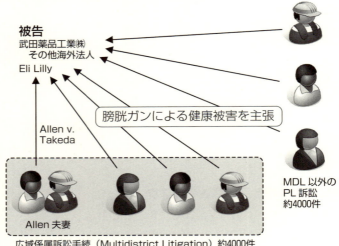

【図表19】武田薬品：MDLとその他の訴訟

　先ほど挙げた60億ドルの評決は、まさにこの先行審理の事件[4]のことです。よりによって、8000件の訴訟に影響する先行訴訟で巨額の評決が出てしまったので、大変なことになってしまいました。実は、他に陪審評決に至ったケースが6件あるのですが、うち5件は因果関係がないとして武田薬品は勝っていたのです。武田薬品にとって、勝ち目のない紛争ではなかった。しかし、これは証拠隠滅だということになると、これから続く訴訟でも次々と敗訴、懲罰的損害賠償ということになりかねない。そう考えざるを得ません。

　証拠隠滅は、それくらい怖いものだということです。

10 当局対応とクラスアクションの並行対応

中西　では、独禁法関係の海外訴訟で、向さんから何か補足はありますか。

向　今お話のあったクラスアクションについては、米国反トラスト法違反があった場合に、それを理由として提訴がなされるというのが、この制度が最

---

[4]　Allen v. Takeda Pharms., No. 12-cv-00064, 2014 U.S. Dist. LEXIS 121648, at *22（W.D. La. Aug. 28, 2014）.

もよく活用されている例の一つだと思います。その場合通常は、例えば米国当局との司法取引が公表されるに至った時点で、その内容を踏まえて提訴がなされるといった流れを辿ることが想定されやすいように思われます。他方で最近では、米国当局の調査開始とクラスアクションの提訴がほとんど同時に起こって、両方に同時並行的に対応を求められるということも起こっています。

　そのような状況では、両方に同時並行的に対応しなければいけないという負担の側面があることは事実ですが、実務的に興味深いというか指摘できることとして、例えばアメリカの刑事当局対応は各社各様になるのが通常ですが、民事事件となると複数社が被告ということで軒並み提訴されているときに、ジョイントディフェンスといいまして、被告弁護団会議を組むということですが、民事事件ではそういった連携を通じて手続対応を行うことがあります。刑事手続と民事手続に同時並行的に対応を求められる場合、刑事手続での各社各様の部分と、民事手続での連携をとりながら対応を進める部分というのが同時並行的に生じるというところがあります。

【図表20】　クラスアクション

概要	・多数の当事者が事案に関連を有している場合に、特定の者がその集団を代表し、必ずしも関係者全員による個別の訴訟参加を必要としない形で、訴訟を提起・遂行するという形態の手続。 ・カルテル事案において、しばしば連帯責任による三倍額賠償(Treble damages and joint and several liability)を求める形で活用される。 　―しかも、本来他の事業者によって負担されるべき部分を含めた損害全体について賠償を求められた被告は、他の事業者に求償を求めることができないとされている。 　　・ただし、第1位の免責対象者は上記のいずれからも除外される。
手続面での特徴	―複数裁判地の場合の調整 　・Judicial Panel on Multijurisdictional Litigation ―クラスの承認（FRCP23条） ―和解、その際のMFN条項 ―Opt-out ―その他、提訴の時期、送達の有効性と答弁期間の延長交渉、Motion to dismiss（FTAIA等）、司法省によるmotion to stay discovery、Summary judgment等。
クラスの承認	・近時、クラス承認要件の判断は厳格化しつつあるとされる。 　―承認要件については、簡易な一応の立証では足りず、証拠の優越による証明を要する。In re Hydrogen Peroxide Antitrust Litigation, 552 F.3d 305 (3rd Cir. 2008) 　―「共通性」の要件については、全ての争点が共通であることは不要。ただし、具体的に共通することが必要。 　―「支配性」の要件については、共通の争点がより重要であることが必要。Comcast Corp. v. Behrend, 133 S.Ct. 1426 (2013). 　　・クラス全体に適用される損害算定方法が示される必要があり、それがなされない場合、個々の損害算定という争点が他の共通争点に優越することになるという観点から、「クラスの承認」という争点についての原被告の有利不利が検討され、和解による解決への動機付けとなることもある。

144　　第2部

5. 日米制度比較

1 証拠開示制度の三つの類型

中西 ありがとうございます。

　それではまた、そろそろ日本国内に戻りまして、日本の民事訴訟のお話をしたいと思います。取引先等色々なところからの損害賠償の裁判とか、あるいは役員を代表とした株主代表訴訟、こういうところが想定されるのですが、アメリカ法と日本法を比べた場合に、ＩＴの観点からどのような違いがあると考えられるか、吉峯さん、解説をお願いします。

吉峯 まず三つの類型を考えてみます。強制的にどかんと持っていかれてしまう、問答無用の事例が１番目。次に、包括的に開示義務が課せられ、ちゃんと対応しないと強い制裁を受けてしまうというのが２番目。それから、包括的ではなくて、「これは出しなさいよ」という要求が来て、それに応じれば足りるのが３番目です。

　アメリカのディスカバリ、サピーナというのは２番目の類型の包括的な開示ですね。制裁が怖いので、自主的にきちんと対応しなければいけないのです。

　日本の公取の調査、当局対応は最初に申し上げた強制的に問答無用の類型（①）です。アメリカでも強制捜査令状で入ってくるときは、そういう類型

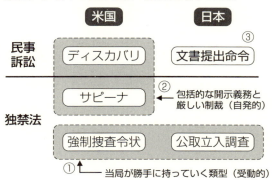

【図表21】日米の民事訴訟・独禁法対応の比較

になります。

　では日本の民事訴訟は何なのかというと、対象は限られていて、いわれてから対応すればよい、いわば受動的な対応で足りるという、3番目の類型（③）になると思います。

2 コモンローの原則「トランプのカードを表に」

　そのような証拠開示のあり方の違いは、日本法とアメリカ法（コモンロー）の発想の違いに由来しているようです。アメリカ法の起源となっているイギリス法では、「トランプのカードを表に」（cards face up on the table）[5]という言葉が昔からあります。「関連する証拠を全て開示して、それを裁判官が見て事実を判断する。これが正義なんだ」という思想が根強くあるのです。そのような考えから、ディスカバリ等の証拠開示には、当事者は当然協力しなければならない、ということになるのですね。

　これに対し、日本では、全て証拠を開示するべしという発想や制度はない、あるいは非常に弱い。文書提出命令は一般義務化されていますが、例外がまだまだ広い。刑事訴訟法の改正では証拠リストの開示が入りますので、民事訴訟でもそのうち、証拠開示が充実する方向に向かうとは思います。しかし、仮に民事訴訟法でリスト開示のような制度が導入されたとしても、今のアメリカ法と比べても、まだまだ大きな差があります。

　それから、開示義務の広狭だけでなく、手続が根本的に違います。文書開示命令は、相手方当事者がこれを出してくださいといって、それを出すの出さないのとずっと議論して、裁判所の決定を待って初めて開示してやるというものです。アメリカ法では、裁判所の決定がなくても開示がデフォルトで、自主的に包括的な開示をしなければいけないという制度になっています。日本企業は、そのような経験があまりないので、アメリカのサピーナとかディスカバリの要求が来ると立ちすくんでしまうというところがあります。

　ある意味、日本の文書提出命令というのは、最高裁が自由な意思決定を守

5　前掲注1・高橋他『デジタル証拠の法律実務Q＆A』350頁

るんだということで守ってくれている、文書提出命令の範囲を絞ってくれている。アメリカというのは、そういう守ってくれるものがないんですよというところで、みんな自助で自分の身を守っていかなければいけないということなのではないかと思います。

3 サピーナの開示対象についての「対話」

福田 今ご説明頂いた類型ですが、日本では①か③だと、米国では②だということですが、受ける側としての対応の違いみたいなところをもう少し教えて頂ければと。先程、向さんから対話と主体性というお話がありましたが、まさにそういう部分を私どもはどういう具合に対応したらよいのかなというところを、ぜひ教えて頂ければと思います。

向 冒頭申し上げたことを、もう少し敷衍させて頂きたいと思います。サピーナというのは当局が一定の情報に基づいて判断した内容がとりあえず提出すべき範囲として書かれているわけですが、それは実のところ非常に広いものとなっている場合が少なくないと思われます。したがって、本当にそこまで広い範囲のものを全部出さなければいけないのかについては、しばしば議論になります。それ故に、当局との対話の中で、例えば「（要請の中で対象期間として定義されている期間のうち）この期間については無関係ではないか」とか、「関連製品とされているものについても、無関係とされるべきものがある」といったやりとりがあり、それはなぜなのか、社内調査の結果を踏まえて当局に対する説明を行い、それが当局から見ても説得的であるならば、当初のサピーナには広範な要請が記載されていたけれども、実際の資料提出についてはそれよりも減縮された範囲で支障ないという了解が形成されていくということになるわけです。そういう中で、提出を要する範囲も固まってくるということになります。それは先程お話のあった、例えば日本での公正取引委員会による立入検査で関連資料の一切合切が専ら当局側の判断で持っていかれるというようなものとは違いますし、またそうであるからこそ、米国法手続対応として「サピーナに記載されている以上、その提出期限までに、要請されている対象物件一式を全て提出しなければならない」という発想

1 パネルディスカッション　　**147**

が、それ自体、誤りを含んでいるように思われると申し上げたのも、そういう趣旨になります。

４ 公取・補助参加人（会社）に対する文書開示命令

中西　ありがとうございました。私のほうから若干補足ですが、日本の損害賠償、あるいは代表訴訟の中では、よく公取当局に対しての文書提出命令という、今までの当事者のやりとりとはちょっと別のものが出てきます。勿論当事者の間で文書提出命令を出し合うということもあるのですが、やはり当局への文書提出命令、こういう調書があるのではないかということがありますと、本来は損害賠償を訴える原告と被告の間ではなく、直接関係がない当局と原告との争いになってしまいます。そうすると、実は会社とか役員側がちょっと蚊帳の外に置かれてしまうことになり、どうするのだろうというところも非常に悩ましいところかと思います。

　こういうときは、会社や役員は意見書を出させてもらって、それで裁判官に判断を頂くという手続になるんですが、どうしてもちょっと迂遠ですし、隔靴掻痒なところがあります。当事者が当局に文書提出命令を出すということになったときは、これは会社なり役員側の弁護士になったときには非常に頭を使うところかなというので、こういったところも日本独特の感覚的なところとして考えて頂ければと思います。

　また、文書提出命令については、提出しないことによる制裁等が難しいことになると思います。よく、代表訴訟で「会社が被告役員側に補助参加をしたいがどうか」、という質問を受けます。この場合、役員としては、会社が自分達のほうに補助参加してくれることで、会社の顧問弁護士と堂々と共同戦線を張れる、というメリットがあるかもしれません。ただ、これは法的なメリットというよりも、精神的な側面が強いのかなと思います。補助参加があってもなくても、会社の文書を取締役側に提供してもらえる可能性は十分にあると思います。ところが、会社が被告取締役側に参加してしまうと、文書提出命令が補助参加人である会社に出される、そうすると、会社としては文書提出命令に違反すると被告役員に不利になるかどうか、ということを考

148　　第２部

えなければなりません。会社が補助参加していなければ、第三者による命令
違反なので、過料の制裁で済むかもしれませんが、補助参加している場合
は、そうもいっていられないのではないでしょうか。つまり、会社が文書提
出命令に従わないと役員への心証が悪くなる、こういったデメリットは無視
できないように思います。

　また、本当に文書がないのに、「文書がない」と主張しても容易に信じて
もらえない、という事態は避けたいところかと思います。

6.　文書管理体制

中西　こういった文書提出命令も含めて、日本でもやはり「文書管理は大事です
よね」ということになってくるわけです。そうしますと、普段からの文書管
理は会社法上の内部統制では入ってきますし、ビジネスの上で当たり前のこ
とですが、吉峯さん、この文書管理はＩＴ管理を含めてどういったところに
気を付ければよいのでしょうか。

1 ＥＤＲＭと情報ガバナンス

吉峯　時間が足りないので非常に概括的な話にならざるを得ないのですが、ディ
スカバリの業界の標準的なモデルとして、ＥＤＲＭ（Electronic Discovery
Reference Model）というものがあります。

　これは先程の、証拠を押さえて仕分けて開示するというのを技術的な側面
から捉えた図です。一番左側にあるのは Information Governance（情報管理）
です。平時の情報管理があり、そしてリティゲーションホールドをやらなけ
ればいけなくなったときに有事に入っていくという出発点として、実は平時
の情報管理が大事だということがあります。

　文書管理は皆さん大体文書管理規定を作って、これは何年、これは何年と
やっておられると思います。しかし、今は、会社の内外には紙だけでなくて
色々な類型の雑多なデータがあります。メールがあります。それから共有
サーバーにエクセルやワードのデータがある、メールの添付ファイルもあ

1　パネルディスカッション　　**149**

る、業務システムもある、個人が持っているデータ、紙なんかもあるという非常に色々な類型のデータが存在します。勿論文書管理規程では、「文書にはデータ、電磁的記録も含む」という形で規定して、デジタルデータにも形式的には対応していると思いますが、正式にファイルされている文書とデータとして色々なサーバー、ＰＣに散在しているものがきちんと管理できているかというと、なかなか難しいというのが、実際のところではないでしょうか。

　先程データマップという話がありましたが、所在管理ですね、これが文書管理、データ管理、ドキュメント管理の一つの大きなテーマになってきます。それは例えば情報漏洩という観点からすると、「どういう情報がどういうところにあるのか、きちんと管理しましょう」というのは当然出てくる。日本の情報管理規定というのは情報漏洩を念頭に作っていることが多いと思いますが、それがこういう当局から出せ、あるいはディスカバリで出せと強制的に持っていかれるということも考慮して情報管理、所在管理をしなければいけないことになります。情報漏洩も、証拠開示も、出したくない情報が組織の外に出ていくという面は共通するのですね。先程から何度も申し上げ

【図表22】ｅディスカバリの手続の技術的整理（EDRM）

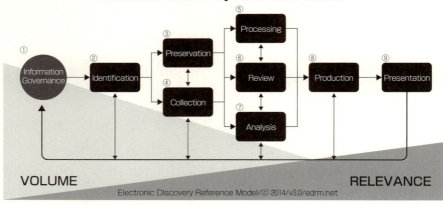

【図表33】 EDRM の各項目の解説

① 情報管理	組織体の活動に関する情報を管理することをいい、特定の紛争が惹起される段階の前の通常のドキュメントを管理する問題及び対応策を意味する。具体的には、ドキュメント管理ポリシ（document retention policy）を策定し、一定の期間が経過したデータは強制的に消去するといった対応がこれに含まれる。
② 識別	一定の紛争に関して、誰が、ドキュメントの保有者（カスタディアン）として、関係しているドキュメントを保有しているのかを識別する問題を指す。訴訟ホールドのための準備としての性格も有する。
③ 保全	訴訟ホールドの発生に応じて、データが変更・消去されないように保全措置を取ることをいう。関連情報を有する従業員への指示、電子メール等を自動消去するシステムの停止、バックアップを上書きしない等の措置を含む。
④ 収集	保全されたデータを実際に収集することをいう。
⑤ 処理	収集したデータから、キーワード等の検索手段を用いて、関連性があると思われるデータを抜き出した上で、重複するものを排除するプロセス。必要に応じて、データ復元も実施される。
⑥ レビュー	処理されたデータについて、弁護士等の助力により、事件との関連性の有無、秘匿特権等の開示除外事由により提出を要しないドキュメントか否か等を分析するプロセスをいう。情報漏洩を避けつつ多人数で作業を実施する必要があり、レビュープラットフォームと呼ばれるソフトウェアが利用される。
⑦ 分析	レビューによって分析された、相手方に提出すべきドキュメントについて、漏れ落ちているものはないか、紛争的観点から重要性を有するものか等を分析するプロセス。
⑧ 提出	選別・分析を経たデータについて、協議によって定められた形式に変換し、相手方当事者に提出するプロセス。
⑨ プレゼンテーション	法廷での証拠の利用のプロセス。

1 パネルディスカッション 151

ているとおり、まず押さえるということが大事になるわけですから、瞬間的にぱっと押さえるにあたって、なるべく整理されていたほうがよいという観点です。

2 Document Retention Policy とデータ消去

もう一つのポイントが、いかに捨てるかということです。特にアメリカはそういう傾向が強いようですが、キーワードとしては defensible disposal という言葉があります。防御可能な捨て方と訳しますか、どうやって捨てていくのかというのが非常に大事なポイントになっています。一番の典型はメールですが、Document Retention Policy（文書保持規程）といいますが、その規程に「メールはこういう期間保持します」と決めておくわけです。保持規程といってはいますが、実態は文書・データをいかに捨てるかを意識しています。「こういう期間保持します」と、「期間が来たら捨てます」というのを決めて、それを粛々と実行していく。

そのメリットは何かというと、先程から英語ばかりですみません、smoking gun evidence という言葉があって、日本語に訳すと「決定的証拠」といいます。香取慎吾主演のフジテレビのドラマで「SMOKING GUN ～決定的証拠～」というのがあったそうです。残念ながら視聴率はあまり芳しくなかったようですが。銃殺された死体があって、そのそばに硝煙の立ち上る銃を持っている人がいる。これはこの人が撃って殺したということで間違いないね、という言葉です。

デジタルデータは、Smoking Gun、決定的証拠の宝庫なんですね。例えば知財の紛争で「ライバル会社のこういう特許があるけど、これやばいんじゃないですかね。どうでしょう」というようなメールのやりとりがあると、「これは故意で特許権を侵害したね、じゃあ三倍賠償ね」といった感じになってしまうわけです。日常のやりとり、記録の中から、どんな怖い証拠が出てくるかわからない。それが何十億、何百億の敗訴判決につながりかねないから、怖い。だから捨てたい、ということになるのです。

あるいは、ディスカバリというのは「データあたりいくら」という形で、

152　　第2部

非常に多額の、平気で何億何十億というコストがかかりますから、データが少なければ少ないほどよいのです。そういう意味でも捨てたい。

　ところが、下手に捨てると証拠隠滅といわれるので、きちんとルールに従って後ろ指を指されない形で捨てましょうというもので、これを defensible disposal といいます。例えばサムソンは、独自のメールシステムを開発して使っていて、2週間でメールを自動的に削除する設定となっているということです。その自動削除を止めなかったので、2週間前のメールがどんどん自動的に消去されていた、それが証拠隠滅だということで、判例に出てきます。それで本当にビジネスが回るのだろうか、そんなに大急ぎで消さないとまずいようなことをしているわけでもあるまいしという気はするんですが、ともあれ一番センシティブにやっているところはそこまでやります。そこまでではなくて、90日とか180日というところが多いようですが、皆さんの感覚だと何か月かでメールをどんどん捨てていくというのは結構「そこまで捨てちゃっていいの、ビジネス大丈夫なの？」という感じがすると思うんです。そういう意味では、どんどん捨てていくアメリカ流のやり方を、日本でもやるべきなんだろうかというのは、一つの検討課題になってくると思います。

中西　ありがとうございます。吉峯さん、最後に、書類は、データは捨てるべきなのか、保管するべきなのか、わかりやすくいうとどちらのほうを重視したらいいのでしょうか。

吉峯　そうですね、難しい質問ですが、バランスだと思います。アメリカの会社は、日常的にディスカバリをやらなければならないですが、日本の会社は、基本的には日本の最高裁が自由な意思決定を守ってくれ、たまにアメリカの民事訴訟にも対応するという程度ですから、アメリカと同じようにデータを捨てる必要はないのではないかなと思います。勿論、保管のコストは考える必要がありますが、データであればそれほどコストはかかりませんから。

3 文書管理の現実は……

中西　ありがとうございます。なかなかどんなケースにも適用できるアドバイス

は難しいかなというところかもしれません。福田さん、最後にまとめと共に、福田さんの会社の事情で差し支えないところのご紹介とご感想等をお願いします。

福田　私は今とてもショックを受けております。というのは、２週間で自動的にメールが消えるというのは、一般の日本の会社では結構ショッキングなのではないでしょうか。大体日本の会社というのは、基本的には情報とか書類とかを残す文化が強いのではないかと思います。私どもの会社でも、法定保持年限のある書類については当然その期間中は残しておりますし、それ以外のものも結構残すものが多いと考えています。実際に捨てるというのも大切だと思いますが、そのあたりの意識のギャップをどう埋めていくのか、非常に悩ましいなと思っているところです。

　　私どもの会社でも実際問題保存年限というのは規程で決めておりますし、それで捨てましょうという話にはしていますが、部門によってかなり違います。特に私どものような総務法務部門というのは割と残す傾向にあります。一方、生産部門は年限が来たらすぱすぱ捨ててしまいます。こうした状況もありますが、２週間というのはかなり極端かなと思っています。

　　あと、紙媒体等ですと割と捨てやすく、目立ったものを「ファイルごと捨てましょう」とできるんですが、電子媒体だとどうしても残ってしまいます。こういったものがどこかに残っていて、何か事が起こった場合にそれが不利なものになってしまうのではないかと。そういう不安が非常にあるところで、そのあたりを今後どういう具合に規程上押さえていったらよいのかな、あるいはシステム上押さえていったらよいのかな、というのは大変気になるところです。

　　あと、情報の中で、昨今のように電子情報がほとんどという世界になってしまいますと、やはり色々な検討途上の資料というのがあると思います。その中で、例えば結果としては没になったのだけれども、検討途上でちょっとまずいような検討がなされてしまった場合、こういったものが不用意に残っていると、それはどういう取扱いになるのかなと、この二つが非常に気にな

154　　第２部

りました。

　加えて、今後私どもが文書管理、あるいは情報管理のルール等を策定するにあたって、米国、日本の独禁法をはじめとしたこういった証拠開示の手続きを踏まえた上でどういったものにしていったらよいのか。もしアドバイス等があれば頂けたら、ありがたく存じます。

中西　ありがとうございました。それでは向さん、最後のまとめと、この福田さんの最後の疑問への回答をお願いします。

4　**平時を第一に考えた文書管理を**

向　文書管理という観点から申し上げるとすれば、有事に起こり得ることということで平時の文書管理の在り方を考えるというのは、やや本末転倒なのではないかということがあります。平時のビジネスにおいて、それはアメリカであれどこであれ、それぞれの国の企業文化等々に基づいて、その考え方でやっておられるわけですが、日本には日本のやり方と考え方があって必要なものを、専らアメリカで生じ得る有事の事象のみを理由としてその保存・破棄を論じるというのは、本来あるべき議論ではないと思います。

　ただ、例えばアメリカでの有事に何が起こり得るのかを想定しておくことは必要であって、それをもう少し今日のお話を踏まえて敷衍いたしますと、証拠物件が残されていたことが幸いするケースがあるということを事前に社内で共有しておくことで、有事対応が適切なものになるよう図ることができるのではないか、と思います。それは例えば平時からの従業員の方の共通認識として、特に有事の際には、自社が違反行為に関わったのではないかとより強く疑わせることになり得るような資料について、現状凍結が適切に確保されていることのほうが、そういったものが散逸されあるいは破棄されてしまうことよりも、はるかに有益であると普段から理解されていれば、いざという場面で少々状況が錯綜するようなことがあったとしても、関係資料が散逸したり破棄されたりということも防ぐことができるのではないでしょうか。

　あるいは、そういった有事には事案解明のための作業として電子メール等

1　パネルディスカッション　155

の交信記録を第三者がレビューすることになりますが、ご自身が送信された過去のメールを第三者にレビューされたご経験をお持ちの方は、それ以降メール送信される際に用いる表現について、誇張したり冗談めかして、事情を知らない第三者からは誤解されてしまうかもしれないような言い方を用いることは、慎むようになるということもあろうかと思います。また、レビューのために社内で保存されている文書の収集を経験された方は、思いがけないところに思いがけない形で文書が残されていて驚かれたということもあるかもしれません。

　文書管理という観点から、有事を平時にフィードバックして検討するということにつきましては、そういった個別具体的なことが指摘できるように思います。他方で、最初に申し上げたように、そもそも文書管理の在り方自体をどのように考えるべきかということにつきましては、有事から平時へのフィードバックというよりも、むしろ平時の考え方で文書保存・破棄のルールを策定するというのが本則であるように思います。その上で、それをもう少し細かい目でといいますか、有事に想定されることを教訓として平時から活かしていくよう努めるというのが、アプローチとして考えられるように思います。教訓として活かすということの意味といたしましては、単にある文書を廃棄するのか否かといったことだけではなくて、廃棄せず保存しておくなら、それがどこにどのように保存されているのかが会社として把握されている必要があるということも、指摘できるように思います。

5　日本にも弁護士・依頼者間秘匿特権が必要

　最後に補足と申しますか、脱線かもしれませんが、社内文書の管理に関連する事項として、先程の弁護士・依頼者間秘匿特権のお話をさせて頂ければと思います。例えば法務部に、外部の弁護士に相談をするために作成された資料と、その際に弁護士から受けた助言内容が記載された資料があるとします。秘匿特権の対象というのはこの助言のほうであって、弁護士に相談される際のベースになった、過去の事実に関する電子メール等の当時の資料は秘匿特権の対象ではありません。そういった点を踏まえて頂いた上で、法務部

におかれましても、例えばご自身の手元で何がどう管理されているかというのは把握して頂く必要があると思います。また、そういった準備が逆にいざというときに、残念ながら今のところまだ秘匿特権というものを認めていない我が国の実務の中においても、本来であれば秘匿特権の対象文書として守られるべきである文書をできるだけ守ろうとするための対処法のベースにもなるわけです。

弁護士に関連事実を詳らかにしてご相談をして頂いて、それに対して弁護士から適切・明解な回答が得られることで、自助努力による法令遵守を達成

【図表24】依頼者・弁護士間秘匿特権（Attorney Client Privilege）

ポイント	・依頼者としての権利である（弁護士の、というよりも）。 ・この権利が認められないことで、依頼者として、弁護士の助言を書面等で得ることができなくなる場合がある。 　米国法に関する複雑な内容について、メモランダムの作成を依頼することも、面談の内容を手控えに残すことも、許されなくなるという状況になり得る。

近時の検討において「十分検討に値する制度」として「一層議論が深められることが望まれる」とされた。
内閣府独占禁止法審査手続についての懇談会報告書（平成26年12月24日）
http://www8.cao.go.jp/chosei/dokkin/finalreport.html

【図表25】　近時の資料

近時の資料	・公正取引委員会「我が国における外国競争法コンプライアンスに関する取組状況について」平成27年3月 　—http://www.jftc.go.jp/houdou/pressrelease/h27/mar/150327_1.html ・経済産業省「各国競争法の執行状況とコンプライアンス体制に関する報告書」2015年4月 　—http://www.meti.go.jp/press/2015/04/20150424002/20150424002.html

1　パネルディスカッション　　**157**

していくというのが、まさにコンプライアンスの観点からも非常に重要です。それにもかかわらず、そのための仕組みとしての秘匿特権がない、ご相談された専門家からの助言内容を紙の形で残されることが躊躇われる、というのでは企業がその社内調査を通じて事実とそれに対する法的評価を正確に把握することにも支障が出かねません。ひいては、この秘匿特権がないということが、企業の法令遵守に向けた努力への足かせのようになってしまっている状況も生じているように思います。

この点最近、内閣府の懇談会で秘匿特権というのは非常に重要ではあるけれども、導入は時期尚早と申しますか、「引き続き検討しましょう」というような結論になってしまっています。

この「引き続き検討」というのを風化させないためにも、この秘匿特権は極めて重要なのだということを、各事業者の方にまずご認識頂くことが必要であるように思っております。その名称からは、弁護士が何かを秘匿することを認める権利のような印象もあるかもしれないのですが、これは弁護士の権利ではなく、個々の事業者の方が、「自分が何を弁護士に相談したのかを開示しなくてよい」という権利ですから、事業者の方がそれぞれご自分に本来認められるべき権利であるということ、したがって日本でも早急に導入されるべきだということをますます認識して頂くことが大事であろうと思います。

6 さいごに

中西 ありがとうございました。

本日、こういったＩＴと独禁法というテーマからお話をさせて頂きました。やはり会社というのは「収益を上げて何ぼ」というところがあるので、リスクや他の国ではどうなのかを踏まえて考えるという意味では、文書管理も「裁判があるから捨てよう」ではなくて、やはりビジネスに重要だからというところがあると思います。そしてまた各国の文化を理解してですが、やはり主体的に動くということが重要ではないでしょうか。受け身になる必要はないし、むしろ自分の身を自分で守る、こういう姿勢が実は日本の社会で

もアメリカでも当然だというのが非常に大きな共通項かなと思います。

　今日は本当に限られた場面でしたが、それでもこれだけ多くの論点があると思いますので、より広い分野でいろいろ情報収集をして頂いて、皆様の企業に、あるいは弁護士業務にお役立て頂ければ幸いでございます。

　本日は長時間、ありがとうございました。

2 公取委「独占禁止法審査手続に関する指針」（平成27年12月25日）と、審査手続対応の在り方について

第一東京弁護士会総合法律研究所　独禁法部会事務局長　向　宣明

　前掲98頁のパネルディスカッション（以下、本パネルディスカッションという）においても触れられたとおり、独禁法違反被疑事件について競争当局の調査が開始された際、違反被疑事業者は、独禁法コンプライアンスを巡る重要問題に直面することを余儀なくされる。それに対する適切な対応をとるための前提として、競争当局による事件調査の在り方を理解することは、極めて重要である。

　我が国では、この観点からは、いわゆる審判制度の廃止等に係る平成25年の独禁法改正の附則に基づいて、平成26年2月、事件関係人が十分な防御を行うことを確保する観点から必要な検討を行うため内閣府に懇談会が設置され（独占禁止法審査手続についての懇談会）、同年12月24日付けで同懇談会報告書が取りまとめられた（以下「手続懇談会報告書」という）[1]経緯とそこでの議論に十分な注意が必要である。

　手続懇談会報告書では、結果として、同懇談会の検討課題とされた事項のほとんどについて否定的な結論が下されることとなった[2]。同懇談会で唯一、公正取

---

[1]　http://www8.cao.go.jp/chosei/dokkin/finalreport.html

[2]　同懇談会では、その報告書取りまとめに先立って平成26年6月に意見募集が実施された。その際、各方面から計72通の意見・情報が寄せられたとのことである。その内容については同懇談会報告書資料11としてまとめられており、防御権の確保を求める意見が相当数表明されていたことが示されている。しかし結論としては本文に後述のとおり、検討対象とされた防御権確保のための各種の方策は全て、実態解明機能の確保という要請に配慮する必要があるという議論の中で導入は見送られることとなった。

引委員会（以下「公取委」という）による対応が求められたものとして、「独占禁止法審査手続に関する指針」（以下「本指針」という）が今般策定されるに至った。これは、公取委による事件調査の在り方を理解するための資料として極めて有用である。

そこで、本稿では、本指針の示す公取委による審判手続対応の在り方とそれに対する実務上の対応や問題点を検討したい。

なお、本指針については、その案の段階で平成27年6月30日に意見募集が実施され（以下、その時点での案を「原案」という）、その後数ヶ月にわたって関係各方面からの意見を踏まえた検討が行われた上で、同年12月25日に成案が公表された。以下では、この成案の内容に沿って解説を試みる[3]。また参考資料として本稿の末尾に、成案として公表された際に原案から修正された事項を下線で表記したものを作成・収録した。なお、意見にわたる部分は筆者の私見である。

1. 「はじめに」及び「第1　総論」について
―手続の適正性と防御権の確保に関する基本的な視点

1 本指針の手続の適正性と防御権の確保の捉え方

公取委は、本指針の策定について、その冒頭で、

> 「行政調査手続の適正性をより一層確保する観点から、これまでの実務を踏まえて行政調査手続の標準的な実施手順や留意事項等を本指針において明確化」するもの

としている（下線は筆者）。

まず第一に、本指針の解釈運用にあたり注意されるべき点は、本指針があくまで「これまでの実務を踏まえて」「標準的な」内容を示した（に過ぎない）ものであるということである。

すなわち、本指針において必ずしも求められてはいない対応や処置であって

---

[3]　なお報告命令に関する事項については、対応もその内容の如何によるところが大きく、紙数の関係もありここでは割愛する。

も、個々の事案においては公取委側としてそれを実施する必要が生じうること
を、本指針は、否定するものではない。したがって、調査の対象となる事業者と
しても、本指針の字句のみに徒に拘泥されることなく、事案に即してその手続の
適正性確保に必要な対応・処置について、公取委側との対話等を通じて積極的に
これを求めていくという姿勢が必要となる[4]。

　この点、本指針の第1の2(2)において、

「審査長、上席審査専門官等は、違反被疑事業者等から、直接又は代理人を通
じて、調査手法についての申入れその他担当事件に関して意見があった場合、
誠意をもってこれに対応するものとする」

とされ、また、公取委として、

「今後とも、審査長、上席審査専門官等は、違反被疑事業者等との意思疎通を
適切に図って」いく

との考え方が表明されている[5]。

　また、本指針に関する担当官解説[6]では、この点について、

「公正取引委員会と事業者とのコミュニケーションが促進されることを通じ
て、手続の適正性・透明性が一層確保され、事件調査がより円滑に実施される
ようになることが期待される」[7]、

あるいは、

「本指針を一つの出発点として、今後とも、企業側の対応を含む運用状況を踏
まえたフォローアップや経済界・法曹会との意見交換を行うこと等を通じて、

---

[4]　なお、本指針の策定にあたっては、意見募集において示されていた意見を踏まえ、第1
の1と第1の3(3)においても手続の適正性確保の重要性が明確化される形で、意見募集時
の原案への修正が加えられている。

[5]　『「独占禁止法審査手続に関する指針」（案）に対する意見の概要及びそれに対する考え
方』（http://www.jftc.go.jp/houdou/pressrelease/h27/dec/151225_1.files/bessi2.pdf）（以
下「意見概要及び考え方」という）7参照

[6]　岡田博己「『独占禁止法審査手続に関する指針』について」公正取引785号34頁以下
（以下「岡田・公正取引」という）、同『独占禁止法審査手続に関する指針』について」
NBL1070号52頁以下（以下「岡田・NBL」という）

[7]　岡田・公正取引40頁

公正取引委員会が行う行政調査手続の適正性をより一層確保していくことが重要と考えられる」[8]
との指摘もなされている。

他方、こうした「手続の適正性の確保」とは別に、公取委による事件調査の手法・在り方について違反被疑事業者の立場から見た場合、「防御権の確保」という視点が重要である。

そもそも本指針は、平成25年独禁法改正を契機とし、具体的には、同改正法附則16条で独占禁止法審査手続について「事件関係人が十分な防御を行うことを確保する観点から」検討を行うことが求められていたこと、また、同改正法に関し、衆議院経済産業委員会において「事業者側の十分な防御権の行使を可能とするため」検討を要するとの附帯決議がなされていたこと（平成25年11月20日）を踏まえたものであった。つまり、本来、本指針は、防御権の確保に関する検討をその使命として策定されるはずのものであった。

しかしながら、手続懇談会報告書では、防御権の確保のための具体策として、供述聴取時の弁護士の立会い等を論点として検討しながらも、違反被疑事業者による事件調査協力へのインセンティブが確保されていない現行制度下では、それらの具体策を実施すべき状況にないとの結論が示された。それに対して、手続懇談会報告書が重視するのは、公取委による実態解明機能の確保である[9]。そのため、公取委は本指針に関して、防御権については特にその確保が求められるものではないとの立場を示している[10]。

2 本指針下での具体的審査手続における防御権の確保に関する考え方

手続の適正性、及び防御権の確保という概念については、憲法上の要請に基づく議論も踏まえつつ、刑事手続や行政手続における様々な議論が蓄積され、いずれについても、少なくとも一般論として、尊重すべき面があるとされてきた。

---

[8]　岡田・NBL59頁
[9]　この実態解明機能の確保という要請については、本指針では例えばその第1の3(1)や同(4)において、事件調査に携わる職員の心構えとして示されている。
[10]　意見概要及び考え方3参照

それにも拘らず、少なくとも本指針を見る限り、独占禁止法違反の嫌疑についての事件調査手続との関係では、一方で「手続の適正性の確保」は公取委として尊重すべきものとされつつ、他方で具体的な「防御権の確保」についてはそれが否定されている。両者の扱いは全く異なっており、一見すると奇妙な状況にあるといえる。

　もっとも、例えば上記の供述聴取時の弁護士の立会いは、確かに従前、主として防御権の確保という観点から求められてきたものではあるものの、同時に、手続の適正性の確保や供述聴取の透明性の確保といった観点からも求められるものでもある。

　したがって、公取委側に対し事案に即して必要な対応・処置を、対話等を通じて求めていく場合には、「防御権の確保」に基礎付けられる事項については一切尊重されないのではないかといった（本指針の外形的な概念整理からの）先入観に必ずしも囚われることなく、「手続の適正性確保」という観点を含め、前向きな検討がなされるよう、まさに実態に即した対話がなされるべきである[11]。

　さらに、平成28年2月に、公取委は裁量型課徴金制度を含む課徴金制度の在り方について検討を行うため、「独占禁止法研究会」を開催する旨を公表した[12]。これは、手続懇談会において指摘されていた、違反被疑事業者による事件調査協力へのインセンティブの確保を意図したものである。

　これを受けて現実に実態解明機能を強化しようとすれば、より一層防御権の確保に向けての具体策が検討されるべき状況が生じることになる。

　すなわち、裁量型課徴金制度が導入され、それが違反被疑事業者による事件調査協力へのインセンティブを確保するためのものとして運用されるためには、むしろ、供述聴取時の弁護士の立会いや、（前掲のシンポジウムでも言及した）弁護

---

[11]　原案が成案化される過程で修正された事項には、例えば後述の供述聴取時の弁護士の立会いのように、原案では一律禁止であるかのような記載となっていた事項について、実際には事案に応じた対応がなされていることをもって、その旨を明示するためになされたものもある。

[12]　http://www.jftc.go.jp/houdou/pressrelease/h28/feb/160210_3.html

士依頼者間秘匿特権の保障をはじめとする、違反被疑事業者がその置かれた状況をより適切に把握し主体的・自律的に行動することを可能とするための前提が揃えられていることこそが、その円滑適正な運用のために極めて重要となるということが留意されなければならない[13]。前述の手続懇談会報告書のように実態解明機能の確保と防御権の確保を相反するものとして対置させるのではなく、防御権の確保を通じて実態解明が促進されるという関係性が、理解されなければならないのである。

以上によれば、本指針の下での具体的な審査手続の対応においても、本指針の形式的な文言に囚われず、手続の適正性、実態解明機能の確保と共に、防御権の確保の観点も否定されないものとして対応すべきと考えられる。

2. 「立入検査」について
―本指針下で、罰則を裏付けとする調査手続をどのように考えるべきか

1 **根拠・法的性格について**

(1) 罰則を伴う調査手続であること

公取委による行政調査手続での立入検査は、独占禁止法（以下、法）47条に基

---

[13] この事件調査協力へのインセンティブの確保について注意を要するのは、調査に協力するということは、必ずしも疑われている違反をそのまま認めるということではないということである。筆者自身、端的な例としては、競争当局による調査において、調査への協力を行った結果として、その嫌疑が完全に晴れて、一切の処分を受けることなく調査が終了されたという経験も有している。これは、違反を認める方向での調査協力においても同様であり、その違反の内容や範囲等が当初の時点で当局側が抱いていた嫌疑とは異なる場合があり得るということである。そしてそのような事態が生じ得る背景は、事件調査協力のインセンティブの確保という制度が持つ負の側面ともいうべき部分がある。それは、場合によっては、一部の違反被疑事業者が、例えばその時点での当局側が抱いている違反についての見立てに迎合的な対応をとることで知ってか知らずかのうちに他の事業者を嫌疑に巻き込んでしまうということが起こり得るというものである。それ故に、そういった弊害を回避して制度が適切に運用され、本来あるべき実態の解明が達成されるよう、防御権の確保や手続保障というものを視野に入れた形での制度設計が不可欠である。

---

2 公取委「独占禁止法審査手続に関する指針」(平成27年12月25日)と、審査手続対応の在り方について　　165

づく処分を「拒み、妨げ、又は忌避」した場合の罰則（法94条）を裏付けとする、いわゆる間接強制力を伴った形で実施される手続である。この間接強制の意義は、後述の供述聴取の場面における出頭命令・審尋（法47条1項1号）についても同様に問題となるが、共通する事項についてはここでまとめて論じ、出頭命令・審尋に特有の事項については後述する。

この点、本指針は、原案においては「相手方に調査応諾の行政上の義務を課し、その履行が罰則（独占禁止法第94条）によって担保されているという意味で間接強制力を伴ったものであり、違反被疑事業者等が、調査に応じるか否かを任意に判断できる性格のものではない」とされていた。

これに対し、成案化に際して、「（…性格のものではない）が、相手方があえてこれを拒否した場合に直接的物理的に実力を行使して強制し得るものではない。なお、<u>正当な理由なく</u>これを拒否した違反被疑事業者等には罰則が適用されることがある」（下線は筆者）との文言が加えられた[14]。

そもそもこのような間接強制力を伴った形で実施される手続については、公取委自身の過去の判断事例においても、あくまで「正当な理由なくして」拒むことを認めない趣旨のものであることを認めるという姿勢が示されていた[15]。ただしその判断は、それ故にかかる手続には違憲の問題はないとの結論に至る過程で示されたものであり、したがって具体的にいかなる場合が「正当な理由なくして」拒否したというべきであるのかについても明らかにはされていなかった。

他方でこの間接強制の意義に関する司法判断としては、旧所得税法に基づく質問検査権についての検査妨害の成否に関するいわゆる荒川民商事件上告審決定[16]が、「前記規定に基づく質問検査に対しては相手方はこれを受忍すべき義務を一般的に負い、その履行を間接的心理的に強制されているものであつて、ただ、相

---

[14] なお、違反被疑事業者等が調査に応じるか否かを任意に判断できる性格のものではない旨を指摘する部分についても、それが「罰則が適用されることがあるという意味において」である旨が加筆されている。

[15] 公取委審判審決昭和43年10月11日審決集15巻84頁（森永商事株式会社に対する件）

[16] 最決昭和48年7月10日（刑集27巻7号1205頁、判タ298号114頁、判時708号18頁）

手方においてあえて質問検査を受忍しない場合には以上直接的物理的に右義務の履行を強制しえないという関係を称し」たものである旨判示し、その先例とされている[17]。そして、法94条や上記最決には、その妨害行為が「正当な理由なく」行われたか否かを問うべきとする文言はないが、次項に述べる同事案の経緯等を踏まえた上での同最決の趣旨に鑑み、本指針では、罰則の適用があり得るのはあくまで「正当な理由なく」妨害行為が行われた場合である旨が明記されることとなったものと解される。ただし、本指針の成案化に際して、公取委からは「これまでの判例等で示された行政調査を拒み得る理由（正当な理由）は、行政機関職員の身分証の不携帯等の手続上の瑕疵を理由とするものに限られており、公正取引委員会としては、このほか正当な理由があると認められるのは、天災、重篤な疾患などの極めて例外的なものに限られるものと考えます」との見解も併せて示されている[18]。

(2) 荒川民商事件の分析と「正当な理由」

上記荒川民商事件では、その一審において、同罪は「その質問等について合理的な必要性が認められるばかりでなく、その不答弁等を処罰の対象とすることが不合理といえないような特段の事情が認められる場合にのみ、成立する」との見解に立ちつつ、当該事案ではその「特段の事情」が認められないとされていた。

これに対して、二審では、当該検査要求には特に不当違法は認められず、被告人らの検査拒否を正当視すべき何らの事由も見出すことができず、さらに言えば、一審のいうところの「特段の事情」に相当するかと思われる事情さえ認め得る旨の指摘もなされていた[19]。

---

[17] なおその判示は、質問検査に応ずるか否かを相手方の自由に委ねつつ（それ故、「任意調査」とも称されていた）その拒否を処罰することとしているのは不合理であるとし、所得税法の当該規定の違憲（31条）が主張されていた点について、間接強制の意義を上記のとおり示した上で、その主張を排斥したものであり、その点に限ってみれば、上記審決（前掲注13）と大きく異なるものではなかった。

[18] 意見概要及び考え方17参照。なお、公取委として、秘匿特権が提出命令を拒む正当な理由であるとは認められないとの立場がとられていることについて、後掲注27参照。

[19] 柴田孝夫『最高裁判所判例解説 刑事篇（昭和48年度）』99頁以下（100頁）。

その上で、上告審は、所得税の終局的な賦課徴収にいたる過程においては税務署その他の税務官署による一定の処分のなされるべきことが法令上規定され、そのための事実認定と判断が要求される事項があり、これらの事項については、その認定判断に必要な範囲内で職権による調査が行われることは法の当然に許容するところと解すべきものであるところ、旧所得税法234条1項の規定は、「国税庁、国税局または税務署の調査権限を有する職員において、当該調査の目的、調査すべき事項、申請、申告の体裁内容、帳簿等の記入保存状況、相手方の事業の形態等諸般の具体的事情にかんがみ、<u>客観的な必要性</u>があると判断される場合には、前記職権調査の一方法として、<u>同条1項各号規定の者に対し質問し、またはその事業に関する帳簿、書類その他当該調査事項に関連性を有する物件の検査</u>を行なう権限を認めた趣旨であって、この場合の質問検査の範囲、程度、時期、場所等実定法上特段の定めのない実施の細目については、<u>右にいう質問検査の必要</u>があり、かつ、<u>これと相手方の私的利益との衡量において社会通念上相当な限度</u>にとどまるかぎり、権限ある税務職員の合理的な選択に委ねられているものと解すべ」きである旨が判示された（下線は筆者）[20]。

　同事件については、課税庁に対して質問検査権という公権力発動の権限を付与した規定について一般に合目的的解釈が認められる面と、他方で犯罪構成要件規定について求められる厳格解釈・謙抑解釈の要請が衝突した場面であるという見方に立ちつつ、一審は「質問検査の範囲は一応広く解し、しかし犯罪構成の範囲を絞るという二元論」の立場をとったものとも評価できるものであったのに対し、上告審は行政法規制に重点を置いた解釈を示したもの、との評価もなされている[21]。

　しかし、上告審では、二審とも異なり、物件の検査について、㋐当該事案の「<u>諸般の具体的事情にかんがみ、客観的な必要性があると判断される場合</u>」に、㋑「<u>当該調査事項に関連性を有する</u>」範囲で、㋒「<u>これと相手方の私的利益との衡量において社会通念上相当な限度にとどまるかぎり</u>」においてという前提で、

---

[20]　前掲注16参照
[21]　前掲注19参照

罰則の適法性を基礎付けていたことは、看過されてはならない。

そもそも「正当な理由」による場合には罰則の適用が否定されるべきであることの一般的な法的根拠としては、正当行為（刑法35条）あるいは正当防衛（刑法36条）を挙げることができる。この点については、例えば公務執行妨害罪（刑法95条1項）の成否に関する刑法上の議論において、「職務の適法性」がいわゆる「書かれざる構成要件要素」として求められるとする見解が通説とされていること、そしてその理由として、違法な職務執行に対しては正当防衛すら可能であると考えられていること等が挙げられていることが参考になる[22]。他方で行政調査は比例原則の適用を受けるとされ、調査は目的達成に必要最小限の範囲・対象にとどまるべきであるとされており、上記最決は、この点に関する規範を示した先例として位置付けられている[23]。「正当な理由」については、これらの点を踏まえつつ、個別事案の事情に応じて、構成要件該当性あるいは違法性阻却事由の判断において適切な対応がなされるべきである。

そして、本指針が同事件の趣旨を踏まえて「正当な理由」を求めていることからすれば、本指針下における罰則を伴う調査手続においても、少なくとも係る(ア)ないし(ウ)の前提が満たされる必要があるものと解される。

(3) 本指針下で、立入検査に関する具体的な問題点を捉える視点

まず、前述のとおり、本指針の文言上では必ずしも求められているわけではない対応や処置が、個別事案の状況によっては、公取委側で必要となるが、これは、立入検査においてまさに妥当する。他方で、違反被疑事業者側としては、以下に述べる個別の事項に留意しつつ、自社独自の立入検査対応マニュアルを作成して、適切な有事対応を平時から心懸けておくことも、実務上有益であると考えられる。

また、実務上の立入検査は、法文上の根拠規定としては、文字どおり必要な場所に立ち入って物件を検査すること（法47条1項4号）と、その提出を命じ、留置すること（同3号）からなる。両者はしばしば一連のものとして認識されがち

---

[22] 西田典之他『判例刑法各論 第六版』弘文堂、2013年、426頁等
[23] 原田尚彦『行政法要論 全訂第七版補訂版』学陽書房、2011年、250頁～251頁等

であるが、後述のように提出の際には現物での提出が原則とされていることからすれば、例えば上記の荒川民商事件が示す「相手方の私的利益との衡量」という観点からみて、「物件の検査」と「提出・留置」は、本来、必ずしも同一のレベルで審査官の合理的な選択に委ねられているわけではないというべきである。

2 立入検査時の手続・説明事項について

従前から、立入検査においては、違反被疑事実の要旨の告知が書面によりなされることとなっていた（審査規則20条）ところ、本指針ではその旨が改めて確認されている。なお、本指針の策定にあたって新たに「事業者等向け説明資料」が作成され、立入検査時に違反被疑事業者等に対して手交される旨が説明されている。

3 立入検査の対象範囲

(1) 問題の概要

本指針の原案では、立入検査の対象範囲について、「違反被疑事業者等の営業部門、経理部門、法務部門等その名称にかかわらず、審査官が事件調査に必要であると合理的に判断した場所に対して行う」旨が記載されていたところ、成案化に際して、「法務部門」が削除された[24]。

原案が法務部門を立入検査の主たる対象としていたことについては、本パネルディスカッションにおいても言及したとおり、弁護士・依頼者間秘匿特権[25]との兼ね合いで、深刻な懸念が表明されてきていた。そのため、成案化にあたり、公取委は、「通常、立入検査は違反被疑事業者等の営業部門や経理部門を主な対象として行われている」として、上記の修正が行われたものである。

もっとも、この点について公取委は、「立入検査の範囲については、事件調査を行うために必要な法律及び経済に関する知識経験を有する審査官の裁量に委ねられているものであり、審査官が事件調査に必要であると合理的に判断した場合

---

[24] その他実務上留意すべき点として、「従業員の居宅等であっても、違反被疑事実に関する資料が存在することが疑われ、（審査官が）事件調査に必要であると合理的に判断した場合には立入検査の対象となる」とされている点が挙げられる。

[25] 依頼者である事業者が、弁護士との間の一定のコミュニケーションについて、行政当局の調査手続における提出または開示を拒むことができる権利。手続懇談会報告書13頁

170　第2部

には、法務部門等を検査対象とし、必要な物件を留置し得ることは、刑事手続や他の行政調査手続と変わるものではありません」との意見も併せて表明している[26]。併せて、「現行制度下において、秘匿特権が提出命令を拒む正当な理由であるとは認められないと考えます」との見解も示されている[27]。

　しかし、現状我が国において、この秘匿特権が認められず、本指針について公取委が上記のような解釈をすることで既に現実に以下のような二つの法的問題が生じている。

　まず、日本企業を含む事業者らの行為について国際カルテルの嫌疑が生じ、公取委が当該日本企業に対する立入検査を実施した際に、米国であれば秘匿特権の対象となり得る文書等が公取委による提出命令・留置の対象となってしまうことで、公取委による調査が終了し行政処分が下された後に提起される、米国でのクラスアクション等による懲罰的損害賠償請求において、もはや上記文書については秘匿特権の主張が許されなくなり得る事態となり、その結果として当該日本企業は極めて不利な状況におかれることとなり得るという実務課題が指摘されている[28]。この点に関する限りでは、公取委は、このような状況で「少なくとも米国の一部の裁判例では、当局の命令を受けて提出する場合には秘匿特権が失われないとの判断がなされた例があり、他方で、放棄に当たるとされた判決等は承知して」いないとの見解を示しているが、そこでも言及されているように、秘匿特権が失われないとの判断を示したのはあくまで「一部の裁判所」にとどまっており[29]、今後を含め、全ての裁判所においてそのような判断が得られることの確証が得られているわけではなく、明確に存在する法的リスクとして認識されている[30]。

---

[26]　意見概要及び考え方29参照

[27]　意見概要及び考え方70参照

[28]　例えば米国では、当局側の観点からしても、この秘匿特権の対象とされるべき文書等を当局に「提出」するよう強いるべきではない、といった議論がなされている。スコット・D・ハモンド／矢吹公敏「日本における弁護士・依頼者間秘匿特権の導入（上）」NBL1067号4頁以下（12〜13頁）等参照

[29]　意見概要及び考え方23参照

そして第二に、上記のような事後の懸念があるが故に、次項に述べるように、そもそも社内調査の時点から、日本企業は、社外の弁護士から率直な法的見解を受けることが困難になり得る状態に置かれているという問題が生じている。

すなわち、かかる秘匿特権が日本において認められていないことで、社外の弁護士が、上記のような公取委による立入検査での提出命令・留置を懸念して、日本企業に対して適時に率直な法的助言を行うこと自体を差し控えざるを得ない状況が生じているということである。

(2) 秘匿特権の保障によるコンプライアンスの確立・向上と実態解明の促進

そもそもこのような状況で、社外の弁護士として法的助言を行う際の姿勢はいかにあるべきか。この点、依頼者の求めにも拘わらず意見書の作成提出を拒むのは、あるまじき対応ではないかといった指摘もあり得よう。

しかしながら、我が国において秘匿特権が存在していない以上、公取委による留置の可能性を見越した上での「然るべき」法的助言にとどめておくことこそが、むしろ、事後のクラスアクション等の兼ね合いで、依頼者である当該企業の利益を守る最善の策となり得るのである。

その結果、法的助言は紙面等によらず口頭でのものにとどめておくということになる。また、社外の弁護士からの口頭での法的助言についても、それが社内報告の際に書面化され、それが留置されてしまう可能性がある以上、同じ懸念が生じる（例えば米国では、かかる社内報告も本来秘匿特権の対象である）。したがって、当該弁護士としては、依頼者が、自らの助言内容について手控えを残すことについても、差し控えるよう助言することになる。このように、海外を含めた社外の弁護士としては、公取委による留置等の可能性を踏まえて対応することこそが依頼者の利益になると考えることになる。ただしこれを当該依頼者である事業者の立場から見ると、せっかく行った法律相談について、当該弁護士から得られた助言内容を社内で共有するための手段が口頭による報告のみとなり、その際に正確

---

[30]　経済産業省「各国競争法の執行状況とコンプライアンス体制に関する報告書」（2015年4月24日）31頁等参照。http://www.meti.go.jp/press/2015/04/20150424002/20150424002.pdf

を期するための手控えもなく、事後に参照するために資料を備え置くことも許されず、しかも間接的に報告を受ける者に対しても手控えの作成を許すことができないという、極めて重大な不自由を強いられることになる。

　その結果、本来ならなされていたであろう、法的評価を含めた状況の把握が、その複雑さ等故に、当該依頼者と弁護士間で必ずしも円滑迅速には共有されなくなるということが生じ得る。したがってまた、当該依頼者及び弁護士としてのそれに対する対処も不十分・不適切なものにとどまってしまい、適正な社内調査等も進まなくなる可能性がある。

　この点に関連して、公取委は「現在でも、減免申請を行う場合には当局に報告するという前提で社内調査をしているはずであり、秘匿特権がないために当局に留置されることを恐れて社内調査が進まないとは考えられず、現状において、秘匿特権が認められていないことにより、事業者が弁護士とのコミュニケーションができないなどの具体的な問題は生じていない」といった指摘も行っている[31]。

　しかし、社内調査とは、減免申請を行うべき事象の有無を確認するために行っているのであり、「減免申請を行う」といった結論ありきのものではない。法的助言を行う時点では、まだ減免申請を行うべきか否かの最終判断は下されていない場合も多い。しかも、社内調査によって判明する事象は、必ずしも常に、減免申請を行うべきか否かを明確に判断できるというものでもない。企業側として減免申請を行うべき程のものと考えるべきか否かが、即時には判然としない事案も存在する。これは、公取委においても減免申請として受け付けたものの正式な調査を開始すべき程のものか否かが明らかでない事案が存在するとされることと同様である。

　そもそも秘匿特権の保障による利点として重要視されるのは、そのような場合でも、公取委による正式調査の有無に関わらず、社外の弁護士が積極的な法的助

---

[31]　内閣府　大臣官房　独占禁止法審査手続検討室「独占禁止法審査手続に関する論点整理（独占禁止法審査手続についての懇談会でのヒアリング結果を踏まえて）平成26年6月12日」16頁
　http://www8.cao.go.jp/chosei/dokkin/pubcomm/s-02.pdf

言を行うことによって、そのような懸念のある行為を適切、迅速かつ自発的に終わらせるよう、導くことができるということである。そして、これは一企業の利益にとどまる問題ではない。独禁法の運用は基本的には公取委によるところが大きいことに異論はないが、その人的物的資源に一定の限界がある以上、必ずしもその法執行によらずとも達成され得る法的コンプライアンスの確立・向上を図ることが、我が国の企業社会全体の利益にとっても極めて重要である（それこそが、秘匿特権の関係でしばしば引用される1981年米国連邦最高裁判決[32]が指摘する、この秘匿特権が認められるべき大きな理由の一つである）。

そうだとすれば、本指針においても、かかる秘匿特権を認める方向での解釈運用がなされるべきである。

しかし、秘匿特権の導入に関して公取委から示されている見解は、「事業者による調査協力のインセンティブ等を確保する仕組みのない現行制度下で、秘匿特権を認めることとなれば、実態解明機能に支障が生じるおそれがあることから、秘匿特権を認めることは適当ではない」というものである[33]。

これに対しては、以下の２点についての重大な問題点の指摘がある。

まず１点目は、当該違反被疑事実に関する当時の関連資料（営業部門等に所在する一次資料）と、当該事項について外部専門家に相談するために作成された資料やそれらを踏まえて外部専門家により作成された意見書等の資料（二次資料）とは峻別されるべきであり、公取委が立入検査・提出命令の対象とし、それをもって被疑違反事実を立証すべきはあくまで前者であること、したがってそれらの二次資料について秘匿特権を認めることが何故に実態解明機能に支障を生ぜしめるのかが不明であるとの指摘である。公取委は、この点について、「物件の保存状況は、個別具体的な事案ごと、事業者ごとに異なるところ、二次資料を一律に立入検査の対象外とすることは、適当でないと考えます」と述べるにとどまっている[34]。しかし、反競争的効果の排除という法執行の目的との兼ね合いで問われるべきは、あくまで一次資料から把握される当該行為自体に関する事実である

---

[32]　Upjohn v. United States, 449 U.S. 383 (1981).

[33]　意見概要及び考え方70参照

というべきである。

　2点目は、公取委が秘匿特権に否定的見解を示した根拠である「事業者による調査協力のインセンティブ等を確保する仕組み」についての指摘である。上記のとおり、近時、公取委において、裁量型課徴金制度を含む課徴金制度の在り方について検討を行うための「独占禁止法研究会」が設置されるに至っている[35]。同研究会では、課徴金制度の在り方についての検討において、「諸外国において広く導入されているような、独占禁止法違反行為に対して、事業者の調査への協力・非協力の程度等を勘案して、当局の裁量により課徴金額を決定する仕組みを導入することは、事業者と公正取引委員会が協力して事件処理を行う領域を拡大するものであり、事業者による自主的なコンプライアンスの推進にも資するものと考えられる」とされている。これは、まさに「事業者による調査協力のインセンティブ等を確保する仕組み」の導入を目指すものであるといえ、公取委が秘匿特権を否定する根拠はこの点でも失われると考えられるのである。

　なお、本指針については、その公表時に公取委より、公表後2年を経過した時点で見直しを検討する旨が表明されており、その対象事項として弁護士・依頼者間秘匿特権が明記されている[36]。本パネルディスカッションでは、手続懇談会報告書において示されていた「引き続き検討」という状況を前提にコメントを行ったが、上記のようなその後の動向を踏まえると、この秘匿特権の重要性、しかもそれが各事業者の権利である（弁護士については既にその職務上の守秘義務が存在しているのであって、この秘匿特権の導入により弁護士が何らかの特権を行使できることになるわけでない）ことに鑑み、我が国においても防御権の確保に向けた措置が早急に導入されるべきであるという認識の共有が、喫緊の課題となっている。

---

[34]　意見概要及び考え方30参照

[35]　前掲注11参照

[36]　公取委報道発表資料（平成27年12月25日）「独占禁止法審査手続に関する指針」の公表について（http://www.jftc.go.jp/houdou/pressrelease/h27/dec/151225_1.html）（第4項）参照

4 物件の提出及び留置に係る手続について

　本指針では、まず、提出の方法について、原則として当該物件の原物について現状のままで提出するものとされるが、成案化に際して、「サーバ、クライアントPC等に保存された電子データ（電子メール等のデータを含む。）については、記録媒体に複製及び保存したもの（必要に応じてクライアントPC等の本体）の提出を命じる」旨が追記された。

　次に、提出命令・留置の際の目録の作成については、本指針の原案では「検査場所の責任者等の面前で物件を一点ずつ提示し、全物件について当該目録の記載との照合を行う」とされ、成案においても基本的に同一の記載となっている。この点について従前より、特に目録の記載について、例えば「見積書等」といった概括的な記載がなされ、仮にそれが所在した場所（ある従業員の机等）が備考欄に付記されているとしても、具体的にそこに一式として含まれている文書の何たるか（上記の例では、いずれの客先からのどういった時期・商品等の見積書が含まれていたのか）を事後に記憶喚起することには困難を伴う場合も少なくないと指摘されることがあった[37]。しかしながら、本指針の上記記載は特段そういった指摘に配慮しようとしたものではない。したがって、これも従前から実務上指摘されてきたことであるが、提出命令・留置に対する実務対応としては、公取委側で作成する目録とは別に（ただしその文書番号と対応させる形で）、違反被疑事業者の側で独自の（より詳細な）目録や記録を作成しておくことは、本指針下においても重要である。

　さらに、提出物件の謄写については、本指針の原案において「日々の事業活動に用いる必要があると認められるものについて、立入検査の円滑な実施に支障がない範囲で認めるものとする」されていたところ、成案においても同一の記載となっている。

　この点、特に平成17年法改正によるいわゆるリニエンシー（課徴金減免申請）

---

[37]　この点についての公取委の見解は、「提出物件の目録の備考欄には所持者等の氏名及び出所を記載しているため、所持者本人が目録を見ればどのような物件なのかを把握することが可能であると考えます」というものである。意見概要及び考え方41参照

制度の導入以降、その制度の利用の当否を検討判断するための社内調査の目的で、立入検査の現場における謄写の可否が議論されてきた。本指針の成案化に際して公取委は、「立入検査後の課徴金減免申請は、検査当日に詳細な資料を全て揃えた上で課徴金減免管理官に提出しなければ行えないものではなく、後日、期限までに必要な資料を提出することが認められています」という見解も示しており、かかる現場での謄写に消極的な姿勢も見受けられる[38]。しかしながら、担当官解説[39]では、「謄写作業に非常に時間を要するような場合等には円滑な検査の実施に支障が生じ得るとの考えも示されており、留意が必要である」との留保を置きつつも、「立入検査後における事業者によるリニエンシー申請の検討や違反被疑事実に係る内部調査のために必要な資料も『日々の事業活動に用いる必要があると認められるもの』に該当すると考えられる」との説明がなされており、本指針下でも、実際の現場では引き続き状況に応じての個別対応が求められることになると思われる。

5 立入検査における弁護士の立会いについて

本指針では、立入検査の円滑な実施に支障がない範囲で弁護士の立会いを認めること、ただし審査官は弁護士が到着するまで立入検査の開始を待つ必要はないとされていること、いずれも従前からの実務が確認されているにとどまり、特に特筆すべき点はない。

3. 供述聴取について

1 根拠・法的性格について

(1) 任意の供述聴取による場合

供述聴取は、実務上しばしば、「聴取対象者が任意にこれに応じる（同意する）」という形で行われ、本指針もそれを前提としている。

もっとも、この「任意の供述聴取に同意する」ということの意味について、本

---

[38]　意見概要及び考え方34参照
[39]　岡田・NBL56頁

指針の成案化に際して、聴取対象者が許容する時間内で行う等、同意の範囲内で
行われるべきとの指摘がなされたことに対して、公取委から、「聴取対象者がそ
の日その場所で、公正取引委員会が通常行う方法での供述聴取に応じるという負
担を受け入れることについての同意であり、聴取対象者が聴取に応じるかについ
て判断するためには、聴取の対象となる事件と聴取日、聴取場所が特定されてい
れば十分であり、聴取対象者が任意の供述聴取を受ける際に、どのような事項に
ついて聴取するのか等何らかの聴取の条件・範囲を定めた上で、事前に同意を得
なければ任意の聴取を始めることができないものとは考えられません」との見解
が示されている[40]。

　しかし、これはあくまで公取委側の見解に過ぎず、違反被疑事業者として必ず
しもこれを無批判に受け入れることを余儀なくされるべきものではない。また、
従前の例においても事案によって扱いは異なるのであり、例えばいわゆる国際カ
ルテルの事案において（米国等の海外の法域での）聴取対象者の個人責任が問われ
る可能性が生じている場合等ではしばしば、上記のような条件・範囲を定めた上
での同意という形がとられてきている。また、特にそういった特殊性がない場合
でも、任意である以上、聴取対象者の都合により同日の午前中や午後の一定時間
のみといった前提で供述聴取が実施されることは珍しくはない。任意によるもの
である以上、聴取対象者としては、単に「ある日に公取委からの要請に応じるか
否か」という二者択一ではなく、それに応じる際の、上記のような条件・範囲の
設定を含め、供述聴取の開始から終了に至るまで、それが自己の任意によるもの
であることを前提とした対応でよいことが認識されるべきである。

(2) 出頭命令・審尋による場合

　以上に対して、供述聴取についても、いわゆる間接強制力を伴う出頭命令・審
尋（法47条1項1号）による場合がある。

　そして、その根拠・法的性格に関連して、本指針では、原案からの修正点とし
て、立入検査の場合と同様に、聴取対象者に罰則が適用されうるのは「正当な理

---

[40]　意見概要及び考え方55参照

由なく」出頭を拒否した場合等である旨が明記された。この点、立入検査と同様、成案化に際して公取委から「これまでの判例等で示された行政調査を拒み得る理由（正当な理由）は、行政機関職員の身分証の不携帯等の手続上の瑕疵を理由とするものに限られており、公正取引委員会としては、このほか正当な理由があると認められるのは、天災、重篤な疾患などの極めて例外的なものに限られるものと考えます」との見解が示されている[41]。

しかしながら、出頭命令・審尋については、必ずしも立入検査とは同列に論じることができない側面がある。それは、立入検査と異なり、出頭命令・審尋では、実質において聴取対象者の所属する違反被疑事業者についての違反事実を自認すること（実質的な意味での「自己」に不利益な供述）を迫られる場合があり得るという意味で、本来であれば自己負罪拒否特権（憲法38条1項）の保障が及ぶべきとの議論もあって然るべき程の状況にあるからである。

かかる議論は、行政事件調査手続が犯則調査手続に移行されて刑事責任が追及される状況となる場合もあり得ることを想起すれば、さらに容易に理解されよう（その場合には、当該聴取対象者の個人責任も問題とされ得る。また同様のリスクは、国際カルテルにおいて同人の個人責任が問われ得る法域が関係している場合にも認められる）。

したがって、出頭命令・審尋に関する「正当な理由」の有無については、立入検査を巡る議論に比してより一層、荒川民商事件上告審決定において指摘された、当該事案の「諸般の具体的事情にかんがみ、客観的な必要性があると判断される」こと、さらに「これと相手方の私的利益との衡量において社会通念上相当な限度にとどまる」ことという観点からの検証が重要である[42]。すなわち、必ずしも基本的人権としての自己負罪拒否特権に対する侵害自体が肯定されるということではないとしても[43]、なお一定の範囲で、この実質的な意味で「自己に不利

---

[41]　前掲注18参照

[42]　その他、正当行為（刑法35条）や正当防衛（刑法36条）、また比例原則以外の観点からの当該行政調査の適法性が、個別事案ごとに検証されなければならない。前掲注21、22参照

益な供述を強要されない」という私的利益について、例えばここでの「正当な理由」の有無の判断要素としての「私的利益」としての要保護性が事案ごとに検討されるべきである。なお、荒川民商事件上告審決定では、物件の検査については「当該調査事項に関連性を有する」ことという前提について言及しつつ、質問については必ずしも同様の言及を行っていないように見えるが、質問であれば（物件の検査と異なり）当該調査事項に関連性がなくても構わない、という趣旨ではないというべきである。今後の事例の集積による、さらなる意義の明確化が期待されるところである。

2 供述聴取時の手続・説明事項について

本指針では、任意による供述聴取と出頭命令・審尋による場合のそれぞれについて、上記の根拠・法的性格に関する議論を踏まえつつ、実際に実施される場面での冒頭の説明の在り方等が定められている。

この点が定められたのは、供述聴取に関して聴取対象者が、その所属する違反被疑事業者にとって不利益な事実を供述した際に、その事実をもって当該聴取対象者（すなわち、当該違反被疑事業者にとっての自社従業員）に対する懲戒等の不利益取扱いを行うのではないか、そして、供述の内容（供述調書）が、後日雇用主（違反被疑事業者）に開示され得るとすると、当該聴取対象者の萎縮を招くのではないかという点が懸念として指摘されているからである[44]。

そこで、本指針では、供述聴取時の説明事項として、「供述聴取を行うに当たって、審査官等は、必要に応じて、あらかじめ聴取対象者に対し、供述を録取した書面は、意見聴取手続（独占禁止法第49条等）において、閲覧・謄写の対象となる可能性がある旨及び閲覧・謄写制度の趣旨・目的等（目的外利用が認めら

---

[43]　旧所得税法上の質問検査権を巡る事案として、いわゆる川崎民商事件・最判昭和47年11月22日（刑集26巻9号554頁、判時684号17頁、判タ285号141頁）参照。また同事案についての評価として、芦部信喜（高橋和之補訂）『憲法 第六版』245頁以下、251頁以下、岩波書店、2015年等参照

[44]　なお、このような萎縮への懸念は、後述する供述聴取への弁護士（特に、当該違反被疑事業者の代理人弁護士）の立会いを認めることに対して、公取委から、聴取対象者の萎縮を招くとの懸念が示されることとも通底するものである。

れない[45]旨を含む。）について説明する」ものとしている。

　また、当該記述に関する脚注では、「（注4）意見聴取の通知を受けた事業者等が、意見聴取手続において閲覧・謄写した供述調書等の内容をもって、自社従業員に対する懲戒等の不利益取扱い、他の事業者に対する報復行為等を行う可能性があるときは、「第三者の利益を害するおそれがあるときその他正当な理由があるとき」（独占禁止法第52条第1項）に該当し、公正取引委員会は当該供述調書等

---

[45]　本稿の目的からはやや外れるが、意見聴取手続において閲覧・謄写される文書についての目的外使用の禁止については、当該文書を保有する違反被疑事業者が、海外（特に米国）において民事損害賠償請求の被告となり、証拠開示請求（ディスカバリー）を受けた場合に、この目的外使用の禁止を盾にその請求を拒むことができるかという点が議論されることがある。この点については、開示に応じなければならないことを理由に、閲覧謄写自体を躊躇するといったことになれば、国内での手続の適正性の確保が海外の事情によって困難になるということを意味するのであって、そのようなことのないよう、公取委から上記のような立論を支持する見解が示されることが期待される。しかしながら、平成25年法改正後の意見聴取手続に関する解説として、例えば「国際カルテル事件においては、謄写された文書の所持者に対してディスカバリー（米国における情報開示制度）が適用される可能性もあるところ、謄写された文書がディスカバリー等を通じて外部に流出した場合には、違反行為者に対する損害賠償請求訴訟で用いられることとなる」といった記載も見受けられる。ここからは、かかる場面で開示に応じることが目的外使用の禁止に抵触するとの見解を支持しようという姿勢は、必ずしも見受けられない（岩成博夫他編著『逐条解説 平成25年改正独占禁止法』72頁、商事法務、2015年。他方で、本指針の成案化に際して公取委から、公取委として意見聴取手続での閲覧・謄写を拒むことができる「正当な理由」について、「例えば、証拠の閲覧・謄写をさせることにより公正取引委員会の調査手法に係る情報等が漏れるなどの事件調査に支障が生ずるおそれがあると認められるとき」といった見解が示されている（意見概要及び考え方67参照）。これ自体は閲覧・謄写がなされるよりも前の場面についてのものであるが、同様の懸念が公取委側に生じることは、閲覧・謄写がなされた後にもあり得る。またその場合には、公取委から、かかる開示は目的外使用の禁止に抵触するとの見解を支持する立場が証明されることもあり得るというべきであろう。加えて、この閲覧・謄写の具体的方法としては、対象を電子化して電磁的記録媒体に記録した上で当事者に貸与するという方法が採られるとされているところ（公取委平成27年1月16日「独占禁止法改正法の施行に伴い整備する関係政令等について」別紙3-2「『公正取引委員会の意見聴取に関する規則』（案）に対する意見の概要及びそれに対する考え方」9参照）、当事者としては、このように「貸与」を受けているに過ぎないものをディスカバリー要請を受けて提出に応じることには慎重であるべきであり、その観点からも、ディスカバリー要請に応じることの可否が検討されるべきであろう。

の閲覧・謄写を拒むことができる。このように、意見聴取の通知を受けた事業者等が閲覧・謄写した内容を意見聴取手続又は排除措置命令等の取消訴訟の準備以外に利用することは目的外利用となるため、閲覧・謄写の申請書の様式には、申請者が目的外利用はしないことを約す一文が置かれている。」とされている。この点については、従業員による法令違反行為が確認された場合に懲戒等の処分を行うことを制限する趣旨であるとすれば、不適切ではないかとの指摘もなされていた[46]が、担当官解説では、あくまで「社内調査等により自ら把握・確認した情報・事実に基づくのではなく、意見聴取手続において閲覧・謄写した調書等の内容をもって」社内処分等を行うことを制限しようとするものであるとの説明がなされている[47]。

3 供述聴取における留意事項について

従前より供述聴取の在り方については、弁護士の立会い、録音・録画、メモの録取、調書の写しの交付等、その過程や内容の透明性を確保するための手段の当否が、防御権の確保の観点のみならず、手続の適正性の確保の観点からも論じられてきた。

本指針は、特に供述聴取の適正性に関連して、「審査官等は、自己が期待し、又は希望する供述を聴取対象者に示唆する等の方法により、みだりに供述を誘導し、供述の代償として利益を供与すべきことを約束し、その他供述の真実性を失わせるおそれのある方法を用いてはならない」としている（下線は筆者）。

この点、禁止されているのは誘導等が「みだりに」という程度にまで達している場合のみであり、一般的な範囲での誘導等については禁止対象にはあたらないとの説明がなされることがある。しかし、本指針の解釈として、安易に「『みだりに』という程度には至らない範囲なら、誘導も支障ない」等と考えるべきでないことは、供述聴取の対象者や違反被疑事業者よりもむしろ、審査官側において留意されるべき事項であろう。

審査官側から見て、その理由は、端的にいえば、一方当事者による立証方法に

---

[46]　意見概要及び考え方63等
[47]　岡田・公正取引38頁

ついて、判断権者（裁判所）により何らかの「作為の入った」ものといった評価
がなされた場合には、当該当事者に対する心証形成は極めて不利なものとなりか
ねないという点である。これは、公取委による処分に対する不服申立としての抗
告訴訟（行政事件訴訟法3条1項）を含む行政事件訴訟に関し、特段の定めがない
事項については民事訴訟の例によるとされている（同法7条）ところ、民事訴訟
においては、証人尋問における誘導質問は原則として禁止されており、記憶喚起
等正当な理由によるものとして許容される場合についても、不当な暗示や示唆を
与えることのないよう注意を要するとされていること[48]、実務上、特に主尋問を
代用補完するものとして陳述書が活用されてきているところ、裁判官は、陳述書
の作成過程で一方当事者の「作為が入る可能性」を十分認識した上で審理に臨ん
でおり、仮に「証人汚染の問題」が認められた場合にはその心証形成に不利に影
響するであろうことが容易に推測されること[49]、そして、抗告訴訟における公取
委側の立証方法としての供述調書の位置付けは、この陳述書に相当し、したがっ
てその証拠評価はその作成過程によるところが大きいこと等を想起すれば、容易
に理解され得るところであろう[50]。

　ところで、本指針の成案化に際して公取委は、上記の事項のうち弁護士の立会
いについて、審査官等が供述聴取の適正円滑な実施の観点から依頼する場合とい
う前提を置きつつ認めるという形で、原案からの修正を行った。筆者の理解の
限りでは、第三者としての立会いが許される者として「通訳人」に加えて「弁護
士」が加えられたのは、公取委のこれまでの実務の中で、弁護士が、「通訳人」
としての立会いとは理解できない形で、関係従業員から一定の供述が聴取される
場面に立ち会ったケースが存在したということによるものである。

　また、メモの録取についても、「審査官等が供述聴取の適正円滑な実施の観点
から認めた聴取対象者による書き取りは含まない」（下線は筆者）という形で、原

---

[48]　民事訴訟規則115条2項。門口正人編『民事証拠体系 第3巻 各論Ⅰ 人証』（109頁、青
　　林書院、2003年（以下「証拠法大系」という））
[49]　証拠法大系177頁以下（188頁等）
[50]　供述調書や審尋調書の在り方について、後述の3.**5**参照

案からの修正を行っている。なお、この「書き取り」については、「本指針はこれまでの実務を踏まえて取りまとめるものであり、事案の特性を踏まえ、審査官が事案の実態解明の妨げになる懸念はないと判断したケースにおいて、供述聴取の適正円滑な実施の観点から審査官の判断で行うことのある現行の実務の例外的な運用（次回聴取への確認事項の書き取り等）を排除するものではないことから、その趣旨を括弧書きで明確化」したものであるとの見解も示されている[51]。

なお、ここでの「メモ」と「書き取り」という語句自体の意味や異同は必ずしも明らかであるとはいい難いが、その点はともかくとして、公取委の「これまでの実務」においては、単なる次回聴取への確認事項にとどまらず、当日の供述聴取の内容の「書き取り」が許されたケースも存在する。書き取り「等」とされているのも、それを意図したものであろう。

また、聴取対象者が正確に質問の趣旨を理解しそれに即した回答を行うということの確保が、適切な供述聴取の実現のために極めて重要であり、そのため、聴取対象者が当日の供述録取の内容や調書案の表現について手元に記録を残しそれを踏まえてその後の調査への協力を行うことが、むしろ「供述聴取の円滑適正な実施」や、ひいては実態の解明に資する場合がある。実際に供述聴取に対応するのは個々の関係従業員であるということからすると、違反被疑事業者としては、それらの関係従業員について、供述聴取の状況についての問題点の有無、改善の余地や方法に配慮し、当該従業員を通じて、あるいは自ら直接、公取委に対して必要な申入れを行っていくことも重要となる。

4 聴取時間・休憩時間について

本指針において、聴取時間については、「1日につき8時間（休憩時間を除く。）までを原則」とするとされているところ、実際には従前から、事案の状況や聴取対象者の都合等も踏まえつつ個別に調整がなされてきていることは上記のとおりである。

また、終了時刻について、事件調査の進捗といった公取委側の事情や、再度供

---

[51] 意見概要及び考え方69参照

述聴取に応じる負担を避けたいという聴取対象者側の事情等により、従前よりしばしば、深夜に及ぶことへの懸念が示されてきた。この点、本指針の原案では単に「深夜」とされていた点について、労働基準法等における用語例も踏まえつつ、成案化に際して「午後10時以降」という形で避けるべき時間帯が明記された。ただし、これが逆に午後10時までは原則として許容されるといった反対解釈を生むものであってはならないことは当然である。

この聴取時間・休憩時間については、審査官等において記録するものとされているところ、この記録は、後述の苦情申立て制度等の供述聴取の事後的な検証の適切な実施に資するものと考えられると説明されている[52]。

なお、休憩時間については、成案化に際して、「審査官等が指定した休憩時間内に、聴取対象者が弁護士等の外部の者と連絡を取ることや記憶に基づいてメモを取ることを妨げない」旨が加筆されている。上記の「メモ」と「書き取り」の可否を巡る議論と相関する点であるが、休憩時間の設け方を含め、手続の適正性や防御権の確保のみならず、むしろ上記のような形での実態解明のためにも、柔軟な運用がなされるべきであり、違反被疑事業者としてもその点への注視が必要となり得る。

また、上記の休憩時間の確保との関係では、「例えば、複数の関係者を対象として、同日の近接する時間に聴取を実施する場合など、休憩時間に聴取対象者が他の事件関係者と接触し、供述内容の調整（口裏合わせ等）が行われるなどのおそれがあるときは、<u>例外的に</u>、審査官等が付き添う。」（下線は筆者）という形で、審査官等による付き添いはあくまで「例外的」にのみなされることが、原案からの修正により明確化された。この点については担当官解説においても、「適切な運用が行われるよう、審査長等が審査官等を適切に指導・監督していくことが重要と考えられる」との指摘がなされている[53]。

5 調書の作成・署名押印の際の手続について

本指針では、「審査官等は、違反被疑事実の立証に当たって、それまでに収集

---

[52]　岡田・公正取引39頁

[53]　岡田・公正取引39頁

した様々な物的証拠や供述等を総合的に勘案した上で、当該事件に関係し、かつ、必要と認める内容について、聴取対象者の供述内容を正確に録取し、供述調書又は審尋調書を作成する。聴取対象者が供述したことを速記録のように一言一句録取することは要しない。」とされており、原案から特段の変更はない。

しかし、本指針下においても、事案によっては「速記録のように一言一句録取すること」が必要であり、それが公取委による実態解明にも資する場合があることが、強く認識されなければならない。

まず、任意の供述聴取の場合の供述調書について、それが実務上は今後も多く活用される供述録取書作成の形式であると想定すると、平成25年法改正により審判制度が廃止され、公取委の行政処分は行政事件訴訟法による抗告訴訟に服することとなった点を踏まえれば、むしろ現状のような供述調書の作成という自らの審査実務自体を見直すことが、公取委としての急務となっていると思われる[54]。

この点、公取委は、本指針の成案化に際して、「審査官等は、違反被疑事実の立証に当たって、それまでに収集した様々な物的証拠や供述等を総合的に勘案した上で、当該事件に関係し、かつ、必要と認める内容について」調書を作成しているとの見解を示している[55]。換言すれば、公取委は、供述者の供述をそのまま録取しているわけではないということである。要するに、供述調書の作成の際に行われているのは、端的にいえば審査官による他の証拠を勘案した事実認定である。しかしながら、それは本来、認定判断権者が行うべきものである。

すなわち、証拠とされるべきは、記憶違いがあるならそれを含めての供述人の供述なのである。それを他の証拠等との関係で如何に評価するか（例えば、ある部分については記憶違いとして事実認定の根拠とはしない等）は、まさに事実認定の問題なのであるから、審査官による供述調書の作成においてではなく、（第一次判断権者としての公取委による）行政処分において示されるべきものである。現状の供述調書は、法的には、私人が任意に作成する陳述書と特に相違がなく、従前

---

[54] 供述の誘導等に関して本稿3.**3**において前述した内容も、その趣旨としては通底するものである。

[55] 意見概要及び考え方100参照

の作成実務のままでは、いずれかの時点で、その記載内容は審査官の独自の認識あるいは主張に基づくものとして、措信しがたいとの評価を下される事態が生じ得る[56]。証拠の作成収集と、その評価や事実認定とは峻別される必要があるのであって、それによって公取委が上記のような懸念を抱く必要がないような形での、供述聴取の透明化も可能となる。すなわち、一問一答形式での調書の作成である[57]。

なお、上記のように審査の過程において審査官が供述調書の作成を通じて事実認定を行ってしまうことは、供述人の立場からすれば、他者である審査官の認識を自らのものとして受容することを余儀なくされることを意味する。それは、結果として、公取委による調査の公正さや中立性に対する不信感を醸成することになっている[58]。これは、我が国社会における独禁法コンプライアンスの確立・向上との関係で、懸念されるべき深刻な問題である。

以上に比して、出頭命令による審尋調書については、さらに重要な法的要請がある。

それは、当然のことながら出頭命令による審尋が罰則による担保という間接強制力を伴うものであり、それ故に、例えば「虚偽の陳述」（法94条1号）という事実が確定されるためには、調書において「処分をした年月日及びその結果を明ら

---

[56] 現状供述調書は、審査官の作成によるものとして、一般的に、被疑事業者側で作成された陳述書よりも信用性を高く評価されてきているものと思われるが、審判手続廃止後の抗告訴訟においてその証拠価値がどの程度のものと評価されていくかは、今後の公取委による審査実務の如何に懸かっている。この点通常の民事訴訟の感覚に即して考えれば、争いのない事項を除き、陳述書に記載があるからといってそのままの事実を措信するわけにはいかず、反対尋問を経る必要があり、根拠となるべき客観的資料の存否が問われる必要がある。

[57] 判断権者（裁判所）としては、当事者の一方が何らかの法的評価を含む主張を行った際には、その根拠となる生の事実を自ら感得する機会を得ることで、単にその主張を鵜呑みにするのではなく、自らの理性によってその事実認定の妥当性を確信しようとするのであって、実質的証拠法則の廃止も踏まえ、まず公取委自身、証拠と、証拠に対する自らの評価を峻別する必要があることを強く認識すべきである。そしてそのために求められるのが、供述の聴取に関する手続についての透明性の確保であり、それを実践することにより、公取委による法執行がより充実したものとなり得るのである。

2　公取委「独占禁止法審査手続に関する指針」（平成27年12月25日）と、審査手続対応の在り方について　　187

かにしておかなければならない」（法48条）というものである。この点について、公取委は、本指針の成案化の際に、「調書の作成については、独占禁止法第48条においても、「その『要旨』を調書に記載」することとされています」との見解を示している[59]。

　しかしながら、特に法47条1項の処分があったときには、単にその要旨を記載するというだけでは足りないのであり、上記のとおりその処分の結果を明らかにしなければならないとされているのである。そして、この「結果」とは、審尋、意見の聴取の場合には、「それによって行われた発言・報告などの内容」であると説明されている[60]。つまり、ある発言や報告が、どういった審尋（質問）を受けてなされたものであるかを明らかにする必要があるのである。この点から、本指針下で、審尋調書についてはなおさら、一問一答形式での作成が求められる。

　なお、この審尋調書の形式も、上記の弁護士・依頼者間秘匿特権と同様、本指針公表の際に、公表後2年後を経過した時点で見直しが検討されるべき事項として明記されている[61]。

---

[58]　筆者が実際の独禁法違反に関する調査手続に関与した際の経験の限りにおいて、上記のような透明性が確保されていない形での供述聴取が実施されることにより、公取委による法執行が、かえって独禁法に対する不信感を醸成してしまうという事象が見受けられたことがある。例えば、自らの記憶に従って供述したところ、「端緒情報やその時点までに得られている証拠に照らし」てそれは「ありもしない事実」でしかないとされ、それとは異なる、審査官が「まとめた」内容への署名を余儀なくされた供述人が、しばしば、公取委の中立性や公正さに対して、極めて否定的な印象を頂いたまま、事案の終結を迎えるという状況があると、ひいては公取委により執行される独禁法自体に対する不信感にもつながり、独禁法コンプライアンスの確立にとって極めて不幸な状況である。この点公取委は、「任意性が疑われるような聴取は行われていない」、あるいは従前「供述調書の任意性・信用性が否定されたことはない」等と指摘するようである。しかし、それは供述人自身が決めるべきことであって、公取委はそれを云々すべき立場にはなく、そもそもそれが争点になること自体に大きな問題がある。

[59]　意見概要及び考え方92参照

[60]　旧法47条に関する正田彬著『全訂　独占禁止法II』（476頁、日本評論社、1981年参照）

188　第2部

4. 異議申立て、苦情申立てについて

　立入検査や出頭命令・審尋のように、上記の行政調査手続の中で特に間接強制力を伴うものについては、従前から、その処分に不服があるときは、処分を受けた日から1週間以内に、公正取引委員会に異議の申立てをすることができるとされていた（審査規則22条）。

　他方で、間接強制力を伴わない形で実務上多く活用されている任意の供述聴取については、審査官の対応に不満がある場合でも上記の異議申立てができないため、これに替わるものとして、本指針により苦情申立ての制度が創設されている。

　この点、苦情申立ての対象は任意の供述聴取に限定されるべきではないとの指摘があったが、本指針の成案化に際して公取委からは、任意の供述聴取以外については特段問題点が指摘されているとは思われないとしつつ、必要に応じて、従来同様に審査長等が苦情申立て制度の枠外で対応するとの見解を示している[62]。

　本来、公取委としては、特段の異議や苦情が申し立てられることなく調査が進められることが望ましいといえるが、調査当局と違反被疑事業者という立場の相違から、相手方の対応に不満が出るという事態が生じることは否めない。ただし、本パネルディスカッションの中でも述べたとおり、上記の公取委の見解に示されている内容にとどまらず、すなわち不服や不満に至る手前の段階での内容を含め、違反被疑事業者側として、状況に応じて（求められずとも）主体的能動的に公正取引委員会に対して意見を表明し、対話を求めていくという姿勢はあるべきであり、実際そういった対話を通じて、適切な事案処理に至っているケースもあるということは、踏まえておくべき点であると思われる。

　なお、苦情申立てを行うことができる期間は、供述聴取が行われた日から1週間となっている。ただし、聴取日から1週間以内に、当該審査官等を指揮・監督する審査長等に対して苦情を申し入れており、その後に本制度に基づく苦情申立てを行うときは、当該期間経過後であっても行うことができるとされている[63]。

---

[61]　前掲注35参照

[62]　意見概要及び考え方106参照

苦情申立ての処理については、申立人に対して結果を書面により遅滞なく通知するとともに、年度ごとに類型的にまとめて件数等を公表するとされている[64]。制度が意義あるものとなり得るかはその運用にかかっており、必要に応じて事後的な検証による改善が図られるべきである。

　　　本稿脱稿後に、以下の論考に接する機会を得た。いずれも、公取委による事件調査手続

　　　対応についての検討に有益である。

　　　・榊原美紀他『詳説 独占禁止法審査手続』弘文堂、2016年

　　　・21世紀政策研究所研究プロジェクト「独占禁止法審査手続の適正化に向けた課題」2016年

---

[63]　公取委報道発表資料（平成27年12月25日）「任意の供述聴取に係る苦情申立制度の導入について」（http://www.jftc.go.jp/houdou/pressrelease/h27/dec/151225_2.html）参照

[64]　前掲注63参照。なお、異議申立ての処理結果等については公取委審決集に掲載されている。

【参考資料】

※　公取委から公表されている内容に基づき、本日の講演会用資料として著者作成

最終版	初版
独占禁止法審査手続に関する指針 平成27年12月25日 公正取引委員会決定 はじめに 　公正取引委員会は、今般、行政調査手続（注1）の適正性をより一層確保する観点から、これまでの実務を踏まえて行政調査手続の標準的な実施手順や留意事項等を本指針において明確化し、独占禁止法違反被疑事件の行政調査（以下「事件調査」という。）に携わる職員に周知徹底することとした。また、同様の観点から、調査手続の透明性を高め、事件調査の円滑な実施に資するよう、本指針を定めて公表することにより、その内容を広く一般に共有することとしたものである。（注2） 　（注1）公正取引委員会の独占禁止法違反被疑事件の調査手続には、行政調査手続（排除措置命令等の行政処分の対象となり得る独占禁止法違反被疑事件を審査するための手続）と犯則調査手続（刑事処分を求める告発の対象となり得る独占禁止法違反被疑事件を調査するための手続）の二つがあるが、このうち、本指針は、公正取引委員会の行政調査手続を対象としている。 　（注2）本指針の策定・公表に併せて、公正取引委員会の行政調査手続における標準的な実施手順等について、本指針の内容を踏まえて事業者等向けに作成した資料（「独占禁止法違反被疑事件の行政調査手続の概要について」〔平成27年12月公正取引委員会〕。以下「事業者等向け説明資料」という。）を公表している。 第1　総論 　1　独占禁止法の目的と公正取引委員会の使命 　　私的独占の禁止及び公正取引の確保に関する法律（昭和22年法律第54号。以下「独占禁止法」という。）は、私的独占、不当な取引制限、不公正な取引方法等の行為を禁止し、事業活動の不当な拘束を排除すること等により、公正かつ自由な競争を促進し、もって、一般消費者の利益を確保するとともに、国民経済の民主的で健全な発達を促進することを目的としている。独占禁止法の目的を達成す	独占禁止法審査手続に関する指針（案） 平成27年○月○日 公正取引委員会 はじめに 　公正取引委員会は、今般、行政調査手続の適正性をより一層確保する観点から、これまでの実務を踏まえて行政調査手続の標準的な実施手順や留意事項等を本指針において明確化し、独占禁止法違反被疑事件の調査に携わる職員に周知徹底することとした。また、同様の観点から、調査手続の透明性を高め、円滑な調査の実施に資するよう、本指針を定めて公表することにより、その内容を広く一般に共有することとしたものである。（注1） 　（注1）本指針の策定・公表に併せて、独占禁止法違反被疑事件の行政調査手続における標準的な実施手順等について、本指針の内容を踏まえて事業者等向けに作成した資料（「独占禁止法違反被疑事件の行政調査手続の概要について」〔平成27年○月○日公正取引委員会〕。以下、「事業者等向け説明資料」という。）を公表している。 第1　総論 　1　独占禁止法の目的と公正取引委員会の使命 　　私的独占の禁止及び公正取引の確保に関する法律（昭和22年法律第54号。以下「独占禁止法」という。）は、私的独占、不当な取引制限、不公正な取引方法等の行為を禁止し、事業活動の不当な拘束を排除すること等により、公正かつ自由な競争を促進し、もって、一般消費者の利益を確保するとともに、国民経済の民主的で健全な発達を促進することを目的としている。独占禁止法の目的を達成す

るため、公正取引委員会が設置されており、市場における基本ルールである独占禁止法を厳正・的確に執行し、競争秩序を早期に回復するための措置を講ずることが公正取引委員会に求められている。

公正取引委員会は、独占禁止法違反の有無を明らかにし、違反行為を排除するために必要な措置等を命じるため、違反被疑事業者等（注3）に対する調査権限を付与されており、行政調査手続において、法令に基づき手続の適正性を確保しつつ、罰則により間接的に履行を担保するという間接強制権限に基づいて立入検査、提出命令、留置、出頭命令及び審尋、報告命令等の処分を行う。このほか、違反被疑事業者等の任意の協力に基づく供述聴取、報告依頼等により事件調査を行う。

（注3）「違反被疑事業者等」とは、違反が疑われる事業者（個人事業主を含む。）、事業者団体、その役員及び従業員等の事件関係人のほか、参考人を含む。

2 公正取引委員会における事件調査の体制と監督者の責務
(1) 公正取引委員会は、独占禁止法第47条第2項の規定により職員を審査官として指定し、事件調査に当たらせている。公正取引委員会において、事件調査は審査局が担当しており、審査局長が、審査管理官の助けを得て、審査長又は上席審査専門官に命じて、これを行わせる。審査長及び上席審査専門官は、担当事件において、審査官等（審査官その他の事件調査に従事する職員をいう。以下同じ。）を指揮・監督する。
(2) 審査局長、審査管理官、審査長及び上席審査専門官（審査統括官の置かれている地方事務所においては審査統括官）は、自ら本指針に従って事件調査に携わるとともに、指揮下の審査官等に対して、本指針に従った事件調査を実施するよう指導・監督する。また、審査長、上席審査専門官等は、違反被疑事業者等から、直接又は代理人を通じて、調査手法についての申入れその他担当事件に関して意見があった場合、誠意をもってこれに対応する

るため、公正取引委員会が設置されており、市場における基本ルールである独占禁止法を厳正・的確に執行し、競争秩序を早期に回復するための措置を講ずることが公正取引委員会に求められている。

公正取引委員会は、独占禁止法の違反の有無を明らかにし、違反行為を排除するために必要な措置等を命じるため、違反被疑事業者等（注2）に対する調査権限を付与されており、行政調査手続（注3）において、罰則により間接的に履行を担保するという間接強制権限に基づいて立入検査、提出命令、留置、出頭命令及び審尋、報告命令等の処分を行う。このほか、相手方の任意の協力に基づく供述聴取、報告依頼等により調査を行う。

（注2）「違反被疑事業者等」とは、違反が疑われる事業者（個人事業主を含む）及び事業者団体等の事件関係人のほか、参考人を含む。

（注3）公正取引委員会の独占禁止法違反被疑事件の調査手続には、行政調査手続（排除措置命令等の行政処分を行うための調査手続）と犯則調査手続（刑事処分を求めて告発を行うための調査手続）の2つがあるが、このうち、本指針は、公正取引委員会の行政調査手続を対象としている。

2 公正取引委員会における事件調査の体制と監督者の責務
(1) 公正取引委員会は、独占禁止法第47条第2項の規定により職員を審査官として指定し、独占禁止法違反被疑事件の調査に当たらせている。公正取引委員会において、事件の調査は審査局が担当しており、審査局長が、審査管理官の助けを得て、審査長又は上席審査専門官に命じて、これを行わせる。審査長及び上席審査専門官は、担当事件において、審査官等（審査官その他事件の調査に従事する職員。以下同じ。）を指揮・監督する。
(2) 審査局長、審査管理官、審査長及び上席審査専門官（地方事務所においては審査統括官）は、自ら本指針に従って調査に携わるとともに、指揮下の審査官等に対して、本指針に従った調査を実施するよう指導・監督する。また、審査長、上席審査専門官等は、違反被疑事業者等から、直接又は代理人を通じて、調査手法についての申入れその他担当事件に関して意見があった場合、誠意をもってこれに対応するものとする。ただし、これらの意

ものとする。ただし、これらの意見に拘束されるものではない。

3　事件調査に携わる職員の心構え

事件調査に携わる職員は、以下の点に留意して業務を遂行するものとする。

(1)　事件調査における心構え

事件調査に携わる職員は、独占禁止法の目的を常に念頭に置き、独占禁止法の厳正・的確な執行という公正取引委員会の使命を十分に果たすため、冷静な判断力と実態解明への確固たる信念を<u>もって</u>、着実に<u>事件調査</u>を実施しなければならない。

(2)　綱紀・品位・秘密の保持

<u>事件調査</u>に携わる職員は、国民の信用・信頼を確保するため、常に綱紀・品位の保持に努めるとともに、業務の遂行に当たって知り得た秘密を漏らしてはならない<u>（独占禁止法第39条）</u>。

(3)　適正な手続の遵守

<u>事件調査</u>に携わる職員は、<u>違反被疑事業者等</u>に対して法令上の権限を行使する立場にある<u>こと及び手続の適正性を確保することが重要であること</u>を自覚しなければならない。事件調査に当たっては、<u>違反被疑事業者等</u>の理解と協力が得られるよう、当該<u>事件調査</u>に係る手続について必要な説明を行うとともに、威迫、強要等と受け取られるような態度で接することなく、常に法令の規定に従った適正な手続に基づいてその権限を行使しなければならない。

(4)　効率的・効果的な<u>事件調査</u>と多面的な検討

<u>事件調査</u>に携わる職員は、<u>違反被疑事業者等</u>の説明に真摯に耳を傾けるとともに、効率的・効果的な<u>事件調査</u>によって事案の実態を解明するよう努めなければならない。また、<u>違反被疑</u>事実の立証に当たっては、物的証拠その他<u>当該被疑事実</u>に関する十分な証拠を収集するよう努めるとともに、<u>聴取対象者</u>の供述については、予断を排して慎重かつ詳細に聴取し、その内容の合理性、客観的事実との整合性等について十分に検討した上で、その信用性について判断しなければならない。

第2　事件調査手続

1　立入検査

(1)　根拠・法的性格

公正取引委員会は、独占禁止法第47条第1項

見に拘束されるものではない。

3　<u>独占禁止法違反被疑事件の</u>調査に携わる職員の心構え

<u>独占禁止法違反被疑事件の</u>調査に携わる職員は、以下の点に留意して業務を遂行するものとする。

(1)　調査における心構え

調査に携わる職員は、独占禁止法の目的を常に念頭に置き、独占禁止法の厳正・的確な執行という公正取引委員会の使命を十分に果たすため、冷静な判断力と実態解明への確固たる信念を<u>持って</u>、着実に調査を実施しなければならない。

(2)　綱紀・品位・秘密の保持

調査に携わる職員は、国民の信用・信頼を確保するため、常に綱紀・品位の保持に努めるとともに、業務の遂行に当たって知り得た秘密を漏らしてはならない。

(3)　適正な手続の遵守

調査に携わる職員は、<u>事業者又はその従業員等</u>に対して法令上の権限を行使する立場にあることを自覚しなければならない。<u>違反被疑事件の</u>調査に当たっては、<u>調査を受ける事業者又はその従業員等</u>の理解と協力が得られるよう、当該調査に係る手続について必要な説明を行うとともに、威迫、強要等と受け取られるような態度で接することなく、常に法令の規定に従った適正な手続に基づいてその権限を行使しなければならない。

(4)　効率的・効果的な調査と多面的な検討

調査に携わる職員は、<u>相手方</u>の説明に真摯に耳を傾けるとともに、効率的・効果的な調査によって事案の実態を解明するよう努めなければならない。また、違反事実の立証に当たっては、物的証拠その他<u>事件</u>に関する十分な証拠を収集するよう努めるとともに、<u>相手方</u>の供述については、予断を排して慎重かつ詳細に聴取し、その内容の合理性、客観的事実との整合性等について十分に検討した上で、その信用性について判断しなければならない。

第2　審査手続

1　立入検査

(1)　根拠・法的性格

公正取引委員会は、独占禁止法第47条第1項

第4号の規定に基づき、違反被疑事業者等の営業所その他必要な場所に立ち入り、業務及び財産の状況、帳簿書類その他の物件を検査すること（以下「立入検査」という。）ができる。また、同項第3号の規定に基づき、事件調査に必要と考えられる帳簿書類その他の物件について、その所持者に提出を命じ、当該物件を留めて置くことができる。

独占禁止法第47条に規定される立入検査その他の処分は、違反被疑事業者等に調査応諾の行政上の義務を課し、その履行が罰則（独占禁止法第94条）によって担保されているという意味で間接強制力を伴ったものである。したがって、罰則が適用されることがあるという意味において違反被疑事業者等が、これに応じるか否かを任意に判断できる性格のものではないが、相手方があえてこれを拒否した場合に直接的物理的に実力を行使して強制し得るものではない。なお、正当な理由なくこれを拒否した違反被疑事業者等には罰則が適用されることがある。

また、独占禁止法第47条の規定に基づく間接強制力を伴う立入検査ではなく、違反被疑事業者等の事業所等に赴き、相手方の任意の協力に基づいて資料の提出等を依頼する場合もある。

(2) 立入検査時の手続・説明事項

立入検査に際して、審査官は、立入検査場所の責任者等に対し、身分を示す審査官証を提示した上で、行政調査の根拠条文（独占禁止法第47条）、事件名、違反被疑事実の要旨、関係法条等を記載した告知書（公正取引委員会の審査に関する規則〔平成17年公正取引委員会規則第5号。以下「審査規則」という。〕第20条）を交付し、検査の円滑な実施に協力を求めるとともに、検査に応じない場合には罰則（独占禁止法第94条）が適用されることがある旨を説明する。また、併せて、事業者等向け説明資料を手交する。

なお、違反被疑事業者等の事業所等に赴き、相手方の同意の下で資料の提出等を依頼する場合には、審査官等は、相手方に対し、身分証明書等を提示した上で、当該事件調査の趣旨及び独占禁止法第47条の規定に基づくものではなく相手方の任意の協力に基づいて行うものであることを説明した上で、相手方の同

第4号の規定に基づき、違反被疑事業者等の営業所その他必要な場所に立ち入り、業務及び財産の状況、帳簿書類その他の物件を検査することができる。また、同項第3号の規定に基づき、事件調査に必要と考えられる帳簿書類その他の物件について、その所持者に提出を命じ、当該物件を留め置くことができる。

独占禁止法第47条に規定される立入検査その他の処分は、相手方がこれを拒否した場合に直接的物理的に実力を行使して強制し得るものではないが、相手方に調査応諾の行政上の義務を課し、その履行が罰則（独占禁止法第94条）によって担保されているという意味で間接強制力を伴ったものであり、違反被疑事業者等が、調査に応じるか否かを任意に判断できる性格のものではない。なお、独占禁止法第47条の規定に基づく間接強制力を伴う立入検査ではなく、相手方の事業所等に赴き、相手方の任意の協力に基づいて資料の提出等を依頼するという調査を行う場合もある。

(2) 立入検査時の手続・説明事項

立入検査に際して、審査官は、立入検査場所の責任者等に対し、身分を示す審査官証を提示した上で、行政調査の根拠条文（独占禁止法第47条）、事件名、被疑事実の要旨、関係法条等を記載した告知書（公正取引委員会の審査に関する規則〔平成17年公正取引委員会規則第5号。以下「審査規則」という。〕第20条）を交付し、検査の円滑な実施に協力を求めるとともに、検査に応じない場合には罰則（独占禁止法第94条）が適用されることがある旨を説明する。また、併せて、事業者等向け説明資料を手交する。

なお、相手方の事業所等に赴き、相手方の同意の下で資料の提出等を依頼する場合には、審査官等は、調査の相手方に対し、当該調査の趣旨を説明するとともに、当該調査が独占禁止法第47条の規定に基づくものではなく、相手方の任意の協力に基づいて行うものであることを説明した上で、同意を得て調査を行う。

(3) 立入検査の対象範囲

立入検査は、違反被疑事業者等の営業部門、経理部門、法務部門等その名称にかかわらず、審査官が事件調査に必要であると合理的

意を得て行う。

(3) 立入検査の対象範囲

　立入検査は、違反被疑事業者等の営業部門、経理部門等その名称にかかわらず、審査官が事件調査に必要であると合理的に判断した場所に対して行うものであり、従業員の居宅等であっても、違反被疑事実に関する資料が存在することが疑われ、審査官が事件調査に必要であると合理的に判断した場合には立入検査の対象となる。

(4) 物件の提出及び留置に係る手続

　ア　物件の提出命令は、審査官が事件調査に必要であると合理的に判断した範囲で行うものであり、個人の所有物のように、一般にプライバシー性の高いもの（手帳、携帯電話等）であっても、違反被疑事実の立証に資する情報が含まれていることが疑われるため、審査官が事件調査に必要であると合理的に判断した場合には提出を命じる。

　なお、提出を命じる際には、当該物件の原物について現状のまま提出を命じる。サーバ、クライアントPC等に保存された電子データ（電子メール等のデータを含む。）については、記録媒体に複製及び保存したもの（必要に応じてクライアントPC等の本体）の提出を命じる。

　イ　物件の提出を命じ、留め置く際には、提出命令書及び留置物に係る通知書に対象物件の品目を記載した目録を添付する（審査規則第9条及び第16条）。当該目録には、帳簿書類その他の物件の標題等を記載するとともに、所在していた場所や所持者、管理者等を記載して、物件を特定する。留め置くに当たっては、立入検査場所の責任者等の面前で物件を1点ずつ提示し、全物件について当該目録の記載との照合を行う。

　ウ　立入検査当日における提出物件の謄写の求めについては、違反被疑事業者等の権利として認められるものではないが、日々の事業活動に用いる必要があると認められるものについて、立入検査の円滑な実施に支障がない範囲で認めるものとする。また、違反被疑事業者等からの求めがあれば、事件調査に支障を生じない範囲で、立入検査の翌日以降に、日程調整を行った上で、公正取引委員会が指定する場所において、提出物件（留置物）の

に判断した場所に対して行うものであり、違反被疑事業者等の従業員の居宅等であっても、違反被疑事実に関する資料が存在することが疑われ、事件調査に必要であると合理的に判断した場合には立入検査の対象となる。

(4) 物件の提出及び留置に係る手続

　ア　物件の提出命令は、審査官が事件調査に必要であると合理的に判断した範囲で行うものであり、個人の所有物のように、一般にプライバシー性の高いもの（手帳、携帯電話等）であっても、違反被疑事実の立証に資する情報が含まれていることが疑われるため、事件調査に必要であると合理的に判断した場合には提出を命じる。

　また、提出を命じる際には、当該物件の原物について現状のまま提出を命じる。

　イ　物件の提出を命じ留置する際には、提出命令書等に対象物件の品目を記載した目録を添付する（審査規則第9条）。当該目録には、帳簿書類その他の物件の標題等を記載するとともに、所在していた場所や所持者、管理者等を記載して、物件を特定する。留置に当たっては、検査場所の責任者等の面前で物件を一点ずつ提示し、全物件について当該目録の記載との照合を行う。

　ウ　立入検査当日における提出物件の謄写の求めについては、事業者の権利として認められるものではないが、日々の事業活動に用いる必要があると認められるものについて、立入検査の円滑な実施に支障がない範囲で認めるものとする。また、事業者からの求めがあれば、立入検査の翌日以降に、日程調整を行った上で、公正取引委員会が指定する場所において、提出物件（留置物）の閲覧・謄写を認める（審査規則第18条）。なお、謄写の方法については、事業者所有の複写機だけではなく、デジタルカメラ、スキャナー等の電子機器を用いることも認められる。

(5) 立入検査における弁護士の立会い

　立入検査において、審査官は、立入検査場所の責任者等を立ち会わせるほか、検査先事業者からの求めがあれば、立入検査の円滑な実施に支障がない範囲で弁護士の立会いを認めるものとする。ただし、弁護士の立会いは、事業者の権利として認められるものではないため、弁護士が到着するまで立入検査の開始

2　公取委「独占禁止法審査手続に関する指針」（平成27年12月25日）と、審査手続対応の在り方について　　195

閲覧・謄写を認める（審査規則第18条）。日程調整を行うに当たっては、違反被疑事業者等ができる限り早期に閲覧・謄写することができるよう配慮する。

なお、謄写の方法については、違反被疑事業者等所有の複写機だけではなく、デジタルカメラ、スキャナー等の電子機器を用いることも認められる。

エ　留置物のうち、留置の必要がなくなったものについては、これを速やかに還付する（審査規則第17条）。

(5)　立入検査における弁護士の立会い

立入検査において、審査官は、立入検査場所の責任者等を立ち会わせるほか、違反被疑事業者等からの求めがあれば、立入検査の円滑な実施に支障がない範囲で弁護士の立会いを認めるものとする。ただし、弁護士の立会いは、違反被疑事業者等の権利として認められるものではないため、審査官は、弁護士が到着するまで立入検査の開始を待つ必要はない。

2　供述聴取

(1)　根拠・法的性格

供述聴取には、任意の供述聴取及び間接強制力を伴う審尋がある。任意の供述聴取は、聴取対象者の任意の協力に基づいて供述の聴取を行うものであり、審尋は、独占禁止法第47条第1項第1号の規定に基づいて、聴取対象者に出頭を命じた上で供述の聴取を行うものである。審尋の場合には、聴取対象者が正当な理由なく出頭せず又は陳述をせず若しくは虚偽の陳述をした場合には罰則（独占禁止法第94条）が適用されることがある。

(2)　供述聴取時の手続・説明事項

ア　任意の供述聴取

(ｱ)　任意の供述聴取は、審査官等が、直接又は違反被疑事業者等若しくは代理人を通じて、聴取対象者の都合を確認し、その都度、任意の協力に基づいて行う供述聴取である旨を明確にした上で、聴取対象者の同意を得て行う。

(ｲ)　任意の供述聴取を行うに当たって、審査官等は、冒頭（供述聴取が複数回に及ぶ場合は初回の冒頭）、聴取対象者に対し、身分証明書等を提示した上で、任意の供述聴取である旨及び任意の供述聴取であって

を待つ必要はない。

2　供述聴取

(1)　根拠・法的性格

供述聴取には、任意の供述聴取及び間接強制力を伴う審尋がある。任意の供述聴取は、聴取対象者の任意の協力に基づいて聴取を行うものであり、審尋は、独占禁止法第47条第1項第1号の規定に基づいて、聴取対象者に出頭を命じた上で聴取を行うものである。審尋の場合には、聴取対象者が出頭せず又は陳述をせず若しくは虚偽の陳述をした場合には罰則（独占禁止法第94条）が適用されることがある。

(2)　供述聴取時の手続・説明事項

ア　任意の供述聴取

(ｱ)　任意の供述聴取は、審査官等が、直接又は事業者若しくは代理人を通じて、聴取対象者の都合を確認し、任意の協力に基づいて行う供述聴取である旨を明確にした上で、聴取対象者の同意を得て行う。

(ｲ)　任意の供述聴取を行うに当たって、審査官等は、冒頭、聴取対象者に対し、任意の供述聴取である旨及び任意の供述聴取であっても事案の実態を解明して法目的を達成するためには自らの経験・認識に基づき事実を話してもらう必要がある旨を説明す

も事案の実態を解明して法目的を達成する
ためには自らの経験・認識に基づき事実を
話してもらう必要がある旨を説明する。ま
た、審査官等は聴取対象者に対して、任意
の供述聴取に協力が得られない場合には別
途審尋の手続に移行することがある旨を、
必要に応じて説明する。
　イ　審尋
　　(ｱ)　独占禁止法第47条の規定に基づき、聴
取対象者に出頭を命じて審尋する場合は、
その都度、出頭命令書を送達して行う（審
査規則第9条）。出頭命令書には、法的根
拠、出頭すべき日時及び場所並びに命令に
応じない場合の罰則（独占禁止法第94条）
について記載する。
　　(ｲ)　審尋を行うに当たって、審査官は、冒
頭、聴取対象者に対し、審査官証を提示し
た上で、その法的性格（独占禁止法第47条
の規定に基づくものである旨）を説明する
とともに、陳述を拒み又は虚偽の陳述をし
た場合には罰則（独占禁止法第94条）が適
用されることがある旨を説明する。
　ウ　任意の供述聴取に係る事前連絡時又は審
尋に係る出頭命令時に、審査官は、聴取対
象者に対し、直接又は違反被疑事業者等若し
くは代理人を通じて、事業者等向け説明資料
のウェブ掲載場所を伝えるとともに、聴取対
象者が事前に同資料の内容を確認していない
場合には、当該聴取対象者に対する初回の供
述聴取の開始時に、事業者等向け説明資料を
手交する。
　エ　供述聴取を行うに当たって、審査官等
は、必要に応じて、あらかじめ聴取対象者に
対し、供述を録取した書面は、意見聴取手続
（独占禁止法第49条等）において、閲覧・謄
写の対象となる可能性がある旨及び閲覧・謄
写制度の趣旨・目的等（目的外利用が認めら
れない旨を含む。）（注4）について説明す
る。
（注4）意見聴取の通知を受けた事業者等が、意見聴取
手続において閲覧・謄写した供述調書等の内容をもっ
て、自社従業員に対する懲戒等の不利益取扱い、他の
事業者に対する報復行為等を行う可能性があるときは、
「第三者の利益を害するおそれがあるときその他正当な
理由があるとき」（独占禁止法第52条第1項）に該当
し、公正取引委員会は当該供述調書等の閲覧・謄写を

る。また、任意の供述聴取に協力が得られ
ない場合には別途審尋の手続に移行するこ
とがある旨を、必要に応じて説明する。
　イ　審尋
　　(ｱ)　独占禁止法第47条の規定に基づき、聴
取対象者に出頭を命じて審尋する場合は、
出頭命令書を送達して行う（審査規則第9
条）。出頭命令書には、法的根拠、出頭す
べき日時及び場所、命令に応じない場合の
罰則について記載する。
　　(ｲ)　審尋を行うに当たって、審査官等は、
冒頭、聴取対象者に対し、その法的性格
（独占禁止法第47条の規定に基づくもので
ある旨）を説明するとともに、陳述を拒み
又は虚偽の陳述をした場合には罰則（独占
禁止法第94条）が適用されることがある旨
を説明する。
　ウ　任意の供述聴取に係る事前連絡時又は審
尋に係る出頭命令時に、審査官等は、聴取対
象者に対し、直接又は事業者若しくは代理人
を通じて、事業者等向け説明資料のウェブ掲
載場所を伝えるとともに、聴取対象者が事前
に同資料の内容を確認していない場合には、
当該聴取対象者に対する初回の供述聴取の開
始時に、事業者等向け説明資料を手交する。
　エ　供述聴取を行うに当たって、審査官等
は、必要に応じて、あらかじめ聴取対象者に
対し、供述を録取した書面は、独占禁止法第
49条の意見聴取手続において、閲覧・謄写の
対象となる可能性がある旨及び閲覧・謄写制
度の趣旨・目的等（目的外利用が認められな
い旨を含む。）（注4）について説明する。
（注4）事業者が、意見聴取手続において閲覧・謄写し
た供述調書等の内容をもって、自社従業員に対する懲
戒等の不利益取扱い、他の事業者に対する報復行為等
を行う可能性があるときは、「第三者の利益を害するお
それがあるときその他正当な理由があるとき」（独占禁
止法第52条）に該当し、公正取引委員会は閲覧・謄写
を拒むことができる。このように、事業者が閲覧・謄
写した内容を意見聴取手続又は排除措置命令等の取消
訴訟の準備以外に利用することは目的外利用となるた
め、閲覧・謄写の申請書の様式には、目的外利用はし
ない旨の一文が置かれている。
（3）供述聴取における留意事項
　ア　供述聴取を行うに当たって、審査官等
は、威迫、強要その他供述の任意性を疑われ

2　公取委「独占禁止法審査手続に関する指針」（平成27年12月25日）と、審査手続対応の在り方について　　197

拒むことができる。このように、意見聴取の通知を受けた事業者等が閲覧・謄写した内容を意見聴取手続又は排除措置命令等の取消訴訟の準備以外に利用することは目的外利用となるため、閲覧・謄写の申請書の様式には、申請者が目的外利用はしないことを約す一文が置かれている。

(3) 供述聴取における留意事項

ア　供述聴取を行うに当たって、審査官等は、威迫、強要その他供述の任意性を疑われるような方法を用いてはならない。また、審査官等は、自己が期待し、又は希望する供述を聴取対象者に示唆する等の方法により、みだりに供述を誘導し、供述の代償として利益を供与すべきことを約束し、その他供述の真実性を失わせるおそれのある方法を用いてはならない。

イ　供述聴取時の弁護士を含む第三者の立会い（審査官等が供述聴取の適正円滑な実施の観点から依頼した通訳人、弁護士等を除く。）、供述聴取過程の録音・録画、調書作成時における聴取対象者への調書の写しの交付及び供述聴取時における聴取対象者によるメモ（審査官等が供述聴取の適正円滑な実施の観点から認めた聴取対象者による書き取りは含まない。）の録取については、事案の実態解明の妨げになることが懸念されることなどから、これらを認めない。

(4) 聴取時間・休憩時間

ア　供述聴取は、1日につき8時間（休憩時間を除く。）までを原則とし、聴取時間が1日につき8時間を超える場合には、聴取対象者の同意を得るものとする。また、やむを得ない事情がない限り、深夜（午後10時以降）に及ぶ聴取は避けなければならない。

イ　供述聴取において、聴取が長時間となる場合には、審査官等は、聴取対象者の体調等も考慮した上で、休憩時間を適時適切に確保する。

なお、休憩時間は、原則として聴取対象者の行動を制約せず、審査官等が指定した休憩時間内に、聴取対象者が弁護士等の外部の者と連絡を取ることや記憶に基づいてメモを取ることを妨げないものとする。ただし、例えば、複数の関係者を対象として、同日の近接する時間に聴取を実施する場合など、休憩時間に聴取対象者が他の事件関係者と接触し、

るような方法を用いてはならない。また、自己が期待し、又は希望する供述を相手方に示唆する等の方法により、みだりに供述を誘導し、供述の代償として利益を供与すべきことを約束し、その他供述の真実性を失わせるおそれのある方法を用いてはならない。

イ　供述聴取時の弁護士を含む第三者の立会い（審査官等が依頼した通訳人を除く。）、供述聴取過程の録音・録画、調書作成時における聴取対象者への調書の写しの交付及び供述聴取時における聴取対象者によるメモの録取については、違反被疑事件の実態解明の妨げになることが懸念されることなどから、これらを認めない。

(4) 聴取時間・休憩時間

ア　供述聴取は、1日につき8時間（休憩時間を除く。）までを原則とし、聴取時間が1日につき8時間を超える場合には、聴取対象者の同意を得るものとする。また、やむを得ない事情がない限り、深夜に及ぶ聴取は避けなければならない。

イ　供述聴取において、聴取が長時間となる場合には、聴取対象者の休憩時間を適時適切に確保する。

なお、休憩時間は、原則として聴取対象者の行動を制約しないこととする。ただし、例えば、複数の関係者を対象として、同日の近接する時間に聴取を実施する場合など、休憩時間に聴取対象者が他の事件関係者と接触し、供述内容の調整（口裏合わせ等）が行われるなどのおそれがあるときは、審査官等が付き添う。

また、食事時間等の休憩時間は、供述聴取に支障が生じない範囲で、聴取対象者が弁護士等の外部の者と連絡を取ることや記憶に基づいてメモを取ることを妨げないものとし、聴取対象者が必要に応じて弁護士等に相談できる時間となるよう配慮しつつ適切な時間を確保するようにする。

ウ　審査官等は、供述聴取を行ったときは、聴取時間、休憩時間について記録する。

(5) 調書の作成・署名押印の際の手続

ア　審査官等は、聴取対象者が任意に供述した場合において、必要があると認めるときは、供述調書を作成するものとする。また、審査官は、独占禁止法第47条の規定に基づい

供述内容の調整（口裏合わせ等）が行われるなどのおそれがあるときは、例外的に、審査官等が付き添う。

また、食事時間等の比較的長めの休憩時間を取る場合には、供述聴取に支障が生じない範囲で、聴取対象者が必要に応じて弁護士等に相談できる時間となるよう配慮しつつ適切な時間を確保するようにする。

ウ　審査官等は、供述聴取を行ったときは、聴取時間及び休憩時間について記録する。

(5)　調書の作成・署名押印の際の手続

ア　審査官等は、聴取対象者が任意に供述した場合において、必要があると認めるときは、供述調書を作成するものとする。また、審査官は、独占禁止法第47条の規定に基づいて聴取対象者を審尋したときは、審尋調書を作成しなければならない（審査規則第11条及び第13条）。

イ　審査官等は、違反被疑事実の立証に当たって、それまでに収集した様々な物的証拠や供述等を総合的に勘案した上で、当該事件に関係し、かつ、必要と認める内容について、聴取対象者の供述内容を正確に録取し、供述調書又は審尋調書を作成する。聴取対象者が供述したことを速記録のように一言一句録取することは要しない。

ウ　審査官等は、供述調書又は審尋調書を作成した場合には、これを聴取対象者に読み聞かせ、又は閲覧させて、誤りがないかを問い、聴取対象者が誤りのないことを申し立てたときは、聴取対象者の署名押印を得て完成させる。聴取対象者が、自ら供述した内容についての増減変更（調書の記載の追加、削除及び訂正）の申立てをしたときは、審査官等は、その趣旨を十分に確認した上で、当該申立ての内容を調書に記載し又は該当部分を修正し、聴取対象者の署名押印を得る。また、聴取対象者が誤りのないことを申し立てたにもかかわらず、署名押印を拒絶したときは、審査官等は、その旨を調書に記載するものとする（審査規則第11条及び第13条）。

3　報告命令

(1)　根拠・法的性格

公正取引委員会は、独占禁止法第47条第1項第1号の規定に基づき、違反被疑事業者等に対し、事件調査に必要な情報について、報告

て聴取対象者を審尋したときは、審尋調書を作成しなければならない。

イ　審査官等は、違反事実の立証に当たって、それまでに収集した様々な物的証拠や供述等を総合的に勘案した上で、当該事件に関係し、かつ、必要と認める内容について、聴取対象者の供述内容を正確に録取し、供述調書又は審尋調書を作成する。聴取対象者が供述したことを速記録のように一言一句録取することは要しない。

ウ　審査官等は、供述調書又は審尋調書を作成した場合には、これを聴取対象者に読み聞かせ、又は閲覧させて、誤りがないかを問い、聴取対象者が誤りのないことを申し立てたときは、聴取対象者の署名押印を得て完成させる。聴取対象者が、自ら供述した内容についての増減変更（調書の記載の追加、削除、訂正）の申立てをしたときは、その趣旨を十分に確認した上で、当該申立ての内容を調書に記載し又は該当部分を修正し、聴取対象者の署名押印を得る。また、聴取対象者が誤りのないことを申し立てたにもかかわらず、署名押印を拒絶したときは、その旨を調書に記載するものとする。（審査規則第11条及び第13条）

3　報告命令

(1)　根拠・法的性格

公正取引委員会は、独占禁止法第47条第1項第1号の規定に基づき、違反被疑事業者等に対し、事件調査に必要な情報について、報告

を求めること（以下「報告命令」という。）ができる。これに違反して、違反被疑事業者等が報告をせず又は虚偽の報告をした場合には罰則（独占禁止法第94条）が適用されることがある。

なお、独占禁止法第47条の規定に基づく間接強制力を伴う報告命令ではなく、違反被疑事業者等の任意の協力に基づいて報告を依頼する場合もある。

(2) 報告命令時の手続

独占禁止法第47条の規定に基づき、違反被疑事業者等から報告を徴する場合は、報告命令書を送達して行う（審査規則第9条）。報告命令書には、報告書（回答）の様式を添付した上、法的根拠、報告の期限及び命令に応じない場合の罰則（独占禁止法第94条）について記載する。

なお、違反被擬事業者等の任意の協力に基づいて報告を依頼する場合には、原則として、書面（報告書［回答］の様式を添付し、報告の期限を記載した報告依頼書等）を送付して行う。

4 審査官の処分に対する異議申立て、任意の供述聴取に関する苦情申立て

独占禁止法第47条の規定に基づいて審査官がした立入検査、審尋等の処分を受けた者が、当該処分に不服があるときは、処分を受けた日から1週間以内に、その理由を記載した文書をもって、公正取引委員会に異議の申立てをすることができる（審査規則第22条）。

また、任意の供述聴取については、聴取対象者等が、聴取において本指針「第2 2 供述聴取」に反する審査官等の言動等があったとする場合には、当該聴取を受けた日から1週間以内に、書面により、公正取引委員会に苦情を申し立てることができる。

審査官等は、常に適正な手続に基づいてその権限を行使すべきであり、異議や苦情を申し立てられるような対応を行わないことが求められるが、仮に異議や苦情を申し立てられた場合には、当該申立てに係る調査に、誠実に対応するものとする。

を求めることができる。これに違反して、違反被疑事業者等が報告をせず又は虚偽の報告をした場合には罰則（独占禁止法第94条）が適用されることがある。

なお、独占禁止法第47条の規定に基づく間接強制力を伴う報告命令ではなく、相手方の任意の協力に基づいて報告を依頼する場合もある。

(2) 報告命令時の手続

独占禁止法第47条の規定に基づき、違反被疑事業者等から報告を徴する場合は、報告命令書を送達して行う（審査規則第9条）。報告命令書には、報告書（回答）の様式を添付した上、法的根拠、報告の期限、命令に応じない場合の罰則について記載する。

なお、相手方の任意の協力に基づいて報告を依頼する場合には、報告書（回答）の様式を添付した上、報告の期限を記載した報告依頼書を送付するなどして行う。

4 審査官の処分に対する異議申立て、任意の供述聴取に関する苦情申立て

独占禁止法第47条の規定に基づいて審査官がした立入検査、審尋等の処分を受けた者が、当該処分に不服があるときは、処分を受けた日から1週間以内に、その理由を記載した文書をもって、公正取引委員会に異議の申立てをすることができる（審査規則第22条）。

また、任意の供述聴取については、聴取対象者等が、聴取において本指針「第2 2 供述聴取」に反する審査官等の言動等があったとする場合には、当該聴取を受けた日から1週間以内に、書面により、公正取引委員会に苦情を申し立てることができる。

審査官等は、常に適正な手続に基づいてその権限を行使すべきであり、異議や苦情を申し立てられるような対応を行わないことが求められるが、仮に異議や苦情を申し立てられた場合には、当該申立てに係る調査に、誠実に対応するものとする。

3 企業における CSR 施策としての 個人情報保護対策
―主にリスク管理の側面から

第一東京弁護士会総合法律研究所　CSR 研究部会副部会長　辻畑　泰喬

1. CSR

1 CSR の意義

　企業は、事業活動を遂行していく過程において、同時に社会の構成員として相応しい振舞いを期待される立場にもある。ここに CSR（Corporate Social Responsibility）の意義がある。

　CSR に対する考え方は多様であり、世界共通の確立した定義があるとはいえないものの、欧州委員会は「社会的影響に対する企業の責任[1]」と定義し、また、SR（Social Responsibility）に関するガイダンスとして位置付けられる国際規格 ISO26000[2] は、社会的責任を「組織（対象を corporate に限定していない）活動が社会や環境に及ぼす影響に対して、当該組織が担う責任」と定義し、それによって持続可能な社会発展への貢献を求めている[3]。また、経済産業省は、「企業の社会的責任」とは、「企業が社会や環境と共存し、持続可能な成長を図るため、その活動の影響について責任をとる企業行動であり、企業を取り巻く様々な

---

[1]　"the responsibility of enterprises for their impact on society"
　　https://ec.europa.eu/growth/industry/corporate-social-responsibility_en
[2]　認証規格ではなく、あくまでガイダンス（手引）である。
[3]　ISO/SR 国内委員会ホームページには、ISO26000の中小企業における活用事例も紹介されている（http://iso26000.jsa.or.jp/contents/）。

ステークホルダーからの信頼を得るための企業のあり方」を指すとしている[4]。

これに対し、企業や社会における CSR のイメージはまちまちで、時にはボランティア活動や社会貢献のイメージを持たれ、また、ときには法令順守と同義に捉えられたりすることもあるが、あえてこのように限定を付して考えるべきものではない。例えば、前記 ISO26000は、CSR に関する七つの中核主題として、①組織統治、②人権、③労働慣行、④環境、⑤公正な事業慣行、⑥消費者課題、⑦コミュニティへの参画及びコミュニティの発展を設定し、各主題に対して実践すべき課題を提案している。また、国連グローバル・コンパクト（UNGC）は、人権、労働、環境、腐敗防止の４分野について10原則を掲げ、OECD も多国籍企業行動指針を2011年５月に改訂し、情報開示、人権、雇用、環境、腐敗防止、消費者利益、科学技術、競争、納税の各分野における責任ある企業行動をとりまとめている[5]。これらはいずれも企業の自主的対応を求めるガイダンス規格であり、CSR を実践する上で参考となる。実際、企業が発行する CSR レポート等をみると、CSR 施策を講ずるに際し、国連グローバル・コンパクト、ISO26000、OECD 多国籍企業行動指針、GRI ガイドライン（G4）という各種国際的フレームワークを参照している企業が多いことが分かる。ここで CSR レポート「等」としたのは、「CSR レポート」「サステナビリティレポート」「統合報告書」等、公表形式は企業によって多様であるためである。なお、環境分野の施策については「環境報告書」という形式で公表している企業もみられるが、環境省の「環境報告ガイドライン」（2012年版が最新）は所定の企業に「環境報告書」の作成・公

---

[4]　http://www.meti.go.jp/policy/economy/keiei_innovation/kigyoukaikei/

[5]　加えて、欧州委員会は、2011年（平成23年）10月に CSR に関する新戦略を取りまとめ、CSR の見える化の強化、環境情報等の開示の向上、CSR 教育・研究へのサポート、CSR に対する欧州と世界のアプローチの調整等、八つのアジェンダを掲げた。
http://europa.eu/rapid/press-release_MEMO-11-730_en.htm

　また、GRI（Global Reporting Initiative）は、組織がサステナビリティレポートを作成するための報告原則、標準開示項目、実施マニュアルを提供する"Global Reporting Initiative Sustainability Reporting Guidelines"（GRI ガイドライン、最新版は第4版〔2013年〕）を策定・公表している。

表を推奨しているものの、当該名称・形式が必須であるわけではなく、CSR レポート等の一部に環境報告ガイドラインに則った環境分野の施策が掲載されていれば、当該 CSR レポート等を同ガイドラインにおける「環境報告書」としても位置付けることができる[6]。

　いずれにしても、既に大企業を中心とした企業では国際的フレームワーク等を参照した様々な CSR 施策が講じられてきてはいるが、幅広い分野に関連する CSR 施策は個々の施策を掘り下げて検討すれば奥深いものもあり、既存の取組にとらわれることなく、企業には、自らを取り巻く株主その他の投資家[7]、消費者、取引先、地域社会といった様々なステークホルダーの信頼を獲得し、自らの価値を高めると共に、社会貢献にも資するためにどのような取組みを実践するのが望ましいかを柔軟に考え、経営資源の適正な配分の下に、CSR の発想をより積極的・戦略的に活用していくことが望まれているといえよう。

2 情報化・グローバル化社会における CSR の重要性

　インターネットの普及に伴い、国民一人一人が日常生活の中で報道機関の記者のような役割を果たし得る状況が生じている。各種の掲示板には様々な意見が寄せられ、いつしかそれが世論を動かすようなことにもなり得る。近時は「ブラック企業」という言葉も普及し、インターネット上では企業名を明かした「ブラック企業大賞」なるサイトまで登場している。このようなサイトを通じて、世間に様々な企業イメージが醸成される可能性がある。

　これは、前記の ISO26000 の整理においては「③労働慣行」分野における問題であるが、情報化社会の影響は、いうまでもなく当該分野に限定された話ではない。企業も社会の構成員として果たすべき役割があり、個人よりもはるかに大き

---

[6]　環境省「環境報告ガイドライン」（2012年版）9 頁
[7]　ESG 投資。当該企業における環境（Environment）、社会（Social）、統治（Governance）への配慮を投資の判断材料とする動きがグローバルに拡大している。国連は「責任投資原則」（PRI：Principles for Responsible Investment）を提唱し、署名機関投資家に ESG に配慮した投資を求める等の原則を提示している。署名機関は50か国超からおよそ1,500におよび（PRI ホームページ参照）、今や企業発展のためには非財務情報への配慮が不可欠となっている。

な影響力を持つ組織体であるが故に、その役割に対する社会の目はより一層厳しい。これは大企業に限った話ではなく、中小企業においても社会に対する影響力が大きい組織であればあるほど厳しい目に晒されるが、その際の企業対応として、CSR の発想は有用となってくる。

また、現状、CSR の取組みは比較的大企業を中心として実践されているが、情報化社会の中では、取引先や下請先の不祥事による企業イメージの低下をもたらすこともあり、取引条件として一定の CSR の取組みが求められることもあり得る。中小企業の限られた経営資源の下での限界はあり、現実的な取組みから入っていかざるを得ないが、長期的視野の下では、中小企業にも CSR の取組みが十分に浸透していくことが期待される[8]。

更には、前記 OECD 多国籍企業行動指針の実施のために参加国に連絡窓口（NCP：National Contact Point）[9]が設置され、労働問題その他同指針に違反する問題事案が提起された場合の対応が NCP においてとられており、実際、当該対応結果が企業名を付して公表されている。同指針では、「多国籍企業」について売上等での裾切りは行われておらず、大企業である多国籍企業は勿論のこと、事業のグローバル化に伴い、中小企業であっても必ずしも無視できるものではない[10]。このような公表事項が容易に伝播する情報化社会においては、思わぬところから"炎上"へと発展しかねないことも心に留めておくべきである。

加えて、グローバル化の影響は、この OECD 多国籍企業行動指針等の国際的枠組みに係る取組みとの関係に限ったものではなく、グローバル展開した先の国の法令やガイドライン等によって CSR に係る施策を講ずることが直接求められる場合もある。例えば、インド新会社法（Companies Act, 2013、以下の135条は

---

[8]　個々の中小企業単独で施策を講ずるには限界もあり、業界団体による支援や業の垣根を超えた連携も一層期待される。現にサプライチェーン全体で環境対策等を講じている企業も少なくないほか、業界団体においても JEITA（電子情報技術産業協会）の「サプライチェーン CSR 推進ガイドブック」等の取組みがみられる。

[9]　日本 NCP は外務省、厚生労働省、経済産業省で構成されている。

[10]　なお、海外で CSR 施策を実施するに際しては、日本国内の取組みをそのまま採用するのではなく、社会的・文化的差異にも配慮する必要がある。

2014年4月1日に施行：2016年9月時点の規定に基づく）は、純資産額等の一定の要件を満たす企業に対し取締役3名以上（少なくとも1名は独立取締役）で構成されるCSR委員会の設置を義務付けるほか（Companies Act, 2013:135.(1)）、直前の3会計年度における平均純利益の2％以上をCSR施策の遂行のために支出しなければならないとし（Companies Act, 2013:135.(5)）、規則は、当該義務対象企業に、インドに支店やプロジェクトオフィスを持つ所定の外国会社を含めるとしている（Companies (Corporate Social Responsibility Policy) Rules, 2014:3.(1)）[11]。

　このように、情報化社会の進展や事業のグローバル化に伴い、CSRの重要性は一層増していくことであろう。その中で、本稿では、特に企業の規模に関わらず問題となり得る個人情報保護に焦点を当ててCSRの側面から整理することとする。

2.　個人情報保護のCSR対応

■1 人権及び消費者課題

(1)　人権問題の側面

　個人情報の保護は、個人のプライバシー権にも関係する人権問題[12]であるといい得る。

　個人情報に係る各国の取組みは必ずしも統一的ではないが、厳格な取扱いを要求するEUにおいては、まさに人権問題そのものとして捉えられる傾向にある。EU域内から域外への個人データの移転は、十分な保護措置を講じていると欧州

---

[11]　インド新会社法及び同規則については、インドの企業省（Ministry of Corporate Affairs）のWebサイト（以下のURL）を参照。Companies (Corporate Social Responsibility Policy) Rules, 2014については、制定後に同4.(2)及び(6)等について一部改正が加えられている。なお、企業省は2009年に「企業の社会的責任自主ガイドライン2009」（CORPORATE SOCIAL RESPONSIBILITY VOLUNTARY GUIDELINES 2009）を策定している。
http://www.mca.gov.in/MinistryV2/companiesact2013.html（企業省URL）

[12]　ISO26000が示す中核主題②

委員会から認定された国等でないと原則禁じられており（十分性認定）、2016年（平成28年）8月現在で11の国と地域が当該認定を受けている[13]。後記のとおり、日本は2015年（平成27年）9月に個人情報保護法の改正法案が成立し、今後、個人データの円滑な移転に向けた十分性認定の取得や国際的枠組みの構築等について交渉していくことが想定されるが[14]、個人情報に係る問題を人権問題と位置付けるEUとの交渉は必ずしも容易でないことが推察される。

2013年（平成25年）、アメリカ国家安全保障局（NSA）による盗聴等の問題がエドワード・スノーデン氏による告発で発覚し、ドイツのメルケル首相も盗聴対象とされていたことも話題となった。アメリカはEUからの個人データの移転はセーフハーバー協定によるスキームで解決してきたが、このNSAの件を受け、EUは重大な人権侵害行為が認められるとしてアメリカでの個人情報の取扱いに疑念を強め、2015年（平成27年）10月6日には欧州司法裁判所がEU－USセーフハーバー協定を無効とする判断まで示した[15]。同判断を受けて両者間で交渉が積み重ねられ、2016年（平成28年）2月2日に、アメリカでの個人情報保護をより強化する趣旨の新たな枠組み（EU－USプライバシー・シールド）の構築が合意され[16]、更にその後の議論を経て、同年7月に欧州委員会の承認に至った[17]。

このように欧州は個人情報保護を人権問題として厳格に解する傾向がみられるところ、国連の取組みにおいても、企業や団体が社会のよき一員として行動し、持続可能な成長を実現するための枠組みを作る前記国連グローバル・コンパクトが指摘する10原則は、企業による人権尊重を謳っており（同原則1[18]及び2[19]）、同

---

[13] 日本は十分性認定を受けていない。

[14] 個人情報保護委員会は、円滑な越境移転を図るために諸外国との協調を進めることとし、当面、米国及びEU（英国のEU離脱にも注視）と、相互の円滑なデータ移転を図る枠組みの構築を視野に定期会合を立ち上げる方向で調整している（第14回個人情報保護委員会（平成28年7月29日）資料3）。

[15] http://curia.europa.eu/jcms/upload/docs/application/pdf/2015-10/cp150117en.pdf

[16] http://europa.eu/rapid/press-release_IP-16-216_en.htm

[17] http://europa.eu/rapid/press-release_IP-16-2461_en.htm

[18] https://www.unglobalcompact.org/what-is-gc/mission/principles/principle-1

[19] https://www.unglobalcompact.org/what-is-gc/mission/principles/principle-2

原則の人権の中にはプライバシー保護も含まれている[20]。国連が提唱した前記
「責任投資原則」（注7）は国連グローバル・コンパクトを補完するもので、この
人権問題を含めた普遍的原則を経営方針に含めることを求めており、登録機関投
資家による投資判断に際しては、プライバシー保護の観点も考慮され得るものと
いえる。

　このプライバシー権は、1890年にサミュエル・ウォーレンとルイス・ブランダ
イスによる共著「The Right to Privacy」において、「ひとりにしておいてもら
う権利」（the right to be let alone）として提唱され[21]、その後米国で裁判法理が積
み重ねられた。日本では、表現の自由が日本国憲法上保障された戦後、「宴のあ
と事件」の東京地裁判決において「プライバシー権」が裁判上はじめて認めら
れ[22]、その後、最高裁判所においても法的保護の対象となるプライバシー情報を
認定してプライバシー侵害を肯定する等[23]、プライバシーに係る裁判法理が形成
されてきている。

　本稿の課題である個人情報保護は、このプライバシー保護の流れの中で重視さ
れるようになった概念といえるが、平成15年5月に成立した個人情報の保護に関
する法律（以下「個人情報保護法」という）[24]における「個人情報」概念は、特定個
人識別という観点から外延を画しており、プライバシーと保護対象が一致するも
のではなく、平成27年改正法においても当該概念自体に変更はない上[25]、法の目
的規定（新個情法1条[26]）に「プライバシー」の文言は明記されるに至っていな
い[27]。しかし、個人情報保護法の趣旨においてプライバシーという人権保護の観

---

[20]　http://www.ohchr.org/Documents/Publications/FactSheet2Rev.1en.pdf 及び注4参照。
[21]　Warren and Brandeis "The Right to Privacy"（Harvard Law Review, Vol.4 December
　　15, 1890 No.5）
[22]　「私生活をみだりに公開されないという法的保障ないし権利」（東京地判昭39.9.28判時
　　385号12頁）
[23]　最二判平成15年9月12日民集57巻8号973頁
[24]　同法は、情報化社会の進展や住基ネットの稼働に伴うプライバシー保護の要請を受けて
　　制定。
[25]　なお、新たに「個人識別符号」の概念が創設され、当該符号の含まれるものも「個人情
　　報」となった（新個情報2条1項2号、2項）。

念が含まれていることに間違いはない。

(2) 消費者課題の側面

個人情報の保護は、同時に消費者課題[28]としての側面も有している。

企業は、事業活動を遂行するために顧客情報等多様な個人情報を保有しているところ、その漏えいにより当該個人情報の本人たる個人（消費者）に対し精神的苦痛を与え、また、漏えい情報をベースとしたリスト（ときに「カモリスト」と呼ばれることもある）に基づく詐欺事案といった消費者被害の温床ともなりかねないものであり、個人情報保護は消費者課題といい得る。

行政対応においても、個人情報保護法が平成15年に成立して以降内閣府が同法を所管してきたものの、平成21年9月の消費者庁の設立に伴い、個人情報保護は消費者課題であるとの理解のもと、法の所管が消費者庁へと移管された。また、個人情報保護に係る課題の検討を従前は国民生活審議会において議論していたものの、平成21年9月以降はその役割が消費者委員会へと引き継がれた。なお、平成27年改正において、法の所管が消費者庁から個人情報保護委員会[29]へとさらに移ったが、それは、法所管と法執行権限の分断による弊害の回避や国際的整合性等の観点に基づく判断であって、消費者課題という問題意識に修正を加えるものではない。

この個人情報保護の消費者課題という観点はISO26000においても明確になっており、中核主題⑥「消費者課題」の中に個人データ保護、プライバシーが位置付けられている。また、OECD多国籍企業行動指針でも、「消費者利益」（Ⅷ

---

[26] 本章において、「新個情法〇条」とは、平成27年改正後の個人情報保護法の条文であり、同改正に係る個人情報保護法等の一部を改正する法律附則1条柱書の施行日（平成27年9月9日の公布から2年以内の政令が定める日）以後の条文番号をいう。

[27] 改正検討過程において、法の目的規定に「プライバシー」の文言を明記すべきとの問題意識が指摘されたことがある。

[28] ISO26000が示す中核主題⑥。なお、GRIガイドライン（G4）においては、「経済」「環境」「社会」のカテゴリーのうち、「社会」のサブカテゴリーである「製品責任」の中に「顧客プライバシー」が位置付けられている。

[29] 個人情報保護法等の平成27年改正に伴い、平成28年1月1日に番号利用法上の特定個人情報保護委員会を改組することで新たに設立された機関（3条委員会）。

Consumer Interests）の分野において、「消費者のプライバシーを尊重し、個人データを収集、保有、処理、提供するに際しては、安全確保のための合理的措置を講ずる。」（6項）[30]との指針を示している[31]。同指針に対する問題事例が発覚した場合は、前記のとおり、日本NCPに問題提起されるリスクを負う。

2 個人情報の取扱いに係る企業責任

個人情報の漏えい等、個人情報に係る問題が発生した場合、企業は様々な責任（リスク）を負担することになる。

(1) 行政上の責任

第1に、個人情報保護法等に基づく個人情報保護委員会からの監督権限の行使[32]である。

個人情報保護法は、個人情報の取扱いに対する個人情報取扱事業者等[33]の義務を定め、当該義務違反等に係る監督規定を置いている。例えば、個人情報の漏えい問題が発生した場合、当該企業には安全管理措置義務違反、従業者の監督義務違反、委託先の監督義務違反等の疑いが生じ（新個情法20～22条）、個人情報保護委員会は報告徴収や立入調査権限（新個情法40条）を行使して当該企業における個人情報の取扱実態（規程等の整備や社内組織体制、技術的措置の状況、従業者等の教育・監視体制等）を調査し[34]、必要に応じ指導、助言（新個情法41条）を行い、場合によっては勧告、命令（新個情法42条）へと至ることもある[35]。この点は、マ

---

[30] "OECD Guidelines for Multinational Enterprises"（2011、OECD）

[31] この「合理的措置」が意図するレベルは、同じOECDの取組みである2013年（平成25年）改訂のOECDプライバシーガイドラインが参考になる。

[32] 「行政手続における特定の個人を識別するための番号の利用等に関する法律」（番号利用法〔いわゆるマイナンバー法〕）上の義務に関する個人情報保護委員会の監督もある。

[33] 個人情報取扱事業者及び匿名加工情報取扱事業者

[34] 個人情報保護法上の法的権限行使という形ではなく、事実上、企業から話を聴く等の運用も改正前の主務大臣制の下では行われていた。

[35] 改正前の主務大臣制の下では一度も命令権限を行使されたことはない。大島義則他編『消費者行政法：安全・取引・表示・個人情報保護分野における執行の実務』（辻畑＝板倉＝前田執筆部分）第5章（勁草書房、2016年）は、個人情報保護法の過去の執行状況や執行事例及び新たな執行制度等について解説している。

イナンバーの取扱いにおいても同様で、番号利用法に基づき、個人情報保護委員会による監督権限が行使される場合がある。

(2) 刑事上の責任

第2に、個人情報保護法等に基づく罰則である。

例えば、個人情報や特定個人情報の漏えい等の事案において個人情報保護委員会から命令が出されたにも関わらずそれに従わない場合、当該命令違反が認められる事業者には個人情報保護法及び番号利用法上の刑事罰が科される。

特に、平成27年改正に伴い、個人情報保護法は新たに個人情報データベース等不正提供・盗用罪（新個情法83条）を設け、従業者による不正漏えい行為に対し、個人情報保護法に基づく刑事罰を直接科すことが可能となった。これは、平成26年7月に発覚した大規模個人情報漏えい事件を受けて導入された刑事罰である。そして、本罪には両罰規定があるため（新個情法87条）、当該行為者のみならず行為者を雇用している企業に対しても罰金刑が科されることがあり、企業としては注意を要する。

なお、このような個人情報漏えい事件に対しては、これまで不正競争防止法上の営業秘密に係る規定違反として行為者が逮捕・起訴された事案はあり、今後も不正競争防止法上の刑事責任が問われる可能性も否定できない。もっとも、漏えいした個人情報が「営業秘密」に該当するといえるために必要な秘密管理性の認定等の点で刑事責任を追及するには引き続き一定のハードルが存在する。その他、行為者には刑法上の責任等が問われることもある。

(3) 民事上の責任

第3に、民事責任の追及である。個人情報の漏えい事案に対して、金券配布等の対応をとる企業も少なくないが、ときには裁判を通じて損害賠償を請求されることもあり、共同訴訟の形態で多くの原告を束ねて数次に渡って提訴されるケースも現にみられる。これまでの例でみると、個人情報の漏えい事案において、1人あたり5,000～10,000円程度の損害賠償額が認容されるケースが目立つが、2次的被害や情報のセンシティブ性に鑑みて30,000円の損害が認容されるケースもある[36]。1人あたりの損害額は多額ではないものの、個人情報の漏えいは一度にま

とまって発生することが殆どで、ときには数百万から数千万件同時に発生することもあり、総体としての損害額が極めて高額となるリスクがある。また、個人情報の漏えいに伴って企業が被った損害につき、当該企業の役員等は会社や株主等から責任追及されることもあり、株主代表訴訟へと発展するリスクも否定できない。

(4) レピュテーションリスク

第4に、レピュテーションリスクである。前記(1)から(3)の行政、刑事、民事上の責任が問われるのと同時に、または、これらの法的責任が問われない事案であったとしても、様々なレピュテーションリスクは常につきまとう。

前記大規模個人情報漏えい事件において、同社が経済産業大臣から個人情報保護法上の勧告を受ける等の法的問題に発展し、それと同時に広く社会問題化してメディアにも取り上げられ、新規顧客勧誘の一時停止や一定数の退会者があらわれるといった状況にも陥った。漏えいした個人情報を用いた消費者へのDM発信等をなくすための取組みは、当該事件から2年以上経った平成28年8月時点においても続けられており[37]、また、当時は顧客対応として200億円の原資を準備するとも報道されていた[38]。当然このような漏えい問題は株価に多大な影響を及ぼすこともあり得る。

かかる法的責任が問われる事案におけるレピュテーションリスクは比較的想像しやすいが、個人情報に係る問題は法的責任が現に問われていないケース[39]においても、プライバシー意識の相対性ゆえに問題事案へと発展することがある。平成25年に大手鉄道会社が交通ICカードに係る乗降履歴等の情報を第三者に提供した問題が発覚して多くの批判が寄せられ、その後、当該鉄道会社は提供対象か

---

[36] 東京高判平成19年8月28日（判タ1264号299頁）（原審：東京地判平19.2.8判タ1262号270頁）

[37] 「ベネッセお客様本部」ホームページより。http://www.benesse.co.jp/customer/

[38] 日本経済新聞記事（平成26年7月17日）等
http://www.nikkei.com/article/DGXNASDZ17074_X10C14A7000000/

[39] 違法行為でない事案という意味ではなく、違法性が疑われるとしても現にその段階で責任が問われるに至っていない事案も含む。

らの除外の申出（オプトアウト）を一般に広報したところ、同年10月初めまでに利用者から約55,000件の申出があったとされている[40]。この件においては、主務大臣である国土交通大臣からは報告徴収や勧告等の法的監督権限は行使されていなかった[41]。

　他にも、個人情報の取扱いは人権・消費者に係る問題と位置付けることができるため、前記 OECD 多国籍企業行動指針違反の事例に係る日本 NCP による手続結果の公表や、人権、消費者団体による調査・声明等により、レピュテーションが毀損することも否定はできない。勿論、個人のブログ等を発端に炎上へと発展してしまうこともあり得る。

　このレピュテーションリスクは、容易に情報を発信し拡散する情報化社会においては特に注意を要する。

3 企業における個人情報保護の CSR 施策

(1) 法令順守

　企業が、個人情報保護法や番号利用法及びそこから委任された政省令等に基づいて適法に事業活動を遂行すると共に、本人のプライバシー権にも配慮し、また、刑事上の責任も問われることのないよう法令順守を徹底しなければならないことはいうまでもない。もし、違法行為が行われると、行政からの監督権限の行使や、民事、刑事上の法的責任が発生するのと同時に、レピュテーションに対する重大な毀損ともなりかねない。企業がルールを守るというのは、CSR 施策としては最低限の対応である。

(2) 個人情報保護法

　ここで特に注意を要する法律が、民間企業や団体等における個人情報の取扱いを規律する個人情報保護法である。同法は平成27年９月に改正法が成立し、平成

---

[40]　日経 BP ネット記事より（「『Suica 履歴販売』は何を誤ったのか」日経コンピュータ平成25年10月17日号）。
　　http://www.nikkeibp.co.jp/article/column/20131126/374974/?rt=nocnt
[41]　事実上の聴取はあり得る。また、本件に対する法的問題も指摘され得るところではあるが、当時の客観的事実として、個人情報保護法に基づく主務大臣による監督権限の行使は行われていなかった。

28年1月1日に個人情報保護委員会の設立や法の目的に係る規定が施行された。その他、企業に多大な影響を及ぼす義務規定等は平成27年9月9日から2年以内の政令指定日に施行される[42]。

詳細は他に譲るが[43]、下記表は改正個人情報保護法の義務に係る規定が施行された後において、個人情報取扱事業者等が負う個人情報等[44]の取扱いに係る法的義務の項目一覧である。

【図表】個人情報取扱事業者等の法的義務[45]

条文（※1）	義　務　の　項　目（※2）	改正（※3）
15条1項	利用目的の特定	－
15条2項	利用目的の変更	改正
16条	利用目的による制限	－
17条1項	適正な取得	－
17条2項	要配慮個人情報の取得制限	改正
18条	取得に際しての利用目的の通知等	－
19条	データ内容の正確性の確保・消去	改正
20条	安全管理措置	－

[42]　個人情報保護委員会の監督権限も義務規定と同日に施行され、当該施行以前は主務大臣制が存続される。「個人情報の保護に関する法律及び行政手続における特定の個人を識別するための番号の利用等に関する法律の一部を改正する法律」（個人情報保護法等の一部を改正する法律）附則1条参照。

[43]　政令・規則が公表される前の解説書として、辻畑泰喬『Q&Aでわかりやすく学ぶ　平成27年改正個人情報保護法』（第一法規、2016年）、日置巴美＝板倉陽一郎『平成27年改正個人情報保護法のしくみ』（商事法務、2015年）、第二東京弁護士会情報公開・個人情報保護委員会編『Q&A　改正個人情報保護法』（新日本法規、2015年）、関啓一郎『ポイント解説　平成27年改正　個人情報保護法』（ぎょうせい、2015年）、瓜生和久編著『一問一答　平成27年改正個人情報保護法』（商事法務、2015年）等がある。改正個人情報保護法に対応するには政令・規則・ガイドライン等が重要な意義を有するため、それらを踏まえた解説書も参照されたい。

[44]　個人情報及び匿名加工情報

[45]　改正個人情報保護法第4章第1節及び第2節に係るもので、努力義務を含む。

21条	従業者の監督	－
22条	委託先の監督	－
23条1項	第三者提供時の原則本人同意及び例外	－
23条2項〜4項	オプトアウト手法での提供規制	改正
23条5項、6項	委託、合併等事業承継、共同利用	－
24条	外国にある第三者への提供	改正
25条	第三者提供に係る記録の作成等	改正
26条	第三者提供を受ける際の確認等	改正
27条	保有個人データに関する事項の公表等	－
28条〜30条	開示、訂正等、利用停止等への対応	改正
31条	開示等措置をとらない場合等の理由説明	－
32条	開示等の請求等に応じる手続	－
33条	利用目的通知及び開示に係る手数料	－
34条	開示等の請求等に係る事前の請求	改正
35条	苦情の処理	－
36条	匿名加工情報の作成等	改正
37条	匿名加工情報の提供（匿名加工情報取扱事業者の義務）	改正
38条	識別行為の禁止（匿名加工情報取扱事業者の義務）	改正
39条	安全管理措置等（匿名加工情報取扱事業者の義務）	改正

（※1）　改正個人情報保護法の条文番号

（※2）　「（匿名加工情報取扱事業者の義務）」との記載があるものを除き、個人情報取扱事業者の義務である。なお、19条、31条、35条、36条6項、39条は努力義務である。

（※3）　平成27年改正において実質的改正が施された義務には「改正」と記載。

⑶　その他個人情報保護の CSR 施策の一例[46]

㋐　よりわかりやすい明示や同意取得等の方法

　　個人情報取扱事業者は、原則として、個人情報を取得した場合は利用目的を本人に対し通知または公表する義務を負い（新個情法18条1項）、契約書等、本人から直接書面を通じて個人情報を取得する場合は、あらかじめ利用目的を明示しなければならない（同条2項）。また、オプトアウトの手法で第三者に提

---

[46]　法令順守を超えたものまたは法令順守をより徹底する趣旨のものがある。

供[47]する際も所定事項を通知または容易に知り得る状態に置くことを要し（新個情法23条2項）、加えて、保有個人データに関する事項についても本人が容易に知り得る状態（求めに対し遅滞なく回答する場合を含む）に置かなければならない（新個情法27条1項）[48]。

このような所定事項の通知・公表等の義務に対し、企業は利用規約等の手交やスマートフォン画面上の利用規約等の掲載等の方法で対応し、またオプトアウト手法時の義務については、ほぼ全ての事業者がホームページ上で所定事項を掲載することにより対応をとっている。これらの対応の適法性は個別事情にはよるものの、基本的には法的義務を履行しているものと評価されてきている。

もっとも、消費者としては利用規約等や事業者のホームページをいちいち細かくチェックしないのが通常であって、結局のところ利用目的を知らずに個人情報を提供し、また、知らぬ間にオプトアウトの手法で第三者に提供されてしまっている現実がある。これは、目的外利用や第三者提供の同意取得（新個情法16条1項、23条1項）においても当てはまり、消費者はいつの間にかそれらに同意してしまっていて[49]、自らの与り知らぬ形で個人情報が使われている現実も否定できない[50]。

このような問題意識に対し、経済産業省は「パーソナルデータ利活用の基盤

---

[47] 一定事項を通知等、届出、公表することを条件に、本人からの申出があるまでは、本人同意なくして個人データを第三者に提供できるという制度（新個情法23条2項～4項）。

[48] この他にも、匿名加工情報を作成・提供する際の公表義務（新個情法36条3項、4項）等の匿名加工情報に係る義務もある（新個情法36～39条）。

[49] クリックトレーニング（約款等を読むことなく盲目的に同意ボタンを押すこと）等

[50] 「平成26年度個人情報の保護に関する法律施行状況の概要」（消費者庁、平成27年10月）によると、個人情報の取扱いに係る苦情相談事例において、その4分の1強が「同意のない提供」または「目的外利用」に関するものである。また、「不適正な取得」に関するものが半数近くと圧倒的な割合を占めているが、これには、オプトアウト手法の提供や形式的な同意に基づく提供により、認識のないまま無関係の企業等に個人情報を取得されてしまっていることに対する苦情が相当数含まれていると推察され、結局のところ、同意の取得方法の問題やホームページ等への掲載方法の問題に関連する苦情相談が多くを占めていると考えられる。

となる消費者と事業者の信頼関係の構築に向けて」（2013年5月10日 IT融合フォーラムパーソナルデータワーキンググループ）を策定・公表し、そこでは平易で簡素な表示、ラベルやアイコンによる一覧表示等、消費者にとってよりわかりやすい表示方法について検討を加えている。更に、経済産業省はよりわかりやすい表示の取組みを促進する観点から、「パーソナルデータ利活用ビジネスの促進に向けた、消費者向け情報提供・説明の充実のための『評価基準』と『事前相談評価』のあり方について（平成26年3月26日）」を策定・公表し、消費者にとってよりわかりやすい形での記載事項や記載方法についての評価基準について検討を加えると共に、同時にベストプラクティス集も公表した（229頁「参考資料」参照。なお、このベストプラクティスは当該事例に係る一例を示したものであり、参考としては有意であるものの、他の事業者や他のサービスに、必ずしも汎用的に用いられるものではない。）。

　会社の規模、事業活動、取り扱う個人情報の対象者や種類、取扱方法等は企業によって様々であり、よりわかりやすい表示等の取組方法も各企業の個性があってよい。一気に完璧を目指すのではなく[51]、少しの工夫の積み重ねでも構わない。もっとも、形式的に法定事項を利用規約等に記載することで満足するのではなく、どうすれば個人情報の本人（消費者や従業員等）に自社での取扱方法等を正しく理解してもらえるのかという観点から記載事項や記載方法に検討を加えて実践することが、前記注50の苦情相談実態にも鑑みると、後の紛争回避及び当該企業への信頼向上に繋がるものといえる。

(イ) 特定分野に係る省庁や業界団体における取組み

　特定の分野で業界団体等が、法的義務の枠を超えまたは法的義務の履行をより実効化する観点から図る取組みも、CSR施策の一環として位置付けられる。

　例えば、スマートフォンの普及した社会において、アプリ利用の際の個人情報の収集や利用、プライバシーポリシーでの周知、情報リテラシー教育、その

---

[51]　そもそも完璧が何かというコンセンサスもない。完璧を目指して躊躇するのではなく、半歩でも前進する取組みを考えて実践していくことの積み重ねが、結果的に消費者等の信頼に繋がるものといえる。

他様々な問題が生まれるところ、総務省は、①「スマートフォン プライバシー イニシアティブ」（平成24年8月、利用者視点を踏まえたICTサービスに係る諸問題研究会）及び②「スマートフォン安心安全強化戦略」[52]（平成25年9月、同研究会）を策定・公表するとともに、アプリケーション・プライバシーポリシーの作成・掲載に係る実態調査及び第三者検証に係る実証実験を行い、③「利用者情報の適切な取扱いの推進に向けたスマートフォン等のアプリケーションにおける諸課題に関する報告書～スマートフォン プライバシー アウトルックⅡ～」（平成27年4月17日、スマートフォンアプリケーションプライバシーポリシー普及・検証推進タスクフォース）及び④「スマートフォン上のアプリケーションにおける利用者情報の取扱いに係る技術的検証等の諸問題に係る実証調査研究～スマートフォン プライバシー アウトルックⅢ～」（平成28年4月28日、同タスクフォース）を策定・公表する等、その他様々な取組みを実施してきている。

業界団体においても、例えば、一般社団法人モバイル・コンテンツ・フォーラムが、前記「スマートフォン プライバシー イニシアティブ」を踏まえて「スマートフォンのアプリケーション・プライバシーポリシーに関するガイドライン」（平成24年11月13日）を策定・公表し、その名称の在り方や掲示場所等についての考え方を示すとともに、具体的なモデル案を示している。

また、業界団体及び国との間で情報交換を適切に行うとともに、ガイドライン等の策定の支援等を行う目的で、「スマートフォンの利用者情報等に関する連絡協議会」が立ち上げられ、多くの業界団体が構成員として名を連ねる他、総務省、経済産業省、消費者庁（個人情報保護法を所管していたため）[53]がオブザーバーとして参加し、会合を重ねてきている。

各企業がこの様な国や業界団体の取組みを受け、当該業界団体等とも協同しつつ顧客や社会的利益の視点に立った施策を講ずることも、当該企業への信頼の向上に繋がるものといえる。

(ウ) 柔軟な消去等の対応

---

[52] 第Ⅰ部が「スマートフォン プライバシー イニシアティブⅡ」と題されている。

[53] 平成28年8月時点で、個人情報保護委員会はオブザーバー参加していない。

3　企業におけるCSR施策としての個人情報保護対策—主にリスク管理の側面から　217

個人情報取扱事業者は、保有個人データの内容が事実でないときは、本人からの請求に基づき訂正・追加・削除をしなければならず（新個情法29条）、また、利用目的による制限規定違反（新個情法16条違反）及び適正な取得規定違反（新個情法17条違反）が認められるときは、本人からの請求に基づき利用停止または消去をしなければならない（新個情法30条）。更に、個人情報取扱事業者は、個人データを利用する必要がなくなったときは、当該個人データを遅滞なく消去する努力義務を負う（新個情法19条）。

　このように、事実でない部分の削除や所定の違法行為の場合の消去、不必要となった場合の努力義務としての消去は法的対応として規定されているものの、必ずしも消費者が望む全ての場面において、法律上、消去が担保されているわけではない。例えば、違法漏えい情報が転々流通し、たまたま名簿業者からマーケティング目的で当該情報を購入した企業に対して消去等を請求しようとしても、当該購入企業に前記16条、17条違反が認められる等の一定の要件を充たさない限りは、法律上の請求は認められないこととなる[54]。

　しかし、消費者からすると、大元の漏えいを発生させた企業だけでなく、転々流通した個人情報を現に保有してダイレクトメールを発送等してくる企業に対しても不満を抱くものと考えられ、当該購入企業としては、法律上の消去等義務がないからといって消費者の声を無視し続けることは必ずしも得策とはいえない。法令上の保管期間がある場合を除き、いつでも本人からの消去や利用停止の求めに応じる旨を謳うことで、消費者の信頼獲得を図る取組みも一つにはあり得よう。また、少なくとも自社から漏えいした可能性のある個人情報が第三者に保有されている場合は、当該第三者に対して削除の働きかけをする等、積極的に消去の協力をすべきである[55]。

---

[54]　改正法では取得経緯の確認義務（新個情法26条）が課されたため、当該確認の結果、違法流通を認識したにも関わらず漫然と取得する行為は前記17条違反となり得るものの、特に幾重にも転々とした個人情報を取得する場合等では違法流通を認識し得ない場合もあり得、違法漏えい情報の取得行為について、常に同条違反が認められるわけではない。

[55]　注37参照

個人情報の利活用ニーズは企業ごとにまちまちであり必ずしも特定の方策が推奨されるべきものではないが、各々の実態を勘案しつつ、自社にあった消去等のあり方を考える取組みも、当該企業への信頼向上に繋がるものである[56]。

�　情報コンプライアンス組織体制の構築

　個人情報保護に係るコンプライアンス組織体制として、例えば、チーフ・プライバシー・オフィサー（CPO）、統括部署、個人情報管理責任者、監査責任者の設置、有事の報告体制の整備等、安全管理措置義務（新個情法20条）の履行の一環としてこれまで事業者ごとに多様な取組みが行われてきている。個人情報の取扱いは内部通報の対象やコンプライアンス委員会等への上程議題ともなり得る。この様な組織体制の充実化・実効化もCSR施策の一環である。

　ところで、平成26年7月発覚の大規模個人情報漏えい事件を受けて発表された「個人情報漏えい事故調査委員会による調査報告について」（平成26年9月25日：同報告書の概要報告版）は、「社外の専門家（情報に関する法律・コンプライアンスに関する専門家、情報セキュリティに関する専門家、監査・調査に関する専門家など）等の第三者」を構成員とした、情報セキュリティの安全性を確認するための第三者機関の設置の必要性を指摘し、その後、情報セキュリティ監視委員会を設置した。また、平成27年6月公表の日本年金機構漏えい事件における「検証報告書」（平成27年8月21日）は、専門機関等と連携したセキュリティ

---

[56]　近時のインターネット社会において、グーグル等検索エンジンの管理者に対する検索結果の削除請求に係る問題が注目を集めている。この点は、裁判例で肯定・否定と当該事案によって結論を異にしており、審級によって見解が分かれるケースもあるところ、削除仮処分保全異議申立事件において、ある程度の期間経過後における過去の犯罪の「忘れられる権利」が認められる場合がある旨指摘した裁判例もみられる（さいたま地裁平27.12.22判時2282号78頁）。もっとも抗告審である東京高裁は、同さいたま地裁の忘れられる権利に対する考え方を否定している。忘れられる権利に係る訴訟一覧は、宮下紘『事例で学ぶプライバシー』62頁（朝陽会、2016年）も参照されたい。なお、この検索結果の削除に係る問題について、近時、管理者側による検討結果が報告され（「検索結果とプライバシーに関する有識者会議 報告書」2015年3月30日）、検索結果の非表示等の判断基準が示されるという取組みがみられるが（「検索結果の非表示措置の申告を受けた場合のヤフー株式会社の対応方針について」2015年3月30日）、これは、まさに本業に密接に関連する問題に係るCSR施策の一環と位置付けることができる。

対策本部の設立や独立した専門家による情報セキュリティ監査の必要性を指摘している。

このような先例を教訓として、有事になってはじめて第三者による事故調査委員会を設立するのではなく、平時から、当該分野に詳しい複数の第三者を含めて構成される専門組織をワークさせておく取組みも検討の余地はあろう。当該組織を社内情報セキュリティの司令塔とし、または、コンプライアンス委員会の諮問機関とする等、位置付けは企業ごとに様々考え得るところであるが、いずれにしても単なる飾りとしてではなく、後記の社員教育の在り方も含め、より実質的な観点で法的・技術的側面から情報コンプライアンスを支える重要な役割を担わせるべきであり、この様なコンプライアンス強化の取組みもCSR施策といえる。

今後の個人情報保護法制の定期的改正や制度の複雑化、国際的動向の変化、サイバー攻撃技術の向上が進む中で、IT化・情報化が激しく深化していく社会においては、情報コンプライアンスに係る組織面のステージを上げる発想も一考の余地はあろう。

なお、従前、十分な情報コンプライアンスに係る組織体制の整備を図ってこなかった企業においても、その規模の大小こそあれ、以上の観点を踏まえつつ、自社に合った情報コンプライアンス体勢を検証し、実践していくことが有益であることも間違いない。

㈹ ステークホルダーとの適切な対話

企業への信頼を高めるためには、ステークホルダーとのコミュニケーションを適切に図ることも有用である。殊に企業における個人情報の取扱いという観点からいえば、当該情報の本人たる顧客（消費者）や従業者との対話が重要となる。

例えば、前記㈵のわかりやすい表示等により顧客や従業者に適切に自社における個人情報の取扱方法や指針等を示した上で、相談する社内窓口を設置・広報し、顧客等から個人情報の取扱いに係る相談等が寄せられた場合、それに真摯に対応する社内体制を整えておくことも、広い意味での対話といえよう[57]。

その他、広報資料の送付や個人情報の取扱いに係るアンケート調査、顧客や消費者団体等との直接の対話の機会等を通じてステークホルダーの意識を把握し、適切に当該意識を施策に吸い上げるとともに、自社の個人情報の取扱方針や利活用に伴う消費者へのメリット等についての正しい理解を求める取組みも考えられる。特に、ビッグデータ・IoT 時代における個人情報の利活用ニーズについては、消費者サイドは漏えい等の恐ろしさの意識が先行してしまい、企業側からの正しい説明なくして利活用の意義（メリット）を理解することは困難である[58]。

(カ) ビッグデータ・IoT 時代の施策

IoT 時代において、これまで以上に個人情報を含む多種多量の情報（ビッグデータ）が蓄積、分析され、さまざまな形で利活用される社会へと移行していくこととなる。同時に、ネットワークに接続する「モノ」の増加[59]によってサイバー攻撃のリスクも高まり、情報セキュリティ対策は重要性を増すものといえる。この様な状況を受け、例えば、総務省及び経済産業省は IoT 推進コンソーシアムを開催し、平成28年7月に「IoT セキュリティガイドラインver1.0」を策定・公表した。同ガイドラインは、①「IoT の性質を考慮した基本方針を定める」、②「IoT のリスクを認識する」、③「守るべきものを守る設計を考える」、④「ネットワーク上での対策を考える」、⑤「安全安心な状態を

---

[57] 個人情報取扱事業者は、苦情を適切かつ迅速に処理し、そのために必要な体制を整える努力義務を負う（新個情法35条）。これは監督機関である個人情報保護委員会からの報告の徴収や指導等の対象となるが（新個情法40条、41条）、勧告、命令の対象とはならない（新個情法42条）。

[58] 「平成26年版消費者白書」99頁によると、ビッグデータの意味を知っている者は70.2％がデータの活用に肯定的であるのに対し、知らない者は28.3％しかデータの活用に肯定的でなく、認知度と利活用への賛否に相関関係がみられる。なお、「Suica に関するデータの社外への提供について」の「とりまとめ」12頁（2015年10月）は、「Suica に関するデータが社会の役に立つデータであることをより多くの利用者に説明・周知していく活動も重要である。」との指摘をしている。

[59] インターネットにつながるモノ（IoT デバイス）の数は、2020年までに約530億個まで増大するとの試算もある（総務省「平成27年版情報通信白書」292頁が参照する IHS 社の試算）。

3　企業における CSR 施策としての個人情報保護対策—主にリスク管理の側面から　　221

維持し、情報発信・共有を行う」という五つの指針と共に、具体的な対策例を示している。企業が同ガイドラインに則った施策を講ずることは、前記(イ)の取組みとしても整理できる。

　また、ビッグデータの利活用という観点から、改正個人情報保護法は新たに「匿名加工情報」の概念及びこれに係る義務を創設し（新個情法2条9項、10項、36条ないし39条）、これにより、明確なルールの下での情報の利活用の推進を目指している。もっとも、同36条1項により個人情報保護委員会規則に詳細が委ねられている匿名加工の基準について、同規則案では分野共通の抽象的事項のみ示されるにとどまり（同規則案19条）、具体的な加工基準は認定個人情報保護団体が作成する個人情報保護指針等の自主的なルールに委ねられることになっている[60]。それゆえ、今後は認定個人情報保護団体の役割が重要になるところ、個人情報保護指針の作成に際しては、消費者代表その他関係者の意見を聴くことが新たに改正法で求められているように（新個情法53条1項）、充実したマルチステークホルダープロセスを経ることが肝要である。この「マルチステークホルダープロセス」という発想は、基本的かつ重要なCSR施策の発想の一つである。なお、個人情報保護指針は匿名加工情報に限ったものではなく、その他個人情報の取扱いに係る当該業界内の共通のルールとして機能し得るものであり、今後の認定個人情報保護団体の取組みが期待される。

　さらに、ビッグデータ化、IoT化の進展に伴い、プロファイリングに係る問題への対処も課題となる。プロファイリングというと一般的には犯罪捜査のイメージが強いが、例えば、多種多量の情報から趣味嗜好や位置情報等を分析してレコメンドや行動ターゲティング広告を発することも、プロファイリングの過程を経ているものである[61]。近時はアルゴリズムも幅広い分野において精緻

---

[60]　第10回個人情報保護委員会（平成28年6月3日）資料2「匿名加工情報に関する委員会規則等の方向性について」

[61]　山本龍彦「ビッグデータ社会とプロファイリング」（論究ジュリスト2016年夏号34頁以下、有斐閣）は、現代社会におけるプロファイリングの具体例や法的問題等について論じている。

なものとなってきている。もっとも、このプロファイリング結果はあくまで情報分析の結果に過ぎず、分析の正確性が完全に担保されているわけでもなく、誤った異人格がデータ上勝手に形成されて一人歩きしてしまうリスクが付きまとい、プライバシー保護等との両立が求められる。そのため、2016年（平成28年）4月に採択され2018年（平成30年）5月25日より事業者等に適用されるEU一般データ保護規則（General Data Protection Regulation〔GDPR〕）では、プロファイリングの定義を置いた上で（GDPR4条4項）[62]、本人から個人データの取扱いに異議があった場合には管理者はその正当化根拠を示さなければならず、ダイレクトマーケティング目的での取扱いであったならば、当該根拠の有無にかかわりなく異議に応じてプロファイリングを中止しなければならないとした（GDPR21条1項、2項）。また、明示的な同意等がない限りは、プロファイリングのみによる自動化された雇用決定等、法的効果や重大な影響をもたらす自動化された取扱いのみでの決定には服さない権利が認められた（GDPR22条）。加えて、プロファイリングに基づく決定が法的効果や重大な影響をもたらす場合、データ保護影響評価（Data protection impact assessment）を実施しなければならないともされており（GDPR35条）、制裁金による担保的措置を前提としたプロファイリングに対する規制が設けられている[63]。一方、日本の改正個人情報保護法にはプロファイリングに係る規制はなく、民間主導による自

---

[62] 「プロファイリング」とは、自然人に関する特定の個人的側面を評価するための、個人データを用いて形成されるあらゆる形式の自動化された個人データの処理をいい、特に、当該自然人の職務遂行能力、経済状況、健康、嗜好、関心、信頼性、行動、位置もしくは動向を分析・予測するためのものである（GDPR4条4項）。

[63] GDPR提案後、採択前の2013年にワルシャワで開催された第35回データ保護プライバシーコミッショナー国際会議（International Conference of Data Protection and Privacy Commissioners〔ICDPPC〕：全世界のデータ保護機関で構成され、年に1回開催）において、「プロファイリングに関する決議」（Resolution on profiling）が採択された。同決議は、①前もっての必要性・実用性点検及び安全性確保、②合法的な目的のための必要限度のデータ収集、③プロファイリングによる誤った結果の回避及び妥当性の確保、④最大限の周知による自己情報コントロールの確保、⑤アクセス・訂正権の保障、⑥全てのプロファイリングの適切な監督を要請している。この決議に法的拘束力はないものの、ICDPPCにおける決議という重みはある。

主的な取組みの有効性等を勘案しつつ、継続して検討すべき課題であるとされるにとどまるところ[64]、番号利用法においては既に特定個人情報保護評価制度が導入されており、民間部門においても、データ保護影響評価の実施を検討することも考えられよう[65]。これは、事前に、より客観的視点からリスク評価と改善を行い、また、消費者等の意見聴取を通じたステークホルダーとの対話の機会を設けるもので、漏えい等リスクの軽減及び信頼獲得に繋がり得るものである[66]。

(キ) 問題事案への対応

　企業は、個人情報漏えい等の問題事案が発生した場合、当該個人情報の管理者として適切に社会的責任を果たしていかなければならない。

　個人情報保護法には改正法も含めて漏えい時等における国や本人への報告義務規定はないものの[67]、番号利用法では特定個人情報の安全確保に係る重大事態が生じたときの個人情報保護委員会への報告義務規定が置かれており、企業は同委員会が定める規則に基づいて報告することになっている。この点は一般の個人情報が漏えい等した場合においても、個人情報保護委員会への相談や同委員会による状況把握、必要に応じての調査・監督義務の履行等の必要性があることに変わりはなく、また、悪用されるリスクがあることも同じであるため、企業は個人情報保護委員会に速やかに報告・相談するとともに、事実調査

---

[64]　高度情報通信ネットワーク社会推進戦略本部「パーソナルデータの利活用に関する制度改正大綱」16頁（平成26年6月24日）

[65]　GDPR は、プロファイリングの他に、特別な種類のデータ（special categories of data）等を大量に取り扱う場合や公共エリアでの大規模監視を行う場合にもデータ保護影響評価の実施を求めており、日本においても、要配慮個人情報（新個情法2条3項）を大量に取り扱う場合等、自社の個人情報の取扱実態等に鑑みた自主的施策を検討することも有意である。

[66]　プライバシー影響評価（PIA〔Privacy Impact Assessment〕：GDPR のデータ保護影響評価に相当）について、新保史生「プライバシー・バイ・デザイン」（論究ジュリスト2016夏号16頁以下、有斐閣）を参照。

[67]　GDPR33条、34条は、監督機関及び本人へのデータ侵害通知義務を事業者に課している（Data Breach Notification、Data Breach Communication）。なお、改正前の主務大臣制に基づく分野ごとのガイドラインにおいて当該主務大臣への報告を求めているものはある。

に基づいて必要があれば速やかに一般消費者に対しても事実を周知する対応を執るべきである。平成28年に発生した大手旅行代理店における個人情報の漏えい事案において、平成28年6月15日、主務官庁である観光庁は、「行政機関への報告や顧客への連絡等の遅れなどの問題点が判明しており、今回の事案について、観光庁としては遺憾であると考えております。」という異例の意思表明をするに至っている[68]。もし周知の対応が遅れてしまうと、転々流通して被害の範囲が拡大してしまい、場合によっては、漏えい情報を用いた詐欺等の消費者被害へと発展しかねない。個人情報保護委員会や消費生活センター等に被害者から相談があっても、漏えいの事実が伝わっていなければ適切なアドバイスをすることも難しい。企業は、法律上の義務がないという理由で報告や公表を怠っていては、かえって行政執行、損害賠償額の高額化、レピュテーションの毀損等のリスクを招来してしまう場合があることを認識しておく必要がある。

　同時に、個人情報の本人（事業内容にはよるものの顧客等一般消費者である場合が多い）への前記周知以外の対応も重要である。企業は、本人に対し、①自らの情報の漏えいの有無、②漏えいした情報の内容、③漏えいの拡散範囲、④新たな漏えいの危険性、⑤漏えい情報の悪用の危険性、⑥悪用事案の発生状況、⑦補償、⑧相談先窓口等についても必要に応じて情報提供しなければならず、また、漏えい先に対して削除の申入れを行う等、これらに係る具体的な対応策を講ずる責任も果たさなければならない[69]。

　更には、問題事案の内容に応じて、原因究明や再発防止、法的整理等に係る実質的な検討を外部有識者を交え、または外部有識者によって実施し、被害者を含めた社会一般に対して説明する責任を果たさなければならない場合もある。

(ク) 社員教育の充実化

　個人情報の漏えいというと外部からのサイバー攻撃のイメージが強く、現にそのようにして漏えいが発生して社会問題化した事例も少なくないが、実際の

---

[68]　http://www.mlit.go.jp/kankocho/news06_000275.html
[69]　前掲注35・大島等341〜342頁を参照。

ところは、個人情報の漏えい原因の7割近くが従業者（特にその「過失」）にあるとされる[70]。平成26年7月に発覚した大規模個人情報漏えい事件も委託先の従業者という内部者による犯行であり、このような内部者による不正は、外部からのサイバー攻撃を原因とする漏えい以上にレピュテーションの毀損に繋がるリスクが高まる[71]。それゆえ、安全管理措置義務、従業者の監督義務、委託先の監督義務（新個情法20〜22条）を履行する一環として社員教育は重要となるが、これを更に充実化させることは企業として有益な施策となろう。「うちの社員は大丈夫だろう」「委託先は委託先の問題」という安易な期待や誤解から思わぬ事故に繋がることがあるため、従業者が情報管理に係る意識を高め、漏えいした場合の自身の責任を含めた正しい法律知識を持ち、自社における取扱実務を認識・理解するための充実した教育体制が求められる。

㈱ 取組みの公表

CSRの取組みを実践している企業がCSRレポート[72]等を通じて自社の取組みをステークホルダーに認識してもらうことは信頼獲得に資するものであり、実際このような取組みは多くの企業に見られる。これは個人情報保護の取組みにおいても同様であり、「プライバシーポリシー[73]」等の形式で当該企業における個人情報保護に対する取組姿勢等を公表している企業も少なくないが、安全管理措置の態様等の他にも、前記㈱ないし㈱及び後記(4)等、より幅広く自社の取組みをステークホルダーに知ってもらうことも有益となる。

---

[70] 「平成26年度個人情報の保護に関する法律施行状況の概要」（消費者庁、平成27年10月）を参照。なお、NPO日本ネットワークセキュリティ協会「2014年情報セキュリティインシデントに関する調査報告書〜個人情報漏えい編〜」16頁（2016年7月11日最終改定）においても、2005年以降の個人情報の漏えい原因として、管理ミス、設定ミス、誤操作、紛失・置忘れという内部者の過失が多くの比率を占めている結果を示している。

[71] （独）情報処理推進機構「組織における内部不正防止ガイドライン」（2015年3月・第3版発行）は、内部不正を防ぐための情報管理対策について示している。

[72] 近時は、財務情報と一体となった「統合報告書」という形で公表するものもみられる。

[73] 個人情報保護に係る大局的な企業指針を示すものもあれば、利用目的等の法定公表事項をはじめとする詳細な記述が含まれるものもあり、企業によってこの位置付けは様々である。

この公表方法に特段の決まりはなく、プライバシーポリシーの中に書き込む方法、自社の個人情報保護の取組みをホームページ上で整理する方法、それをパンフレットやリーフレット形式で配布する方法、CSR レポートに融合させる方法[74]等、様々考え得る。内容も柔軟な発想の下で多様なバージョンが存在してよいが、わかりやすさと具体性の両立がステークホルダーの理解と信頼の獲得にとってポイントとなる。

なお、このような公表に向けた社内プロセスの存在は、自社の取組みを客観視できる機会としても有益である。

⑷ 社会貢献策の一例

以上はプライバシー権等との関係で、主にリスク管理の側面からの整理であったが、他にも個人情報を用いた積極的な社会貢献策が考えられる。

高齢化社会がより進行し、さらには核家族化によって独居老人が増えていく社会において、地域全体で見守り活動を行うことの重要性が増してきている。近時、自治体主導の上で地域見守り協定等を締結して見守り対象者に係る情報連携を図る取組みが数多く見られ、生協、電気・ガス事業者、新聞等配達事業者、その他さまざまな民間企業が当該取組みに参加しているが、これは民間企業が保有する個人情報を社会貢献のために利活用している一例である[75]。

大地震発生時の社会貢献策もある。平成28年4月発生の熊本地震の際、自動車メーカー各社は車のプローブ情報（走行情報）を提供し、通行実績や通行止め情報を地図上に公開した[76]。独自のマップをネット上で提供した自動車メーカーもある。カーナビ搭載の自家用車に係るプローブ情報は、所有者に紐付けられれば個人情報たり得るものであり、これも個人情報の利活用事例といえる。

他にも、企業が保有する購買情報、位置情報、閲覧履歴等の個人情報を分析

---

[74] 現に CSR レポートの中に情報セキュリティや個人情報保護について記載のあるものが多く見られる。

[75] 災害時における要支援者の個人情報の共有問題等、以前より個人情報の「過剰反応」問題として指摘されてきた。前掲注43・辻畑191頁以下を参照。

[76] 特定非営利活動法人 ITS Japan による取組み。

し、より利便性の高いサービスを追求して消費者に還元する等の、事業遂行に密接に関わる社会貢献策も考えられる。平成27年の個人情報保護法改正により「匿名加工情報」の概念が創設され、平成29年の施行後は、同概念創設の趣旨に適合するような利活用が期待されている。

⑸　まとめ

　個人情報に係る CSR の取組みは、当該企業の事業内容や個人情報の利活用ニーズ、規模やステークホルダーの種類等、様々な要素を踏まえて当該企業に合った施策を検討していくものである。前記⑶⑷の取組みは一例を示したに過ぎず、例えば、P マーク[77]、CBPR 認証[78]、JISQ15001認証[79]、ISO27001認証[80]等の取得も考えられるし、認定個人情報保護団体の対象事業者となることも考えられる。一方で、上記取組みがそのまま全ての企業に妥当するわけでもない。

　横並びの固定化した対応ではなく、自社を取り巻くステークホルダーの視点に立ちつつ、事業活動の遂行と両立する独自の CSR 施策を打ち出していこうとする姿勢を社内の空気として持ち続けることが、社外及び社内からの当該企業への信頼の向上と、より強固な個人情報保護に係るコンプライアンス体制の構築へと繋がるものである。無論、これは当該企業の発展に資するものである。

---

[77]　「プライバシーマーク制度」。日本工業規格「JIS Q 15001個人情報保護マネジメントシステム − 要求事項」に適合して、個人情報について適切な保護措置を講ずる体制を整備している事業者等を認定する制度。認定を受けると、プライバシーマークの使用が可能となり、平成28年 8 月時点で14,800以上の事業者等が認定を受けている。

[78]　CBPR（Cross Border Privacy Rules）システム。APEC プライバシー原則への適合性を認証することで、越境データ移転に際し適正な個人情報保護を図るための制度として構築された。平成28年 8 月時点で米国（平成24年）、メキシコ（平成25年）、日本（平成26年）、カナダ（平成27年）が同システムへの参加を承認されている。同認証を取得するにはアカウンタビリティ・エージェント（AA）に申請して審査を受けることを要するところ、平成28年 1 月に、日本で初の AA として一般財団法人日本情報経済社会推進協会（JIPDEC）が認定された。

[79]　「個人情報保護マネジメントシステム − 要求事項」

[80]　情報セキュリティマネジメントシステム（ISMS）の国際規格

【参考資料】「分かり易さに関する手法・アプローチ」に係るベストプラクティス集
（2014年3月26日経済産業省）〔抜粋、原文ママ〕

参考：評価項目について

参考：評価項目一覧

○ 評価基準一覧
Ⅰ 記載事項
(1) 必要十分な記載事項
　1．パーソナルデータの取扱いに関する情報として、以下の7項目が記載されていること
　　1）提供するサービスの概要
　　2）取得するパーソナルデータと取得の方法
　　3）パーソナルデータの利用目的
　　4）パーソナルデータやパーソナルデータを加工したデータの第三者への提供の有無及び提供先
　　5）消費者によるパーソナルデータの提供の停止・訂正の可否及びその方法
　　6）問合せ先
　　7）保存期間、廃棄
Ⅱ 記載方法
(1) 取得するパーソナルデータとその取得方法に係る記載方法
　2．取得するパーソナルデータの項目とその取得方法について、可能な限り細分化し、具体的に記載していること
　3．取得するパーソナルデータの項目やその取得方法のうち、消費者にとって分かりにくいものを明確に記載していること
(2) パーソナルデータの利用目的に係る記載方法
　4．取得するパーソナルデータの利用目的を特定し、具体的に記載していること
　5．パーソナルデータの利用目的が、取得するパーソナルデータの項目と対応して記載されていること
　6．取得するパーソナルデータの利用目的のうち、消費者にとって分かりにくいものを明確に記載していること
(3) 第三者への提供の有無及びパーソナルデータやパーソナルデータを加工したデータの提供先に係る記載方法
　7．事業者が取得するパーソナルデータやパーソナルデータを加工したデータを第三者に提供する場合、その提供先（事後的に提供先を変更する場合は提供先の選定条件を含む）及び提供目的が記載されていること
　8．事業者が取得したパーソナルデータを加工したデータを第三者に提供する場合、その加工方法が記載されていること
(4) 消費者によるパーソナルデータの提供の停止の可否及びその方法に係る記載方法
　9．消費者が事業者によるパーソナルデータの取得の中止又は利用の停止が可能であるかが記載され、可能である場合には取得の中止方法又は利用の停止方法を明示して記載していること

ベストプラクティス⑴：株式会社スペイシーズ

サービス概要

○ 自社サービスや提携先の様々なサイトから Web ページの閲覧履歴を取得して分析することで、利用者（実際には閲覧ブラウザ単位。以下同じ。）の属性や興味関心を類推して、利用者に合ったコンテンツや広告を表示するためのデータを作成し、提携先に提供する「データプラットフォーム」を運営する。

パーソナルデータの利活用の特徴

○ 閲覧ブラウザを一意に識別する文字列、閲覧ページ URL、「リファラ」等を分析して、閲覧ブラウザごとに属性や興味関心を類推したり、例えば特定のページに週 2 回以上訪れた利用者など、特定の条件ごとに利用者を分類したりして、それらの類推結果・分類結果を、提携先事業者に対して自社の提供するプラットフォーム等を通じて提供（第三者提供）している。提携先事業者では、提供を受けたパーソナルデータを、当該閲覧ブラウザに対して最適なコンテンツや広告を表示するために利用している。
○ 「リファラ」など、取得しているパーソナルデータの内容が、一般消費者にとっては聞きなれないものである。
○ 「リファラ」など、ブラウザが自動的に取得するものについては、消費者はその取得と利用に気がつきにくいものである。
○ パーソナルデータの取得を中止できるようにしている。

実践案における事業者の工夫

○ 第三者提供を利用目的にすることについては、一般的に消費者にとって分かりにくいが、第三者に提供されているパーソナルデータの項目も含めて明確に説明しており、かつ、パーソナルデータの項目ごとに、消費者が第三者提供を停止できるようになっている。
○ 「リファラ」など、消費者が聞きなれないパーソナルデータについて、注書きで分かり易く説明し、また、ブラウザが自動的に取得するものについて、注書きで自動で取得される旨を説明している。
○ 一般的に「属性情報」などと概括的に記載されることの多い年齢、性別などの情報について、「年齢」、「性別」と明確に記載して、その範囲が消費者に分かるように具体的に記載している。
○ 消費者がパーソナルデータの取得を簡単に中止できるようなシステムを提供し、その旨と中止の方法を分かり易く説明している。

取得するパーソナルデータの項目について、可能な限り細かく分かり、具体的に記載している例。

概括的に記載されることの多いパーソナルデータの項目を十分に細分化し、具体的に記載していると考えられる。

取得するパーソナルデータの項目と、その取得方法について、消費者にとって分かりにくいものを明確に記載している例。

「リファラ」など、消費者が聞き慣れない言葉をそのまま記載し、また、パーソナルデータが自動的に送信される場合、消費者にはそれが分かりにくいことから、これに配慮して記載していると考えられる。

取得するパーソナルデータの項目について、可能な限り細かく分かり、具体的に記載している。

性別・年齢などは「属性情報」など概括的な記載をされることが多いが、具体的に記載されていると考えられる。

パーソナルデータの取得方法について、消費者にとって分かりにくいものを明確に記載している例。

第三者提供を受けて取得する場合は、消費者から直接取得するのではないため、消費者にはわかりにくいことが考えられるから、これに配慮して記載されていると考えられる。

■本サービスが利用するパーソナルデータ

このサービスを実現するために、以下のパーソナルデータを取得または生成します。

○サービス提供のために取得が必須な情報

・閲覧ブラウザを一意に識別するための文字列
・リファラ(※1)　　・アクセス日時　　・IPアドレス　　・ユーザーエージェント(※2)　　・閲覧ページURL
・パーソナルデータをもとに条件にしたがって作成される、セグメントの情報(以下「セグメント情報」といいます)

※1 リファラとは、Webページ内のリンクから他のWebページへ移動する際にブラウザが自動的に送信する、リンク元のWebページのURL(リンク先のURL)をいいます。
※2 ユーザーエージェントとは、ウェブブラウザや利用端末の判別を行うためにブラウザが自動的に送信する情報です。
※これらの情報は、本サービスご利用者および提携先がサイトに設置したプログラムにより、サイトを閲覧するたびに、ブラウザ上で自動的に取得しています。

○サービス提供にあたって取得が必須ではない情報

・性別(※3)　　・年齢(※3)　　・興味関心(※3)
・性別、年齢、閲覧ページURL、アクセス日時を分析して当社で独自に類推した、属性情報や興味関心に関する情報(以下「属性等の類推情報」といいます)

※3 これらのパーソナルデータは、提携先が当社に提供する際に、提携先から当社に提供されたこれらのパーソナルデータを分析する場合の当該サービスの対象にすることを含めて提供した場合に取得します。なお、これらの情報は、提携先のサイトでお客様が入力した情報です。
※4 興味関心とは、例えば「育児に興味がある」「育児に興味がある」といったユーザーのことをいいます。興味関心は本サービス利用者が自由に設定することができます。

○セグメント情報について

セグメント情報とは、例えば「特定のページに週2回以上訪れたユーザー」や「会員登録時に車に興味があると回答したユーザー」といったような、ある条件に従って、パーソナルデータを元にユーザーを分類したものをいいます。

○「属性等の類推情報」について

属性等の類推情報とは、性別、「年代」、「興味関心」が不明なユーザーにおいて、「閲覧ページURL」、「アクセス日時」等を分析することにより、その行動の特徴から「性別は女性」「年代は30代」「車に興味がある」といった情報を類推したものをいいます。

パーソナルデータの利用目的が、取得するパーソナルデータの項目と対応して記載されている例。

利用目的ごとに利用する情報がまとめて記載されており、対応関係が分かり易く記載されていると考えられる。

取得するパーソナルデータの利用目的のうち、サービス内容から必然的に必要になる場合を除き、一般的に消費者にとっては分かりにくいものを明確に説明している例。

第三者提供は、サービス内容から必然的に必要になる場合を除き、一般的に消費者にとっては分かりにくいところ、これを明確に説明していると考えられる。

消費者が事業者によるパーソナルデータの取得の中止又は利用の停止が可能である場合には取得の中止方法又は利用の停止方法を明示して記載されている例。

パーソナルデータの取得の中止方法が分かり易く説明されていると考えられる。

■利用目的と利用する情報

利用目的と利用する情報を、重要と考えられる項目から順に以下の表に記載しています。

利用目的	利用目的の詳細	利用する情報
第三者提供	提供を受けた第三者は下記の目的のために右記の情報を利用しています ・当該ブラウザをご利用のお客様にあった広告やコンテンツを表示するため ・広告の効果の分析のため ・市場分析、マーケティングのため 第三者提供先一覧はこちら	・閲覧ブラウザを一意に識別するための文字列 ・セグメント情報 ・属性情報 ・興味関心の類推情報 ・属性等の類推情報
属性等の類推情報の作成	右記のデータを分析し、当社独自のアルゴリズムにより、性別、年代、興味関心の情報報を期待しています	・閲覧ブラウザを一意に識別するための文字列 ・閲覧ページURL ・アクセスURL ・性別 ・年齢
市場分析	右記のデータを利用することにより、サービスご利用者様サイトの男女の割合、年代の割合、興味関心等の分析を行っています	・セグメント情報 ・属性情報 ・興味関心の類推情報 ・属性等の類推情報
不正行為等の監視	右記のデータを利用することにより、同一ブラウザからの大量アクセス等の不正行為を監視しています	・閲覧ブラウザを一意に識別するための文字列 ・IPアドレス ・ユーザーエージェント ・閲覧ページURL ・アクセス日時

■パーソナルデータの取得の停止

以下の「パーソナルデータの取得を停止する」ボタンから、パーソナルデータの取得を停止することができます。パーソナルデータの取得を中止すると、以後、属性の類推情報の作成の対象から除外されます。このため、第三者提供の対象にもならなくなります。なお、この操作を行うと全ての情報について取得を停止することになります。個別の項目ごとに取得を停止することはできません。

※パーソナルデータの取得を停止する操作はブラウザごとに行う必要があり、また、以降パーソナルデータは取得されなくなりますが、クッキーの削除やPCの変更等により、再度取得される場合があります。

パーソナルデータの取得を停止する

消費者が事業者によるパーソナルデータの取得の中止又は利用の停止が可能であるかが記載され、可能である場合には取得の中止方法又は利用の停止方法を明示して記載している例

利用目的である第三者提供について、利用（第三者提供）の停止方法が分かり易く説明されていると考えられる。また、情報項目ごとに利用（第三者提供）を停止することができるようになっている。

■第三者提供の停止

このページを閲覧しているブラウザに関するパーソナルデータで、第三者に提供されているものがある場合、以下の表よりご確認することができます。第三者提供を拒否したい場合は、チェックボックスより第三者提供を拒否したい項目を選択し、「選択したセグメントの削除」ボタンを押してください。

このページを閲覧しているブラウザに関するパーソナルデータ
セグメント名
☐ [興味関心]投資
☐ [興味関心]コスメ
☐ [興味関心]ゲーム＞＜バスドラ（強）
☐ [地域]IP_東京
☐ [興味関心]ページ閲覧_ニュース＞ゴシップ
☐ [デモグラフィック]職業_自営業
☐ [興味関心]ページ閲覧_エンタメ＞ゲーム
☐ [デモグラフィック]年齢_30代前半
☐ [デモグラフィック]性別_男性
☐ [興味関心]ページ閲覧_車＞バイク
☐ [興味関心]ページ閲覧_ファッション
☐ [興味関心]ページ閲覧_芸能

選択したセグメントの削除

ベストプラクティス⑹：企業ア（仮称）

サービス概要

○ 食品を販売するネットショッピングサイト。
○ 同サイト内の閲覧履歴や、購入履歴に応じて、消費者ごとにおすすめの商品等を紹介している。

パーソナルデータの利活用の特徴

○ 注文を受けた場合、連絡のやり取りや商品の配送のために、メールアドレスや住所、氏名などの情報の取得と利用が必須である。
○ おすすめ商品や最適な広告の掲載のために、閲覧履歴や購入履歴を取得し、分析を行っている。
○ 閲覧履歴や購入履歴は自動的に取得されるものであるため、消費者にはその取得と利用が分かりにくい。
○ 顧客 ID 情報はシステムの内部的な処理のために付与するものであってサービス画面等において表示されるものではなく、利用者は通常その付与を含めて認識することができないため、消費者にはその取得と利用が分かりにくい。
○ 注文を受けた商品の発送等のために、取得した情報の一部を第三者に提供している。

実践案における事業者の工夫

○ 取得する情報を、商品の購入と発送に必要な情報と、おすすめ商品の掲載などプロモーションの目的で利用する情報の2つに大きく分け、それらのそれぞれについて、取得する情報の細目を具体的に記載し、個々の情報項目に対応する利用目的を、表形式で分かり易く表現している。
○ 取得や利用が消費者にとって分かりにくい閲覧履歴や購入履歴、顧客 ID 情報について、取得している旨とその利用目的の詳細を丁寧に説明して、消費者に対して明確に説明している。
○ 取得したパーソナルデータの第三者への提供について、提供先ごとに、提供の目的と提供する情報を表形式で分かり易くまとめ、消費者に対して明確に説明している。

当サービスを利用し、ご注文手続きの際に取得する個人情報について

当サービスを利用し、商品をご注文頂く際には会員登録は必須ではありませんが、サービスのご提供にあたり、ご注文手続きの際に取得が必要な情報項目と取得目的は以下のとおりです。

《ご注文手続きのフロー と、取得する個人情報の取得目的》

ご注文手続きへ → ①本人確認・認証情報 → ②商品の発送手配・配送情報 → ③クレジット承認・決済情報 → 注文完了

《ご注文手続きの際に取得する、個人情報の取得目的及び取得情報項目》

取得目的	①本人確認・認証		②商品の発送手配・配送						③クレジットカード承認・決済	
取得情報項目	メールアドレス	パスワード	氏名（漢字）	氏名（カナ）	郵便番号	住所	電話番号1	電話番号2	クレジットカード番号	クレジット有効期限

《ご注文手続きの際の、個人情報の取得目的の詳細説明》

① 「本人確認・認証」情報：お客様のご注文及び購入完了、その他情報をお知らせするメールを送付する為に取得します。

② 「商品の発送手配・配送」情報：お客様のご注文商品の発送手配の為に取得します。

③ 「クレジットカード承認・決済」情報：決済手段でクレジット決済を選択した際に取得します。

取得するパーソナルデータの項目について、可能な限り細分化し、具体的に記載している例。
概括的に記載されることの多いパーソナルデータの項目を十分に細分化し、具体的に記載していると考えられる。

取得するパーソナルデータの利用目的を特定し、具体的に記載している例。
概括的に記載されることの多いパーソナルデータの利用目的を、具体的に記載している例。一覧性をもって確認できるよう配慮しつつ、詳細の説明を追加することで十分に具体的に記載していると考えられる。

パーソナルデータの利用目的が、取得するパーソナルデータの項目と対応して記載されている例。
利用目的ごとに情報項目が記載されており、対応関係が分かりやすく記載されていると考えられる。

当サービスの提供にあたり、マーケティング活動のために取得する個人情報について

《サイトへのアクセス及び、サイト閲覧・利用の際に取得する、個人情報の取得目的及び取得情報項目》

取得目的	マーケティング活動					
取得情報項目	顧客ID	閲覧・購入商品	閲覧ページURL	閲覧時間	IPアドレス	ユーザーエージェント（ブラウザID）

《サイトへのアクセス及び、サイト閲覧・利用の際に取得する、個人情報の取得目的の詳細説明》

① 「顧客ID」情報：当サービスがおすすめする商品情報やキャンペーン情報を配信する「メールマガジンの配信」を目的として取得しています。
当IDはお客様が会員登録をした際に、当サービス側がお客様を特定するために機械的に付与するものであり、お客様はこのIDを知り得ることはありません。

② 「サイトへのアクセス及び、サイト閲覧及び購買商品」情報：
当サービスを提供するにあたり、お客様が閲覧された商品ページや、商品の購入を完了したページを用いて、お客様にとっての見やすさ、利用しやすさを改善する統計資料に利用することを目的として取得しています。
また、お客様が商品を閲覧されたり購入完了された情報を用いて、お客様の興味・関心に合わせて、お客様ごとに、有益であると思われる商品の広告を配信する「行動ターゲティング広告」を提供することも取得の目的としています。

取得するパーソナルデータの項目とその取得方法について、消費者にとって分かりにくいものを明確に記載している例。
「顧客ID情報」は事業者が存在を説明しなければ消費者は存在も知り得ない情報であり、「サイトへのアクセス及び閲覧と購買商品情報」は自動的に取得される情報であり消費者にはそれが分かりにくい。本例はこれらに配慮して記載されていると考えられる。

取得するパーソナルデータの利用目的のうち、消費者にとって分かりにくいものを明確に記載している例。
「サイトへのアクセス及び閲覧と購買商品情報」は自動的に取得されて利用される情報であり消費者が説明しなければその利用が分からないと考えられる。本例は、これらに配慮して記載されていると考えられる。

取得した個人情報の第三者提供先と利用目的及び、その有無について

《ご注文手続きの際に取得する個人情報の場合》

当サービスを利用し、ご注文手続きの際に取得する各情報項目の利用目的とその第三者提供先、項目ごとの取得及び利用の有無は下記のとおりです。

取得目的		本人確認・認証		商品の発送手配・配送						クレジット承認・決済	
取得情報項目		メールアドレス	パスワード	氏名（漢字）	氏名（カナ）	郵便番号	住所	電話番号1	電話番号2	クレジットカード番号	クレジット番号 有効期限
利用目的	第三者提供先	取得及び利用の有無（有：●、無：×）									
個人情報管理委託	A社	●	●	●	●	●	●	●	●	×	×
カスタマーセンター業務委託	B社	●	×	●	●	●	●	●	●	×	×
業務委託	C社	×	×	●	●	●	●	●	●	×	×
商品の発送・配送手配	D社	×	×	●	×	●	●	●	×	×	×
	E社	×	×	×	×	●	●	●	×	×	×
	F社	×	×	×	×	●	●	●	×	×	×

※ご注文手続きの際に取得している個人情報である為、各取得項目の利用を拒否・停止を希望の場合は、商品の配送キャンセルや、会員ページからの設定変更、または退会が必要となります。

事業者が取得するパーソナルデータやパーソナルデータを加工したデータを第三者に提供する場合、その提供先（事後的に提供先を変更する場合は提供先の選定条件を含む）及び提供目的が記載されている例。
提供先の具体的な会社・団体名を特定して記載されていると考えられる。また、提供の目的も提供先ごとに明確に記載されていると考えられる。

ベストプラクティス(7)：企業イ（仮称）

サービス概要

○ スマートフォンを用いて、家電とクラウドを連携することによって、会員である消費者の生活スタイルに合わせて家電に機能を追加することで家電を進化させる機能を提供するサービス。

○ 当サービスでは、様々な家電を取り扱うことができるが、事前相談評価の試行においては、「体組成計」と「冷蔵庫」を評価の対象とした。

○ 体組成計では、計測データのグラフ表示やダイエットアドバイスの表示機能を提供している。

○ 冷蔵庫では、消費電力のグラフ表示機能や、冷蔵庫内の食材を利用したレシピ検索機能を提供している。

パーソナルデータの利活用の特徴

○ 特に、体組成計で取得される情報については、プライバシー性の高い情報になりうるので、

   － どのような情報が取得され、どういう目的で利用されるのか、取得を中止したい場合にどのようにすれば良いのかについて、消費者に明確に説明する必要がある。

   － 第三者提供をする場合、その提供先と提供目的を消費者に明確に説明する必要がある。

○ スマートフォンを家電にタッチすることにより、家電内に蓄積された各種情報がクラウドに送信され、情報が取得される。

実践案における事業者の工夫

○ 会員には当サービス以外にも様々なタイプのサービスを提供するため、会員登録時に表示するパーソナルデータの取扱いに関する情報提供、説明の他に、「体組成計」や「冷蔵庫」の個別サービスにおけるパーソナルデータの取扱いに関する情報提供、説明を別途作成し、当該サービスの利用開始時等に消費者に対して表示している。

○ 表形式で、利用目的ごとに取得する情報を細分化して具体的に示し、同時に取得の停止方法を分かり易く表示している。

○ 取得した情報の第三者提供について、提供先の事業者の具体的な名称を明示した上で、提供の目的、提供する情報項目を記載することで、消費者に明確に説明している。

Ⓐ分かりやすい説明案（ラベルによる一覧表示）

利用規約を、ラベルによる一覧表示で分かりやすく説明

ラベル	内容
収集者	○○○株式会社
収集情報	お客様による家電の利用履歴、使用頻度等の情報、および家電機器の動作履歴等の家電ログ
収集元	本サービス対応の家電機器
収集方法	対応アプリをインストールしてスマートフォンを、対応家電機器にタッチすることで、家電およびスマートフォンから収集
収集期限	利用開始後、許諾取り消しまで
利用目的	①より省エネ、より便利になるサービス、または対応する家電サービスを推奨するため。例えば、冷蔵庫の省エネ運転が省エネにこ関係のある各お客様子を確認し、照明とエコに連動して自動的にエコにさらに省エネが開発されるか・ビスや、対応照明機器を制御することも想定 ②新たな家電製品または対応するサービスの品質向上、あるいは、新たな家電製品またはサービスの利用に関するマーケット分析のため ③家電または家電サービスの利用に関するマスター分析のため ④家電の修理対応およびカスタマーサポート対応のため ⑤家電その他の機能、および各種お客様への全サービス提供のため
利用範囲	当社の連結決算の対象となる会社
許諾取り消し	収集の許諾取り消しは、家電あるいはサービスごとに可能 登録家電の取り消しは、ポータルの「設定」から当該家電の登録を取り消す サービスの取り消しは、ポータルのアプリ一覧から削除 ・別途、登録家電を取り消すと、グラフに表示したサービスは利用できなくなります
第三者提供	・収集した情報をもとにした統計情報（例えば、マーケティング調査・分析データ、本サービスその他のサービスや商品等に関する利用や傾向分析するための傾向分析データ）を第三者に提供することがあります。ただし、統計化情報から個人の特定はできません ・収集した情報に関する元情報を統計化処理して生成した、十分な人数分の元情報から個人の特定はできません

パーソナルデータの取得方法について、可能な限り細分化し、具体的に記載している例。

パーソナルデータの取得方法を具体的に記載していると考えられる。「タッチする」以外のパーソナルデータの取得方法は存在しないため、「細分化」を満たしていると判断している。

事業者が取得するパーソナルデータやパーソナルデータを加工したデータを第三者に提供する場合、その提供先（事後的に提供先を変更する場合は提供先の選定条件を含む）が記載されている例。

提供先として、同社の連結決算対象の会社としており、提供する会社の範囲が特定されていると記載されていると考えられる。

消費者が事業者によるパーソナルデータの取得の中止又は利用の停止が可能であるかどうかが記載され、可能である場合には取得の中止方法又は利用の停止方法を明示して記載している例。

パーソナルデータの取得の中止方法か利用の停止方法が分かり易く説明されていると考えられる。

事業者が取得したパーソナルデータを加工したデータを第三者に提供する場合、その加工方法が記載されている例。

パーソナルデータの加工方法が分かり易く説明されていると考えられる。

家電ごとに、取得するデータと利用目的、取得停止方法を表形式で説明

取得するパーソナルデータの項目について、可能な限り細分化し、具体的に記載している例。

概括的に記載されることの多いパーソナルデータの項目を十分に細分化し、具体的に記載していると考えられる。

取得するパーソナルデータの利用目的を特定し、具体的に記載している例。

概括的に記載されることの多いパーソナルデータの利用目的を、具体的に記載していると考えられる。

パーソナルデータの利用目的が、取得するパーソナルデータの項目と対応して記載されている例。

情報項目ごとに対応して利用目的が記載されており、対応関係が分かり易く記載されていると考えられる。

消費者が事業者によるパーソナルデータの取得の中止又は利用の停止が可能であるかが記載され、可能である場合には取得の中止方法又は利用の停止方法を分かり易く説明している例。

パーソナルデータの取得の中止方法又は利用の停止方法が分かり易く説明されていると考えられる。

消費者が事業者によるパーソナルデータの取得の中止又は利用の停止が可能であるかを記載し、可能である場合には取得の中止方法を明示して記載している例。

設定等のために家電にスマートフォンをタッチする場合があり、それにより情報が取得される場合にパーソナルデータの取得の中止をできるように配慮していると考えられる。

取得するパーソナルデータの取得方法について、可能な限り細分化し、具体的に記載している例。

パーソナルデータの取得方法を具体的に記載していると考えられる。「タッチする」以外のパーソナルデータの取得方法は存在しないため、「細分化」を満たしていると判断している。

◆ 体組成計から取得する情報

情報	利用目的	取得(停止)方法※
お客様が入力した身長等情報	体型タイプを目標達成を進度に対する度合進度表示をするために利用します	家電設置を削除
体重などの計測データ	計測データをグラフ表示にてご確認いただくために利用します	家電登録を削除

◆ 冷蔵庫から取得する情報

情報	利用目的	取得(停止)方法※
省エネ運転率（省エネ運転時間帯の割合）	省エネ運転の状況をお客様自身等でご確認いただくことでにご覧いただけます	家電登録を削除
扉の開閉時間帯頻度	省エネ運転の状況をお客様自身等でご確認いただくことでにご覧いただけます	家電登録を削除
庫内の温度／外気温度	今後、故障報知および周辺の特性のために利用する予定です	家電登録を削除

※ お客様がデータを削除しないことによる、家電からのデータ取得を止めることはできます。間違ってタッチした場合、あるいは家電への設定をタッチしてしまった場合であっても、データの取得をやめるようにするには、家電登録の削除をおこなう必要があります。

Ⓐ に追加して、サービス内容をかわりやすく説明

◆ ダイエットメモリーサービスの場合（体組成計の情報を利用）

ダイエットメモリーサービスに関して

本サービスは、体組成計とクラウドを連携して次の機能を提供いたします。

① 計測データのグラフを作成します
② あなたの体型タイプごとに計算します
体型タイプごとのダイエットアドバイスをします

このため、スマートフォンで体組成結果にタッチすることで、計測データをクラウドに保管します

くわしくは、利用規約（免責事項）をご確認ください。お客様の利用規約に同意いただいた後に、弊社手続きを経て、ご使用可能となります。

→ 利用規約確認へ

◆

Ⓨ 中断

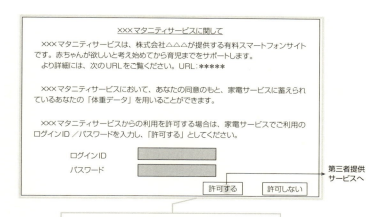

事業者が取得するパーソナルデータやパーソナルデータを加工したデータを第三者に提供する場合、その提供先（事後的に提供先を変更する場合は提供先の選定条件を含む）及び提供目的が記載されている例。
提供先の具体的会社・団体名が特定して記載されている。また、提供の目的も明確に記載されていると考えられる。
※本例では、具体的会社名は「株式会社△△△」と仮称になっている。

注意事項

○ 「パーソナルデータの取扱いに関する消費者に対する情報提供、説明」の検討に当たっては、自らが提供するサービスによく向き合い、消費者のどの情報をどのように使うのかについてよく確認し、消費者に具体的にどう伝えるのが、消費者の誤解を避け、信頼関係の構築に資するのか、十分に考慮する必要がある。

○ 事前相談評価の試行は、「消費者に対する情報提供、説明」の内容について評価したものであり、「他社の参考になる」と評価した範囲もこの範囲に限られる (*)。

○ 事前相談評価の試行では、協力事業者が提供予定又は変更予定のサービスも評価対象にしている。従って、事前相談評価の試行実施時におけるサービスの内容と、実際に提供されるサービスの内容が異なる場合があり得るほか、当該サービスが実際には提供又は変更されないことも想定され得る。このため、一部のベストプラクティスにおいては、協力事業者の社名を仮称にしている。

* 経済産業省取りまとめた2014年3月26日付『パーソナルデータ利活用ビジネスの促進に向けた、消費者向け情報提供・説明の充実のための「評価基準」と「事前相談評価」のあり方について』の「1.3 本事業における検討及び評価基準の範囲」を参照。

著者紹介 (五十音順)

阿部 泰久 (あべ やすひさ)

一般社団法人日本経済団体連合会参与。

1980年社団法人経済団体連合会事務局入局。税制、企業会計制度、経済法制、産業政策を担当。経済基盤本部長、常務理事を経て、2016年6月より現職。経済産業省「コーポレート・ガバナンス・システムの在り方に関する研究会」委員等を歴任。

近時の主な著作に『立法経緯から読む会社法改正』(新日本法規、2014年7月)、『改正会社法と会計・税務の対応』(共著、新日本法規、2015年8月)、『改正会社法対応版 会社法関係法務省令逐条実務詳解』(共編著、清文社、2016年2月)等がある。

神原 千郷 (かんばら ちさと)

1998年3月最高裁判所司法修習修了(第50期)、1998年4月弁護士登録(第一東京弁護士会)、光和総合法律事務所入所。第一東京弁護士会総合法律研究所倒産法研究法部会に所属。

主な取扱い分野として、事業再生・倒産、一般企業法務、企業再編／M&A、危機対応。

著作として、『会社分割と倒産法 正当な会社分割の活用を目指して』(共著、清文社、2012年8月)、『破産実務Q&A200問』(共著、きんざい、2012年12月)、『詳説 倒産と労働』(共著、商事法務、2013年8月)、『濫用的会社分割―その態様と実務上の対応策』(共著、商事法務、2013年9月)、『会社更生の実務Q&A 120問』(共著、きんざい、2013年12月)、『民事訴訟法判例インデックス』(共著、商事法務、2015年1月)、『現代型契約と倒産法』(共著、商事法務、2015年4月)、『破産管財人の財産換価』(共著、商事法務、2015年11月)、「法律行為における意思確認」市民と法第59号(共著、民事法研究会、2009年10月)、「地域金融機関における中小企業の法律問題対策Q&A⑩ 流動資産を担保とした借入れ」銀行法務21(共著、経済法令研究会、2016年1月)等がある。

小磯 孝二（こいそ こうじ）

　2000年最高裁判所司法修習終了（第53期）、2000年10月弁護士登録（第一東京弁護士会）。石澤・神・佐藤法律事務所パートナー。第一東京弁護士会総合法律研究所会社法研究部会部会長。日本弁護士連合会司法制度調査会会社法バックアップチーム委員。株式会社大泉製作所社外取締役。

　主な取扱い分野として、会社法、金融商品取引法、コンプライアンス、不祥事対応、企業再編・M&A、事業再生・倒産。

　近時の主な著作に『企業再編の理論と実務―企業再編のすべて―』（共著、商事法務、2014年10月）、『平成27年5月施行 会社法・同施行規則 主要改正条文の逐条解説』（共編、新日本法規、2015年6月）、「『社外取締役を置くことが相当でない理由』の説明内容と運用のあり方」商事法務1980号（共著、2012年11月）、「『社外取締役を置くことが相当でない理由』に関する規律の要綱からの変更と実務に与える影響」商事法務2025号（共著、商事法務、2014年2月）等がある。

田中 亘（たなか わたる）

東京大学社会科学研究所教授。

　1996年東京大学法学部卒業。東京大学大学院法学政治学研究科助手、成蹊大学法学部専任講師、東京大学社会科学研究所准教授等を経て、2015年4月より現職。法制審議会会社法制部会幹事等を歴任。

　専攻は、商法、会社法、法と経済学。

　近時の主な著作に、『企業買収と防衛策』（商事法務、2012年12月）、『数字でわかる会社法』（編著、有斐閣、2013年4月）、『企業統治の法と経済―比較制度分析の視点で見るガバナンス』（共編著、有斐閣、2015年4月）、『日本の公開買付け―制度と実証』（共編著、有斐閣、2016年10月）、『改正会社法対応版 会社法関係法務省令逐条実務詳解』（共同監修、清文社、2016年2月）、『会社法』（東京大学出版会、2016年9月）等がある。

辻畑 泰喬 (つじはた やすたか)

　2009年12月最高裁判所司法修習修了（第62期）、2009年12月弁護士登録（第一東京弁護士会）、中島成総合法律事務所所属。2012年3月～2014年12月消費者庁消費者制度課課長補佐（同期間中2014年3月以降、内閣官房IT総合戦略室参事官補佐を併任）。第一東京弁護士会総合法律研究所CSR研究部会（副部会長）、同会社法部会、同IT法部会に所属。

　主な著作に『Q&Aでわかりやすく学ぶ 平成27年改正個人情報保護法』（第一法規、2016年2月）、『公務員弁護士のすべて』（共編著、レクシスネクシスジャパン、2016年3月）、『消費者行政法：安全・取引・表示・個人情報保護分野における執行の実務』（共編著、勁草書房、2016年8月）、「ビッグデータの利活用の法的問題—パーソナルデータ大綱の主要論点」自由と正義（2014年12月号）、「平成27年改正個人情報保護法のポイント」会社法務A2Z（2016年2月号、第一法規）、「トレーサビリティ制度」ビジネス法務（2016年11月号、中央経済社）等がある。

土岐 敦司 (とき あつし)

　1983年最高裁判所司法修習終了（第35期）、1983年4月弁護士登録（第一東京弁護士会）。成和明哲法律事務所パートナー。第一東京弁護士会総合法律研究所元委員長。株式会社パルコ社外取締役、株式会社クレディセゾン社外監査役、株式会社丸山製作所社外取締役監査等委員（現職）、日鉄住金テックスエンジ株式会社社外監査役（現職）、味の素株式会社社外監査役（現職）、ジオスター株式会社社外取締役（現職）等を歴任。

　主な取扱い分野として、会社法、金融商品取引法、コンプライアンス、不祥事対応、企業再編・M&A、事業再生・倒産。

　近時の主な著作に『濫用的会社分割 その態様と実務上の対応策』（共編、商事法務、2013年9月）、『企業再編の理論と実務—企業再編のすべて—』（共編、商事法務、2014年10月）、『株式交換・株式移転の理論・実務と書式（第2版）』（編集代表、民事法研究会、2016年8月）等がある。

中西 和幸（なかにし かずゆき）

1995年最高裁判所司法修習修了（第47期）、1995年4月弁護士登録（第一東京弁護士会）。田辺総合法律事務所パートナー。第一東京弁護士会総合法律研究所会社法研究部会元部会長。ＣＦＥ（Certified Fraud Examiner：公認不正検査士）。株式会社レナウン社外取締役（独立役員）、オーデリック株式会社社外監査役（独立役員）就任歴あり。

主な取扱い分野として、会社法、金融商品取引法、証券取引所規則、Ｍ＆Ａ、不正調査、不祥事対応、株主総会対応、コンプライアンス、訴訟・執行手続等。

主な著作に『［担当部門別］会社役員の法務必携』（編集、清文社、2007年12月）、『企業不祥事と対応［事例検証］』（共編著、清文社、2009年9月）、『企業法務からみた株式評価とＭ＆Ａ手続―株式買取請求を中心に―』（編共著、清文社、2010年）、『架空循環取引 法務・会計・税務の実務対応』（共著、清文社、2011年3月）、『実践！営業秘密管理 企業秘密の漏えいを防止せよ！』（編集、中央経済社、2012年1月）、『企業不祥事インデックス』（共著、商事法務、2015年7月）、『社外取締役ガイドラインの解説（第2版）』（共著、商事法務、2015年10月）、『スクイーズ・アウトと株価決定の実務』（共著、新日本法規出版、2016年7月）、『第3版 役員報酬をめぐる法務・会計・税務』（共編著、清文社、2016年8月）等多数。

樋口 收（ひぐち おさむ）

1991年3月最高裁判所司法修習修了（第43期）、1991年4月弁護士登録（第一東京弁護士会）、成和共同（現：成和明哲）法律事務所入所、2004年1月敬和綜合法律事務所創設に参画。2008年東京簡易裁判所民事調停委員、2012年原子力損害賠償紛争解決審査会特別委員、2015年4月第一東京弁護士会総合法律研究所倒産法部会部会長、全国倒産処理弁護士ネットワーク理事、2016年日本弁護士連合会倒産法制検討委員会幹事。株式会社大泉製作所社外監査役、日本水産株式会社社外監査役（在任中）。

主な取扱い分野として事業再生・倒産、Ｍ＆Ａ、一般企業法務。

著作に『Ｑ＆Ａ民事再生法の実務』（共著、新日本法規出版、2000年）、『Ｑ＆Ａ金融商品取引法制の要点』（共著、新日本法規出版、2007年1月）、『会社分割と倒産法』（共著、清文社、2012年7月）、『破産実務Ｑ＆Ａ200問』（共著、金融財政事情研究会、2012年12月）、『詳説 倒産と労働』（共著、商事法務、2013年8月）、『会社更生の実務Ｑ＆Ａ120問』（共著、金融財政事情

研究会、2013年12月）、『事業再生の迅速化』（共著、商事法務、2014年8月）、『現代型契約と倒産法』（共著、商事法務、2015年3月）、「臨床会社再生 スカイウェイカントリー倶楽部の民事再生事件」事業再生と債権管理第154号（共著、金融財政事情研究会、2016年10月）等多数。

福田 哲之（ふくだ さとし）

サントリー食品インターナショナル株式会社総務部部長。

1988年4月サントリー株式会社入社、総務部法務課配属。同社法務部、大阪総務部、総務部を経て、2013年1月より現職。

向 宣明（むかい のぶあき）

1996年最高裁判所司法修習修了（第48期）、1996年4月弁護士登録（第一東京弁護士会）。桃尾・松尾・難波法律事務所パートナー。第一東京弁護士会総合法律研究所独禁法部会事務局長。日本弁護士連合会 独占禁止法改正問題ワーキンググループ事務局長、公正取引委員会「独占禁止法研究会」会員（裁量型課徴金制度を含む課徴金制度の在り方について）（2016年）。

主な取扱い分野として、独禁法、知的財産権、企業間紛争、国際取引。

主な著作に『競争法における強制ライセンス等の実務』（中央経済社、2010年9月）、『独占禁止法の手続と実務』（共著、中央経済社、2015年9月）、「欧州・米国の執行手続について―排除措置命令の活用／Microsoft事件を題材として―」公正取引No.727（公益財団法人公正取引協会、2011年5月）、「公正取引委員会による審査制度の論点」自由と正義2011年11月号（日本弁護士連合会、2011年11月）、「独禁法事例速報 情報交換と、カルテル行為における『意思の連絡』―公取委審判審決平成25.7.29」ジュリストNo.1460（有斐閣、2013年11月）、「特集 国際カルテル規制の最前線 情報交換や逃亡犯罪人引渡し等の当局間連携と、『域外調査』をめぐる課題についての試論」ジュリストNo.1462（有斐閣、2014年1月）、「特集 独占禁止法改正と今後の展望 抗告訴訟の審理をめぐる諸問題」ジュリストNo.1467（有斐閣、2014年5月）等がある。

吉峯 耕平（よしみね こうへい）

2005年9月最高裁判所司法修習修了（第58期）、同年10月弁護士登録（第一東京弁護士会）、田辺総合法律事務所入所。2014年10月（一財）保安通信協会調査研究部会デジタル・フォレンジック分科会委員、2015年4月第一東京弁護士会総合法律研究所IT法研究部会副部会長、同年6月（独）国立病院機構埼玉病院受託研究（治験）審査委員会・倫理委員会委員。

主な取扱い分野としてIT関係の法律のほか、医事法、刑事弁護等。統計的・経済学的証拠の応用にも造詣が深い。

著作に『病院・診療所経営の法律相談』（共編著、青林書院、2013年9月）、『デジタル証拠の法律実務Q＆A』（共編著、日本加除出版、2015年9月）、「デジタル・フォレンジックの原理・実際と証拠評価のあり方」季刊刑事弁護第77号（共著、現代人文社、2014年4月）、「株式取得価格決定におけるマーケットモデルを用いた回帰分析の具体的な方法論―レックス事件を題材に―」商事法務2071号（共著、商事法務、2015年6月）、「デジタル証拠で訴訟に負けないために～法務担当者の虎の巻～」BUSINESS LAW JOURNAL No.95（レクシスネクシス・ジャパン、2016年2月）、「応招義務と『正当な事由』の判断基準の類型的検討―診療契約の締結・終了の場面における行政解釈・裁判例」日本医師会雑誌第145巻第8号（共著、日本医師会、2016年11月）等がある。

第一東京弁護士会総合法律研究所研究叢書⑥

法務リスク管理最前線
―ガバナンス、リスク管理、コンプライアンスを中心に

2016年12月22日　発行

編著者	第一東京弁護士会総合法律研究所 ⓒ
発行者	小泉　定裕

発行所	株式会社　清文社	東京都千代田区内神田1－6－6（MIF ビル） 〒101-0047　電話 03(6273)7946　FAX 03(3518)0299 大阪市北区天神橋2丁目北2－6（大和南森町ビル） 〒530-0041　電話 06(6135)4050　FAX 06(6135)4059 URL　http://www.skattsei.co.jp/

印刷：亜細亜印刷㈱

■著作権法により無断複写複製は禁止されています。落丁本・乱丁本はお取り替えします。
■本書の内容に関するお問い合わせは編集部まで FAX（03-3518-8864）でお願いします。

ISBN978-4-433-65396-5